医事法学

主　编　杨支才
副主编　石晓华　王树华
编　委（以姓氏笔画为序）
　　　　赵　桐　唐雪梅
　　　　谢时国　喻建军

西南交通大学出版社
·成都·

图书在版编目（CIP）数据

医事法学/杨支才主编. —成都：西南交通大学出版社，2017.8
ISBN 978-7-5643-5662-0

Ⅰ.①医… Ⅱ.①杨… Ⅲ.①医药卫生管理–法学–中国–教材 Ⅳ.①D922.161

中国版本图书馆 CIP 数据核字（2017）第 202992 号

医事法学	主编 杨支才	责任编辑 赵玉婷 封面设计 墨创文化

印张：14.5　字数：246千	出版发行：西南交通大学出版社
成品尺寸：170 mm×230 mm	网址：http://www.xnjdcbs.com
版次：2017 年 8 月第 1 版	地址：四川省成都市二环路北一段111号 　　　西南交通大学创新大厦21楼
印次：2017 年 8 月第 1 次	邮政编码：610031
印刷：四川煤田地质制图印刷厂	发行部电话：028-87600564　028-87600533
书号：ISBN 978-7-5643-5662-0	定价：43.00元

课件咨询电话：028-87600533
图书如有印装质量问题　本社负责退换
版权所有　盗版必究　举报电话：028-87600562

前 言

医事法学兼具医学、法学等多学科特点,并在医学、法学及其他相关学科的相互影响中日益丰富和发展。近年来,专家学者们进一步深化医事法学的基础理论和实践应用研究,取得了丰硕的研究成果,对于医事法学专业建设、学科建设及复合型专业人才培养作出了积极贡献,为推进依法治国,促进医疗卫生事业健康有序发展发挥了积极作用。

随着中国特色社会主义法治体系的逐步建立完善,特别是医药卫生体制改革不断深入,医事法律立法工作高速发展,医疗主体、医疗行为、医药用品及医疗争议处理等方面的立法进一步丰富,医疗卫生法制体系日趋完善。特别是党的十八大以来,在系统推进"四个全面战略"中,全民健康问题作为全面建成小康社会的重大战略,获得了国家和社会的高度重视。在全面深化改革战略中明确提出深化医药卫生体制改革的任务,提出"统筹推进医疗保障、医疗服务、公共卫生、药品供应、监管体制综合改革"要求。适应和保障医药卫生事业改革发展的迫切需要,医事法治建设进一步加速,医事法律法规的立、改、废工作系统推进,医事法律空前繁荣。2015 年至 2016 年,全国人大常委会先后颁布了新修订的《中华人民共和国药品管理法》《中华人民共和国食品安全法》《中华人民共和国职业病防治法》《中华人民共和国人口与计划生育法》等,2016 年 12 月审议通过《中华人民共和国中医药法》,并将于 2017 年 7 月 1 日生效。同时,一大批医事法规、行政规章及地方性法规、规章先后颁行。2016 年 10 月,中共中央、国务院印发了《"健康中国 2030"规划纲要》,专章提出加强健康法治建设,"推动颁布并实施基本医疗卫生法、中医药法,修订实施药品管理法,加强重点领域法律法规的立法和修订工作,完善部门规章和地方政府规章,健全健康领域标准规范和指南体系。强化政府在医疗卫生、食品、药品、环境、体育等健康领域的监管职责,建立政府监管、行业自律和社会监督相结合的监督管理体制。加强健康领域监督执法体系和能力建设"。这必将进一步推动医事法律的体系化建设和发展。

为适应医事立法的最新进展，进一步加强医事法律的学习、宣传和贯彻实施，我们组织了成都中医药大学和潍坊医学院长期从事"医事法学"课程教学、研究及具有律师执业资格并长期从事医疗卫生法律服务实践的部分青年教师，针对医学院校"医事法学"公共课教学及非法律专业学生"医事法学"专业课程教学需要，编写本教材。由成都中医药大学杨支才担任主编，石晓华、王树华（潍坊医学院）任副主编，赵桐、唐雪梅、谢时国、喻建军为编委，组成《医事法学》编委会。编写分工如下，绪论及第一章医事法律概述由杨支才编写，第二章医疗机构管理法律制度、第三章医疗卫生技术人员管理法律制度由王树华编写，第四章医患双方权利与义务由石晓华编写，第五章药品和医疗器械管理法律制度由喻建军编写，第六章中医药法律制度由赵桐编写，第七章医事争议处理由谢时国编写，第八章现代医学与法律问题由唐雪梅编写。

本书作为成都中医药大学校级核心通识课程"医事法学"建设资助项目，是成都中医药大学校级核心通识课程"医事法学"教学实践研究的初步成果。本书坚持以马克思主义法学思想和中国特色社会主义法治理论为指导，立足于我国医疗实践，密切联系我国医疗卫生事业改革发展前沿问题，结合当前最新颁布的医事法律法规和政策，重点就医疗主体、医疗行为、医疗用品及医疗争议处理的法律制度进行介绍和探讨，并就医疗技术的发展与法律规制、中医药事业发展的法律保障等问题进行了梳理和研究，对于医学生、医务工作者、医事法律服务人员及社会公众学习和应用医疗卫生行业法律法规，增强法治意识，提升法治能力具有重要意义。

本书编写过程中，我们参考、借鉴并吸收了有关专家学者的研究成果，在此一并表示衷心感谢！对成都西南交大出版社有限公司的大力支持及编辑的悉心指导表示衷心感谢！鉴于编写者水平局限，书中难免存在疏漏和不足，诚请各位专家、学者和广大读者批评指正！

编者

2017 年 6 月

目 录

绪 论 ··· 1

第一章 医事法律概述 ··· 6
   第一节 医事法律的理解 ····································· 6
   第二节 医事法律的历史发展 ······························· 13
   第三节 医事法律关系 ·· 17
   第四节 医事法律的实施 ····································· 23

第二章 医疗机构管理法律制度 ······························ 28
   第一节 概 述 ··· 28
   第二节 医疗机构的设置 ····································· 29
   第三节 医疗机构的登记与校验 ···························· 33
   第四节 公立医院改革与多元办医 ························· 38
   第五节 医疗广告 ··· 40
   第六节 医疗机构的监管与处罚 ···························· 42

第三章 医药卫生技术人员管理法律制度 ················· 44
   第一节 执业医师管理法律制度 ···························· 44
   第二节 护士管理法律制度 ·································· 53
   第三节 执业（中）药师管理法律制度 ··················· 59

第四章 医患双方权利与义务 ································· 66
   第一节 医患法律关系概述 ·································· 66
   第二节 医师的权利 ·· 69

第三节　医师的义务 …………………………………… 76
　　　第四节　患者的权利 …………………………………… 80
　　　第五节　患者的义务 …………………………………… 88

第五章　药品与医疗器械管理法律制度 …………………… 91
　　　第一节　药品与医疗器械管理法律制度概述 ………… 91
　　　第二节　药品生产经营与医疗机构的药剂管理 ……… 94
　　　第三节　药品管理 …………………………………… 106
　　　第四节　药品监督管理机构 ………………………… 115
　　　第五节　医疗器械管理的法律规定 ………………… 116
　　　第六节　法律责任 …………………………………… 125

第六章　中医药法律制度 ………………………………… 132
　　　第一节　概　述 ……………………………………… 132
　　　第二节　中医医疗机构及从业人员相关法律规定 … 137
　　　第三节　中药保护与发展 …………………………… 141
　　　第四节　中医药的传承与发展 ……………………… 146
　　　第五节　法律责任 …………………………………… 149

第七章　医疗争议处理 …………………………………… 151
　　　第一节　概　述 ……………………………………… 151
　　　第二节　医疗服务合同纠纷及其处理 ……………… 165
　　　第三节　医疗损害责任纠纷及其处理 ……………… 174

第八章　现代医学与法律问题 …………………………… 185
　　　第一节　人类辅助生殖技术与法律 ………………… 185
　　　第二节　人类基因工程与法律 ……………………… 199
　　　第三节　人体器官移植与法律 ……………………… 205
　　　第四节　脑死亡与法律 ……………………………… 210
　　　第五节　安乐死与法律 ……………………………… 217

参考文献 …………………………………………………… 225

绪 论

一、医事法学的概念

医事法学（Medical Jurisprudence）是研究医事法律及其发展规律的一门法律学科。医事法学是在自然科学与社会科学相互渗透、融合发展背景下，特别是在传统生物医学模式向生物—心理—社会医学模式转型发展的历史进程中孕育成长起来的一门新兴的边缘交叉学科。在医学体系中，它属于理论医学；在法学系统中，它属于应用法学。它兼具医学、法学等多学科特点，并在医学、法学及其他相关学科的相互影响中日益丰富和发展。

与医事法学密切联系的是医事法律即医事法。医事法律是指由国家制定或认可，并以国家强制力保证实施的，旨在调整医疗服务活动中所形成的各种社会关系的法律规范的总称。医事法律就表现形式而言，可以区分为形式意义的医事法律与实质意义的医事法律，前者指国家立法机关制定的以"医事法"或"医事法典"命名的法律，后者则是指各种调整医疗服务所形成的社会关系的法律规范的总称。我国目前尚未制定一部以"医事法"命名的形式意义的医事法律，但却存在大量的规范医疗行为、调整医疗服务社会关系的实质意义的医事法律，表现为相应的单行法律、行政法规、行政规章、地方性法规、司法解释等。

医事法学以医事法律这个特定的法律对象及其发展规律为研究对象，是法学的一门分支学科。医事法律是国家法律体系中的一个法律部门。医事法学作为法律学科，其研究范围包括但不限于医事法律法规本身。它还对医事法律的产生及其发展规律等基本理论以及医事法律应用中的实践问题展开研究，通过对医事法律理论与实践的探讨，从学术层面指导和推动医事法律的立法、司法、法律适用等的发展与完善。

二、医事法学的研究对象

医事法学以医事法律及其发展规律为研究对象。医事法学主要研究医事法律的产生、发展，医事法律的内涵、特征、基本原则，医事法律的制定与实施；研究现行医事法律法规及其实践应用；研究其他国家和地区医事法律理论与实践；研究医疗卫生体制改革和现代医学技术发展与应用中医事法律面临的理论和实践新情况、新问题等。

医疗卫生事业是社会改革发展的重要组成部分。伴随经济社会不断发展，人们对医疗服务、健康保障更加关注和重视。保障健康权益，规范医疗服务，提高医疗质量和水平，构建安全、规范、高效、便捷、和谐有序的医疗服务秩序成为社会的迫切需要。全面深化改革，全面依法治国，全面建成小康社会，系统推进法治国家、法治社会建设，实施健康中国战略等改革发展的生动实践也为医事法学研究提供了坚实基础和必要条件。在医学、法学等学科深度融合、繁荣发展的背景下，医事法律的全面深化、系统发展成为必要，也具有现实的可能，医事法学的研究对象和研究领域必将随着医事法律的进一步拓展而不断丰富和完善。

三、医事法学与相关学科的关系

（一）医事法学与法学

法学是以法律、法律现象及其发展规律为研究对象的一门社会科学，它是研究与法相关问题的专门学问，是关于法律问题的知识和理论体系。医事法学则是法学的一个分支学科，以医事法律及其发展规律为研究对象。法学与医事法学之间体现为一般与特殊的关系，法学研究的普遍性原理与方法可以为医事法学个性化发展提供理论基础和指导，而医事法学专门领域的研究和拓展可以进一步深化并丰富法学的内容。

（二）医事法学与医学

医学是研究人类生命过程以及防治疾病的科学。医学属于自然科学范畴，而医事法学则是研究医事法律的法学分支学科，属于社会科学范畴。二者都具有保护人的生命健康的目标和使命，彼此相通，相互促进。医学的发展一定程度上影响立法的思想和观念，医学新理论、新技术和新成果的应用对传统法律思想和制度提出新问题和新挑战，促成新的医事法律法规的产生，使医事法学的内容更加科学化，体系更加丰富和完善。医事法律为医学的发展创造良好的社会环境，保障国家对医疗卫生事业的有效治理，引导、规范医疗卫生秩序，形成有利于医疗卫生事业发展的运行机制，促进医学的科学发展。

（三）医事法学与医学伦理学

医学伦理学是运用伦理学理论、方法研究医疗卫生实践和医学发展过程中的医学道德现象和问题的学科。医事法律规范和道德规范，尤其是医德规范都是调整社会关系、规范人们行为的准则，在维护和发展医疗卫生秩序、保障健康权益上具有同一的使命和任务。基于法律和道德的辩证关系，医事法律和医学道德也同样具有内在的联系和区别。医事法律体现了医学道德的要求，是培养、传播和实践道德的重要途径和保障；医学道德是医事法律的重要基础，是维护和发展医事法律，遵守和实施医事法律的重要力量。进而可以说医事法学与医学伦理学之间密切关联，二者相互补充，相互渗透，相互促进。

（四）医事法学与法医学

法医学是应用医学、生物学、化学及其他自然科学的理论和方法，研究并解决立法、侦查、审判实践中所涉及的医学问题的一门医学与法学交叉的学科。法医学以司法实践中有关人身伤亡的各种医学问题为研究对象，是应法律的需要而产生的，为制定法律提供依据，为侦查、司法审判等提供科学证据，是应用医学和法学的一门分支学科。医事法学以医事法律为研究对象，是应医学的发展而产生的，旨在运用法律理论和方法促进医疗卫生事业有序发展，保障人体生命健康。

（五）医事法学与卫生事业管理学

卫生事业管理学是研究卫生事业管理的理论和方法的一门学科，是管理学基本理论、知识和方法与卫生事业管理实践相机结合的产物。在卫生事业管理众多的方法之中，法律是其中重要的方法之一。通过医事法律立法、司法、法律遵守等手段，引导、规范和监督卫生事业管理者及管理相对人的行为，促成卫生事业管理目标和任务的有效实现，这是卫生法制管理的重要内容和要求。医事法律为依法管理医疗卫生服务活动提供法律依据和遵循，与其他管理方法相比较，它更突出地体现了管理的刚性，呈现出法律的国家强制性特征。

四、医事法学的学习方法

法律及法律现象是社会历史发展的产物，是一定社会历史条件下，社会意识对社会存在能动反映的形式之一，也是建立在一定社会经济基础之上的上层建筑的重要内容。学习和研究医事法学，就需要在整体上将医事法律置于社会历史发展的宏观背景，在社会基本矛盾运动的现实过程之中去揭示医事法律的现象与本质，探寻医事法律发展变化规律，分析研究医事法律面临的理论与实践问题。在方法论意义上，就需要我们始终坚持以马克思主义为指导，坚守马克思主义的基本立场、观点和方法，运用辩证唯物主义和历史唯物主义基本原理分析思考医事法学相关问题，不断推进医事法学的科学发展。

（一）理论联系实际的方法

理论联系实际，既是坚持唯物辩证法的基本要求，又是马克思主义学风的重要体现。医事法学作为一门实践性较强的理论学科，有其基本理论、基本知识及法学、医学等相关学科的理论知识基础，同时又根植于医疗卫生服务和法治建设的现实社会生活，在理论联系实际的实践中获得检验和发展。学习和研究医事法学，在深刻理解和掌握基本理论、基础知识的基础上，更需要坚持一切从实际出发，立足我国国情，密切联系我国医疗卫生事业改革发展和卫生法制建设，以问题为导向，结合医疗卫生事业转型发展中的理论和实践需要，深化研究，拓展新视野，发展新理念，不断培养和提升运用理论解决实际问题的思维和能力。

（二）历史分析的方法

医事法律同法一样，是社会发展到一定历史时期才出现的，其产生和发展变化都与当时社会的经济、政治、文化密切相关，是当时社会物质生活条件的反映和产物。医事法律法规的制定和实施都离不开具体的特定的历史背景和历史条件，不存在超时空的纯粹的医事法律。学习和研究医事法学，坚持历史分析的方法，将医事法律与其赖以产生和发展的一定的社会经济关系、意识形态和医疗卫生发展实际结合，深入研究医事法律理论和医事法律规范产生和发展的历史基础，梳理其发展、演变的历史脉络，有助于我们更加深刻地理解和把握医事法律的本质，认识医事法律的现状和发展趋势，揭示医事法律的发展变化规律。

(三)比较分析的方法

比较分析是法学研究的重要方法,通过对不同类型的法、不同国家和地区的法或法律进行多层次地对比研究,可以更全面地认识和了解不同法律的共性与个性特点,有助于彼此的交流与借鉴。立足我国国情,结合我国医疗卫生事业改革发展的需要,采取比较分析的方法,通过对古今中外医事法律的纵向和横向比较,可以批判借鉴其他国家和地区医事法律发展的积极成果,包括国际医事法律的理论和实践经验,促进我国医事法律的不断丰富和发展。

第一章 医事法律概述

第一节 医事法律的理解

一、医事法律的概念

医事法律是指由国家制定或认可，并以国家强制力保证实施的，旨在调整医疗服务活动中所形成的各种社会关系的法律规范的总称。

医事法律有广义和狭义的不同理解。狭义的医事法律，单指由全国人民代表大会及其常务委员会所制定的各种医事法律。广义上的医事法律，包括但不限于狭义上的医事法律，还包括有立法权的其他国家机关制定、颁布的医事法规、规章，如医事条例、规则、决定、标准、办法等，还包括宪法及其他法律部门中有关医疗服务活动规范的内容。

关于医事法律的概念，在当前有多个不同的定义，主要差异在于对"医事"一词内涵的不同理解。有专家指出，医事一词应作广义理解，泛指为维护和保障人体生命健康而进行的一切个人和社会活动的总和。我国台湾地区学者黄丁全在其所著《医事法》中认为，医事法律即是指医学法规，乃规定医疗业务之法律规章及行政命令，有广义与狭义之分。在美国指称此项内容的有法律医学（Legal Medicine）、医学法学（Medical Law）等名称，在德国、日本则称为医疗事务法，其内容基本上都是与医疗执业相关的法律规范。就这些国家和地区所建立的与医学、法学相关的法律部门的内容和体系而言，医事法律主要指医疗执业者对人体实施医疗行为的相关法律规则。

卫生法是与医事法律密切关联的概念。卫生法（Health Law）是指由国家制定或认可的并以国家强制力保障实施的，调整在保护人体生命健康活动中所形成的各种社会关系的法律规范的总称。卫生就其字义而言，即护卫生命、养生之意。在现代汉语中，狭义上的卫生是指一种状况，如人体的健康状况、环境的清洁状况等；广义上的卫生则指为了维护人体健康而进行的个人和社会活动的总和。就卫生与医事比较，卫生的外延大于医事，内涵比医事更为宽泛。相应的医事法律与卫生法区别，卫生法的外延大于医事法律，二者在逻辑上具有种属关系。

二、医事法律的特征

特征是事物本质的外化，是事物特殊性在联系中的体现。法律的特征是指法律不同于其他社会现象的特殊性。医事法律是法律体系的一个重要组成部分，它具有一般法律规范所具有的普遍共性：都是一定社会物质生活条件下的意识反映，具有物质决定性；都是调整人与人之间的社会关系的行为规则，具有行为规范性；都是由国家制定或认可的行为规范，具有创设主体的特殊性；都是以规范人们的权利和义务为主要内容，以国家强制力保障实施，具有国家强制性；等等。同时，医事法律作为调整医疗服务活动的法律规范，与其他法律相区别，又具有自身的特殊个性。具体可以表现为以下几个方面。

（一）医事法律的综合性

医事法律所调整的社会关系具有多重属性，既有纵向上的管理与被管理的行政管理关系，体现出行政法的性质和特征，又有横向上的平等主体之间的民事关系，兼具民事法律的性质和特征。在刑法中也有涉及医事法律关系的相关内容。在这个角度上看，医事法律具有诸法合体、采用多种调节手段调整多种法律关系、涉及多个法律部门的特征，是一门综合性的法律。

（二）医事法律的技术性

医事法律是依据医学、药物学、生物学等诸多自然科学的基本原理和技术研究成果制定的，与现代科学技术密切相关。医学及其他相关学科的技术成果既是医事法律的立法依据，又是医事法律实施的重要手段。医学的迅猛发展和医学技术的广泛运用，使得当下的医疗过程更加复杂，医疗行为的技术性更加凸显。要在保护、促进医学科学和技术科学发展的同时，又有效地防控科学技术研究和应用的风险，这就需要发挥法律的引导和规范功能。通过制定、修改和不断完善医事法律，将直接关系到公民生命健康的诊疗方法、程序、操作规范、实施标准等大量的技术规则法律化，对于公民的健康权益保障和实现，无疑是一个必要和必须的选择。因此，大量的操作规程、技术常规、卫生标准等技术性规范构成了医事法律的重要内容，体现在不同的医事法律文件之中，这也是其他非医事法律规范少有的表现。

（三）医事法律的国际性

防控疾病、维护健康是不同国家和地区面临的社会共性问题，也是世界各国和地区医事法律共同的目标任务所在。疾病的流行没有国界、地域、人群的限制，防治疾病的方法、措施和手段也不因社会制度的不同而不能相互借鉴。在全球化进一步加快的今天，各国政府高度重视医疗事务的立法工作，在保持其医事法律个性的同时，积极吸收、借鉴各国通行的医疗规则，将普遍应用的诊疗方法、原则、标准等共性要求纳入自身的医事法律内容，使得各国国内法的医事法律呈现出国际性特征。为共同应对地区性、国际性的疾病和健康问题，国际社会组建和成立了相应的国际组织，如世界卫生组织、国际医学法学会、国际食品法典委员会等，先后制定和颁布了系列的国际性医事法律，为引导和促进疾病防控的国际交流与合作作出了积极贡献。

三、医事法律的内容

医事法律的内容是医事法律体系的反映，是在宏观上对医事法律的概括和分类。一般认为，医事法律的内容包括医疗主体法、医疗行为法、医疗用品管理法和医疗争议处理法四个方面。

（一）医疗主体法

医疗行为主体包括医疗机构和医务人员。由于医疗行业与医疗行为的特殊性，各国家和地区都通过医事法律对医疗行为主体加强监管，实施严格的行业准入和执业许可。按照我国相关法律规定，医疗机构包括临床、预防和保健机构三大类。依据医疗机构的名称和业务范围，具体包括有医院、妇幼保健院、卫生院、疗养院、门诊部、诊所、卫生室、急救中心（站）、临床检验中心、护理院（站）及其他诊疗机构。有关立法的内容包括医疗机构设立的基本条件、审批的程序、医疗机构执业的基本规则和要求、医疗机构的权力与义务、医疗机构的行政监管、违法违规的法律责任等。医务人员主要指医师、药师、护士和医疗辅助人员，相关立法的内容包括各类医务人员执业资格取得的基本条件和程序、执业注册的程序和条件、执业的权利与义务、行政监管及违法违规处罚等。

（二）医疗行为法

规范和监管医疗行为，是医事法律的主体内容。医疗行为内容庞杂、牵涉面广、技术性强、变化更新快，通常的立法和修改程序难以满足医事法律及时性要求，因此，涉及医疗行为的规范除了国家制定颁布的医疗卫生管理的法律、法规、规章之外，更多地体现为医疗卫生各行业协会制定和发布的技术规范、诊疗标准、实施指南、操作规程等技术性规范文件。这类医疗行为技术性规范，属于技术法规范畴，是医事法律的重要组成部分。医疗行为技术规范集中反映了医学技术的要求，包括了一系列的与诊断和治疗相关的原则、技术、方法、步骤等内容，是医疗机构及其医务人员在诊疗活动中应当遵守的行为准则。

（三）医疗用品管理法

医疗行为是医务人员借助专业性物品对患者实施诊疗活动的专业性行为。这些专业性物品可以统称为医疗用品，它包括有药品、血液及血液制品、试剂、医疗器械、消毒制剂、医疗耗材等。医疗用品事关医疗安全和医疗质量，与患者健康权益保障密切相关，对这些医疗用品的生产、流通、储存和使用就需要通过相应的法律设定严格的程序和规范，予以规范管理，这样才能更好地保障医疗用品的质量和安全，进而维护和保障患者的合法权益。

（四）医疗争议处理法

医学科学作为研究疾病发生、预防、诊断、治疗以及人的思维、生理规律的自然科学，它是一门高度精深、未知领域多、涉及知识广泛的复杂学科。医学科学的学科特点决定了医疗行为的高度专业性、局限性和风险性。同时，医疗行为既是高度复杂的科学技术探索和应用的过程，又是最具人文色彩、富含人文关怀的协同配合过程。在这一过程之中，医疗活动参与的各方当事人对医学的认知、价值观念以及利益诉求的差异，加之复杂多元的外部社会因素影响，医疗争议、医患纠纷不可避免地客观存在。各国家和地区也不同程度地加大了医疗纠纷、医疗争议方面的立法，为医疗争议和纠纷的处理创设解决机制，设立具体的评判标准和原则。医疗争议处理的实体和程序规则，构成了医事法律的重要内容。

在我国医疗卫生事业转型发展、医药卫生体制改革不断深化的当下，医疗争议、医患纠纷呈现多发、高发的态势，医患矛盾一度成为社会高度关注的热点、难点和焦点问题。在此背景下，国家立法机关和部门进一步加大了医疗争议处理立法的力度，以法律、法规、规章等多种形式先后出台系列的医疗纠纷处置规范，拓展和畅通了医疗争议处理的协商、调解、仲裁及诉讼渠道，为依法规范医疗秩序、公平公正处理医疗争议、切实维护和保障各方合法权益奠定了坚实的法律基础。

四、医事法律的渊源

法的渊源，又称"法律渊源"或"法源"，在法学研究中，是指法的效力来源，包括法的创制方式和法律规范的外部表现形式。在这个意义上，法的渊源又被称为法的"形式渊源"，即一定的国家机关依据法定的职权和程序制定或认可的，具有不同法律地位和效力的法律规范的外部表现形式。就医事法律而言，医事法律的渊源系指医事法律规范的具体表现形式。在我国，医事法律的渊源主要有以下几种。

（一）宪法

宪法是国家的根本法，是国家最高权力机关通过法定程序制定的具有最高法律效力的规范性文件，包括以宪法命名的宪法法典及其他宪法性法律文件。宪法是国家一切立法活动的基础，也是制定各种法律、法规的总依据和最基本的效力来源。我国宪法中保护公民生命健康的医药卫生方面的相关规定，既是医事法律的重要渊源，也是制定医事法律的根本依据，在医事法律体系中具有最高的法律效力。

（二）医事法律

狭义上的医事法律，指由全国人民代表大会及其常务委员会制定的医事法律。由全国人民代表大会制定的医事法律，又称医事基本法，是国家为保护公民生命健康而对全国医药卫生工作所制定的综合性、系统性的法律文件。截至目前，我国尚未制定医事基本法。现行的医事法律，主要是由全国人民代表大会常务委员会制定的医事基本法以外的医事法律。如《中华人民共和国药品管理法》《中华人民共和国献血法》《中华人民共和国传染病防治法》《中华人民共和国职业病防治法》《中华人民共和国精神卫生法》《中华人民共和国执业医师法》《中华人民共和国中医药法》等，这些医事法律构成了医事法律体系的骨干内容。此外，其他法律，如《中华人民共和国刑法》《中华人民共和国民法通则》《中华人民共和国劳动法》《中华人民共和国婚姻法》等法律中有关医药卫生的内容，也是医事法律的重要构成，是医事法律的间接渊源。

（三）医事行政法规

医事行政法规是指由国家最高行政机关——国务院以宪法和医事法律为依据，在法定职权范围内为实施宪法和医事法律而制定的有关医药卫生方面的规范性文件。医事行政法规主要是对医事法律的具体化，包括国务院直接颁布的法规，如《医疗机构管理条例》《医疗事故处理条例》等，以及国务院批准的由国家卫生行政部门起草的法规。其他行政法规中有关医药卫生的部分或条款，也是医事行政法规的内容。在法律效力上，医事行政法规仅次于宪法和医事法律。

（四）医事行政规章

医事行政规章指由国务院有关部委在法定职权范围内依法制定的贯彻执行有关法律、行政法规，具体指导、监督、管理医药卫生工作的规范性文件。它包括由原卫生部（现国家卫生计生委）颁布的行政规章，如《医疗机构管理条例实施细则》《医疗感染管理办法》《医疗质量管理办法》《放射诊疗管理规定》等；由原卫生部与其他部委联合发布的行政规章，如国家卫生计生委、国家中医药管理局制定的《无证行医查处工作规范》《医疗机构病历管理规定》；原卫生部与外经贸部发布的《中外合资、合作医疗机构管理暂行办法》等。在内容上，医事行政规章较医事行政法律和法规而言，更注重医药卫生具体工作的规范和管理。在法律效力上，医事行政规章的效力低于医事法律和医事行政法规。

（五）地方性医事法规、规章

根据《中华人民共和国立法法》的规定，省、自治区、直辖市，设区的市，省、自治区人民政府所在地的市，经济特区所在地的市和国务院批准的较大的市以及自治州的人民代表大会及其常务委员会根据本行政区域的具体情况和实际需要，在法定权限内可以制定地方性法规。民族自治地方的人民代表大会有权依照当地民族的政治、经济和文化的特点，制定自治条例和单行条例。上述拥有立法权的地方权力机关制定和发布的适用于本地区的医事法律文件，即是地方性医事法规，包括地方性的条例、办法、细则、规定和决定等。

省、自治区、直辖市，设区的市，省、自治区人民政府所在地的市，经济特区所在地的市和国务院批准的较大的市以及自治州的人民政府，依法在其职权范围内制定和发布的，在本地区内发生效力的医疗卫生管理方面的规范性文件，即是地方性医事规章。

地方性医事法规和规章，在规范和推进本地区医疗卫生工作上具有更强的针对性，体现和反映出立法上地方性的探索和创新，对全国性医事立法工作的推进具有重要意义。

（六）国际医事条约

我国政府与外国签订或者我国加入的国际医事法律规范性文件，包括条约、公约、协定、宣言、声明和公报等，除我国声明保留的条款外，一经我国批准生效，对我国国内的国家机关、企事业单位、社会团体和公民也具有同国内法一样的约束力。因此，我国签订或加入的国际医事条约，也是我国医事法律的渊源之一。

（七）卫生技术性规范

医事法律实现其对具体医疗卫生活动的有效规制，一方面有赖于通过医事法规、规章等将法律的原则和规范细化、具体化，以实现法律控制；另一方面，还需要通过各种卫生技术规范、操作规程、诊疗标准等技术性规范的施行以实现技术控制。技术性规范本身并不是法律规范，不具备法律效力，但当医事法律、法规确认某一技术性规范作为具体医疗卫生行为的控制、评价标准和准则时，该技术性规范就构成为该法律的组成部分，具有法律效力。医事法律对技术性规范的确认，一是有权制定医事法律的机关通过制定专门的法律文件直接确认。如原卫生部2002年颁发的《医疗事故分级标准（试行）》；国家卫生计生委2013年制定的《需要紧急救治的急危重伤病标准及诊疗规范》。二是在医事法律的有关条款中规定的技术规范、操作常规或标准，如《药品管理法》第三十二条规定的"药品必须符合国家药品标准""国务院药品监督管理部门颁布的《中华人民共和国药典》和药品标准为国家药品标准"。

在医事法律中存在众多的技术性规范，这些技术性规范也是我国医事法律的渊源。

第二节 医事法律的历史发展

一、我国医事法律的发展简况

我国历史文化悠久,法律文化源远流长。最早的医事法律规范可以追溯到商周时期,《周礼》比较详细地记载了当时的医疗卫生管理制度,包括司理医药的机构、职责、文书医案保管等。在周朝,已经有了世界上最早的病案书写制度和死亡报告制度,"凡民之有疾病者,分而治之。死终,则各书其所以,而入于医师";还建立了世界上最早的医师年终考核制度,根据出现医疗差错的多少来确定医生应享受的待遇,"岁终则稽其医事,以制其食:十全为上,十失一次之,十失二次之,十失三次之,十失四为下"。自商周到秦朝,可以说是我国医事法律的萌芽时期。进入封建社会后,医事法律得到进一步的发展。从秦朝开始,我国有了相对系统的法典,从《秦律》《唐律》《元典章》《大明会典》到《大清律》,医事法律规范也日益增多,关于医疗卫生及药品的管理趋于规范化,涉及医疗卫生管理机构、药品规范、传染病防治、公共卫生及医疗事故处理、刑事处罚等诸多内容。

辛亥革命以后,我国医事法律规范开始趋于专门化、具体化。中华民国政府设立卫生部,专门负责全国医药卫生工作,制定了系列的医疗卫生管理制度,颁布了相关的法律法规,如医师暂行条例、助产士条例、传染病预防条例等。医事法律日渐丰富和完善。

中华人民共和国成立后,党和国家高度重视医药卫生事业,我国医事法律进入到一个新的发展阶段。1949年的《共同纲领》第四十八条规定:"提倡国民体育,推广医药卫生事业,并保护母亲、婴儿和儿童的健康。"1954年颁布的第一部《宪法》第九十三条规定:"中华人民共和国劳动者在年老、疾病或者丧失劳动能力的时候,有获得物质帮助的权利。国家举办社会保险、社会救济和群众卫生事业,并且逐步扩大这些设施,以保证劳动者享有这种权利。"自20世纪50年代至60年代初期,国家颁布制定了系列的医事法律法规,规定了基本卫生制度,建立了卫生防疫体系和医疗服务体系,医事法律有了长足的发展。"文化大革命"时期,整个国家法治建设遭遇重大挫折,医事立法陷入停滞状态。

党的十一届三中全会以后,社会主义民主与法制建设开启新的历史征程,医事法律立法工作有了快速的发展。1982年《宪法》第二十一条规定:"国家发展医疗卫生事业，发展现代医药和我国传统医药，鼓励和支持农村集体经济组织、国家企业事业组织和街道组织举办各种医疗卫生设施，开展群众性的卫生活动，保护人民健康"；第四十五条规定："中华人民共和国公民在年老、疾病或者丧失劳动能力的情况下，有从国家和社会获得物质帮助的权利。国家发展为公民享受这些权利所需要的社会保险、社会救济和医疗卫生事业"。宪法的相关规定为医事法律建设指明了方向，提供了最高的立法依据。随着社会主义市场经济体制的逐步建立完善，医药卫生体制改革不断深入，医事法律立法工作高速发展，医疗主体、医疗行为、医药用品及医疗争议处理等方面的立法进一步丰富，医疗卫生法制体系日趋完善。特别是党的十八大以来，在系统推进"四个全面战略"中，全民健康问题作为全面建成小康社会的重大战略问题，获得了国家和社会的高度重视。在全面深化改革战略中明确提出深化医药卫生体制改革的任务，提出"统筹推进医疗保障、医疗服务、公共卫生、药品供应、监管体制综合改革"要求。适应和保障医药卫生事业改革发展的迫切需要，特别是全面推进和实施依法治国战略，医事法治建设进一步加速，医事法律法规的立、改、废工作系统推进，医事法律空前繁荣。在 2015 年至 2016 年，全国人大常委会先后颁布了新修订的《中华人民共和国药品管理法》《中华人民共和国食品安全法》《中华人民共和国职业病防治法》《中华人民共和国人口与计划生育法》等，2016 年 12 月审议通过《中华人民共和国中医药法》，并将于 2017 年 7 月 1 日生效。同时，一大批医事法规、行政规章及地方性法规、政府规章先后颁行。2016 年 10 月，中共中央、国务院印发了《"健康中国 2030"规划纲要》，专章提出加强健康法治建设，"推动颁布并实施基本医疗卫生法、中医药法，修订实施药品管理法，加强重点领域法律法规的立法和修订工作，完善部门规章和地方政府规章，健全健康领域标准规范和指南体系。强化政府在医疗卫生、食品、药品、环境、体育等健康领域的监管职责，建立政府监管、行业自律和社会监督相结合的监督管理体制。加强健康领域监督执法体系和能力建设。"这将进一步有效推动医事法律的体系化建设和发展。

二、外国医事法律的发展简况

在世界各国的法律中，医事法律都是其重要的组成内容。早在古埃及、古印度、古罗马、古巴比伦时期，在相关法律中就有了医疗卫生行为的相应规定。如公元前2000年，古印度的《摩奴法典》，其中就有死者火葬、倡导素食等规定；公元前1750年，古巴比伦的《汉谟拉比法典》，其中涉及医药卫生的多达40余条款，内容涉及医师职责、医疗活动、公共卫生等规定。古罗马在公元前450年颁布的《十二铜表法》《阿基拉法》《科尼利阿法》等，都有关于医生监管、医疗事故赔偿、疾病预防等较为具体的医疗卫生行为规范。古罗马人在历史上还最早地规定了行医许可制度。欧洲封建国家兴起后，开始出现专门的医事法律文件，如13世纪法国腓特烈二世发布的《医师开业法》《药剂师开业法》；英国编撰了系列的药典，如1499年的《佛罗伦萨药典》、1546年的《纽伦堡药典》、1618年的《伦敦药典》。

近代以来，随着资本主义社会经济发展和科学技术的进步，资本主义国家加强了医疗卫生领域的立法，医事法律有了快速发展。英国1832年颁布了《贫困法》，1848年制定了《医事法》《医疗法》，1859年颁布了《食品药品法》，1875年颁布《公共卫生法》，1878年颁布了《全国检疫法》，1911年颁布了《全国保险法》，1948年颁布了《国家卫生服务法》，1964年颁布《国家卫生保健法》，1968年颁布新的《药品法》，其后又在修订已有医事法律基础上，不断增加新的法律、法令，构建了系统的医事法律规范体系。美国在1878年颁布了《全国检疫法》，1906年颁布《纯净食品与药物法》，1909年颁布《药政法规》，1914年制定了《联邦麻醉剂法令》等。日本是亚洲较早地加强医事法制建设的国家之一，1874年制定《医务工作条例》，1925年颁布《药剂师法》，1933年出台《医师法》，1942年颁布《国民医疗法》，1948年制定《药事法》等。

第二次世界大战以后，医疗卫生事业的快速发展，医学新技术的广泛应用，对医事法律提出了新的需求，也为医事法律的快速发展创设了环境和条件。世界各国普遍重视医事立法，各国相继在宪法上规定了保护公民健康权益的条款，在公共卫生、疾病防控、医政管理、药事管理及纠纷处置等方面制定了系统的法律法规。当前，在医学科学和临床技术快速发展的背景下，医事法律面临了更多的立法问题，如人类基因工程、人类辅助生殖技术、人体器官移植、脑死亡与安乐死等，世界各国也进一步加强了医事法律应对新技术挑战的理论研究和立法探索。

三、国际医事法律的发展简况

国际医事法律是指国际组织制定的医疗卫生方面的国际公约、条例、准则和制度的总称。作为国际法的重要组成部分，它是由主权国家之间缔结的公约、条例、宣言、准则等文件组成。国际医事法律是国家间医疗卫生交流与合作的产物，其目的在于促进各国加强医疗卫生工作，提高健康保护水平，共同应对疾病对人类健康的威胁。

关于保护人体健康的国际协定，可以追溯到19世纪中叶为了协调国际贸易及减轻战争带来的疾病而达成国际检疫协议。1851年，11个国家参加在巴黎举行的第一次国际卫生会议，次年签订了第一个地区性的《国际卫生公约》。1873年、1881年，阿根廷、巴西、乌拉圭等主要美洲国家先后在蒙特维多、华盛顿召开了第一次和第二次美洲卫生检疫会议，并于1905年由美洲24个国家签订了《泛美卫生法规》，极大地推动了国际检疫的地区合作与交流。

第二次世界大战以后，特别是联合国及世界卫生组织成立后，提出了一系列的国际公约、协定、宣言等，促进了国际医事法律快速发展。联合国（The United Nations）成立于1945年，是当今世界上最普遍、最重要和最权威的政治性国际组织，在推进全球治理、促进国际合作、推动全球经济和社会发展等诸多方面开展了大量卓有成效的工作。在国际医疗卫生领域，联合国通过和制定了系列的宣言、决议、公约，如《儿童生存、保护和发展世界宣言》《国际人口与发展会议行动纲领》《修正1961年麻醉品单一公约》《1971年精神药物公约》《禁止非法贩运麻醉品和精神药物公约》《世界人类基因组与人权宣言》等，为促进国际医疗卫生交流与合作，保护人类健康做出了重大贡献。世界卫生组织（World Health Organization）于1948年4月成立，同年9月成为联合国专门机构。世界卫生组织作为国际卫生工作的协调与指导机构，切实践行其"使全世界人民获得最高可能水平的健康"宗旨，在医疗卫生国际合作与国际医事法律建设方面做了大量工作。其先后提出国际卫生公约、规则和协定，制定食品、药品、生物制品的国际标准，编辑出版国际药典、《国际卫生立法汇编》季刊，主持召开国际卫生立法会议，推动各国卫生立法交流与合作。如1951年第四届世界卫生大会通过了《国际公共卫生条例》，其后多次修订、补充，2005年第五十八届世界卫生大会通过了新修订的《国际卫生条例》并于2007年正式生效。这对于全面加强国际检验检疫，共同应对全球性传染病防控，加强公共卫生突发事件处理的国际合作等具有重大的里程碑意义。世界卫生组织还与其他国际组织开展合作，共同制定相关的国际医事法规和准则。

世界贸易组织、国际劳工组织等在国际医事法律立法中也作出了相应的努力。一些国际非政府性组织也大力支持并参与国际医事法律的建设，其中影响较大的是世界医学会。世界医学会组织制定的一系列世界性的医学原则，为国际医事立法奠定了良好基础。如 1948 年通过的《医学伦理学国际法》，即著名的《日内瓦宣言》；1964 年关于人体实验原则的《赫尔辛基宣言》；1968 年关于死亡确定问题的《悉尼宣言》；1970 年关于医学流产问题的《奥斯陆宣言》；1981 年的《病人权利宣言》；1986 年的《医师专业之独立与自由宣言》；等等。

第三节 医事法律关系

一、医事法律关系的概念

法律关系是根据法律规范产生的，以主体之间的权利与义务关系的形式表现出来的特殊的社会关系。法律关系属于社会关系范畴，都是人们有目的、有意识建立的社会交往关系，但并不是所有的社会关系都需要纳入法律的调整和规范，只有那些对社会秩序影响较大的重要的社会关系，国家才制定和运用法律对其进行调整，将其上升为法律关系。法律规范是法律关系产生的前提，如果没有相应法律规范的存在，就不可能产生法律关系。法律关系是法律在社会关系中的实现形式，它使法律规范中抽象的权利义务主体转变为具体的权利义务主体，使法律规定的权利义务由可能转变为现实，进而实现法律的功能和价值。

医事法律关系是指由医事法律调整的人们在医疗卫生活动中所形成的权利义务关系。医事法律关系是医事法律调整功能的实现途径。当人们把医事法律规范抽象的规定转化为医事法律关系时，就把医事法律所规定的一般的权利义务与具体的个人或组织结合在一起，形成具体的权利义务关系，使抽象、静态的医事法律转变为具体、动态的医事法律。医事法律关系不同于医事关系，医事关系是社会关系的一个领域，只有纳入医事法律调整的医事关系才属于医事法律关系范畴。对于医事关系的社会调控而言，医事法律既不需要也不可能调整全部医事关系，在医事法律调整的医事关系之外，其他医事关系尚需道德规范、社会习俗、单位纪律等予以调整。

医事法律关系是法律关系的下位范畴，除了具备法律关系的一般共性，还具有区别于其他法律关系的个性特征。首先，医事法律关系是以相应的医事法律规范的存在为前提，是医事法律规范基于保障和维护人体健康这一根本宗旨，在调整医疗卫生管理和服务活动中所形成的法律关系，具有特定的范围。其次，医事法律关系是一种纵横交错的综合性法律关系。医事法律作为一种综合性的法律，既包含有纵向上的医疗卫生行政管理内容，又包含有横向上的医疗卫生服务内容，相应地体现在医事法律关系中，表现为纵向的医事法律关系和横向的医事法律关系。在纵向的医事法律关系中，当事人之间的法律地位是不平等的，具有行政隶属的特点，管理相对人必须接受和服从管理者的管理与监督；而在横向的医事法律关系中，当事人之间无隶属关系，在法律地位上是平等的，享有对等的权利和义务，具有民事法律关系的特征。最后，医事法律关系的主体具有特殊性。医事法律所调整的医疗卫生活动具有极强的专业性和技术性，医事法律关系的主体最主要的是卫生行政部门、医疗机构及其医务人员。

二、医事法律关系的构成要素

医事法律关系同其他法律关系一样，其构成的必备要素在静态上都包括有法律关系主体、法律关系内容及法律关系客体，三者缺一不可。

（一）医事法律关系主体

医事法律关系主体，是指医事法律关系的参加者，在医事法律关系中享有权利并承担义务的当事人。医事法律关系主体具有法律性和社会性，能否成其为医事法律关系主体，取决于相应的医事法律规范的规定，与医事法律规范的密切联系也构成了医事法律关系主体与其他社会关系主体的区别所在。当然，医事法律规范规定什么人和社会组织能够成为医事法律关系主体不是任意而为，在根本的意义上，最终取决于一定社会的物质生活条件。同时，作为医事法律关系的参加者，还必须具有外在的独立性，即具有一定的意志自由，能够以自己的名义享有权利并承担义务。这种意志自由，在法律上表现为主体的权利能力和行为能力，即主体在取得享有权利并承担义务的资格前提下，还应具备以自己的名义独立地参加到法律关系中、通过自己有意识的行为独立实现法律权利和法律义务的能力。从民事法律关系主体的角度，按照2017年3月15日第十二届全国人民代表大会第五次会议通过的《中华人民共和国民法总则》规定,民事主体包括有自然人、法人、非法人组织。就自然人而言,除通常意义上的自然人之外,还包括有个体工商户、农村承包经营户这类特殊自然人主体。就法人主体而言,以法人组织是否以取得利润并分配给股东等出资人为目的,区分为营利法人和非营利法人,营利法人包括有限责任公司、股份有限公司和其他企业法人,非营利法人包括事业单位、社会团体、基金会、社会服务机构等。在一般法人类型之外,法人还包括特别法人形态,即机关法人、农村集体经济组织法人、城镇农村的合作经济组织法人、基层群众性自治组织法人。就非法人组织而言,尽管其不具有法人资格,但它能够依法以自己的名义从事民事活动,这样的非法人组织包括个人独资企业、合伙企业、不具有法人资格的专业服务机构等。医事法律关系主要具体体现为医事民事法律关系、医事行政法律关系和医事刑事法律关系,结合我国医事法律规范的规定,下面主要从整体上介绍医事法律关系主体的概略情况。

1. 公民(自然人)

公民,也称自然人,但二者内涵并不相同。公民概念强调的是国籍上的归属,具有某国国籍即是某国的公民;自然人概念则强调人的自然属性,指具有自然生理机能的人类成员。自然人包括本国公民,也包括外国人和无国籍人。在我国境内的外国人和无国籍人,根据我国法律及我国与其他国家签订的国际条约的规定,也可以成为我国医事法律关系的主体,如国境卫生检验检疫法律关系中接受我国国境卫生检验检疫机关查验的外国入境人员、来华行医的外国医师。

2. 国家机关

各级医药卫生行政机关及其他国家机关依据法定的职责和权限在履行医药卫生行政管理和服务职能时,就成为了医事行政法律关系的参加者,享有相应的行政权利并履行相应的行政义务。作为医疗卫生服务的对象,在接受医疗卫生服务时,国家机关又是以普通的民事主体身份参与其中,与医疗卫生服务提供者一方形成医事民事法律关系,享有相应的民事权利并承担相应的民事义务。任何具体的医事法律关系都是在国家医药卫生行政管理活动中存在的,因此,医药卫生行政机关可以说是最主要的医事法律关系主体。

3. 企事业单位

作为医事法律关系主体的企事业单位,包括直接从事医药卫生活动的企事业单位,如药品生产、销售企业、各类医疗机构、医药科研院所等,还包括一般的企事业单位。在纵向上,这些企事业单位作为医药卫生行政相对人,是医事行政法律关系的一方当事人;在横向上,这些企事业单位提供或接受医药卫生产品与服务、参与医疗卫生活动时,又是医事民事法律关系的当事人。

4. 社会团体

社会团体可以分为医药卫生社会团体和一般社会团体。医药卫生社会团体如中华医学会、医师协会、红十字会等,在医事法律关系中的地位和作用类似于医药卫生事业单位,依据医事法律法规的规定及其社团章程的约定,开展相应的医药卫生管理和社会服务活动。

5. 国家

国家作为一个整体,在特定情况下,既可以作为国内医事法律规范的对象,成为医事行政法律关系、医事刑事法律关系及医事民事法律关系的重要主体,也可以作为独立主体,缔结或参加国际条约,成为国际医事法律关系的主体。

(二)医事法律关系内容

医事法律关系内容,是指医事法律关系主体依法所享有的权利和承担的义务。医事法律上的权利与义务不同于道德意义、社会学意义上的权利与义务,它是医事法律规范所规定的,得到国家的确认和保证的权利与义务,具有法律性。同时,医事法律上的权利与义务也不是任意规定的,必然受到一定社会的物质生活条件制约,有其由一定生产关系和社会关系所要求的社会自由、社会责任基础,具有社会性。

1. 权利

权利是法律赋予当事人实现自身意志的行为的可能性。它表现为权利人可以做出或不做出某种行为,或要求他人做出或不做出某种行为,以满足己方的意志。它还可以表现为在必要时有权请求国家机关以强制性方法和手段以保障自身合法权益的实现。这种权利来自法律的规定,得到国家的确认和保障,是保证权利人利益的法律手段,与义务密切联系,依赖于义务的履行而得以实现。

2. 义务

义务是法律规定的当事人做出或不做出某种行为的必要性。它表现为义务人应当依法按照权利人的要求做出或者不做出一定的行为,以满足权利人权利的实现。义务是满足权利人利益的法律手段,义务人必须从事或不从事一定的行为,否则,权利人的权利无法实现。义务具有国家强制性和约束力,如果义务人不履行或不正当履行义务,就将受到国家强制力的制裁,承担相应的法律责任。

(三)医事法律关系客体

医事法律关系客体是指医事法律关系主体的权利与义务所指向的对象。这一对象是独立于主体,能够满足主体需要并为国家医事法律所确认和保护的各种客观现象。它与主体的权利与义务相联系,体现为主体在医事法律关系中所追求的利益。与一般法律关系客体一样,医事法律关系客体也具有动态性,随着社会发展和法律演变,原来并不属于医事法律关系客体的社会财富,也会在发展的医事法律规定下,成为客体,如人体器官移植的器官、试管婴儿等。医事法律关系客体,总体上可以包括如下几类。

1. 人的生命健康利益

它是人身利益最重要的一部分,包括人的生命、身体、生理功能等。人的生命健康利益与自然人主体不能分离,但它并不是主体本身,而是能够满足主体人身需求的客观事物。我国医事法律的立法和实施,最终都是为了保护公民的生命健康利益,生命健康利益也是各种具体的医事法律关系共同的和最高层次的客体。

2. 行为

行为指主体为达到一定目的所进行的活动。行为可以分为作为和不作为两种形式,前者是积极的行为,如医疗服务、申请医师执业注册等;后者是对一定行为的抑制,如禁止非法的血液采集、禁止销售假药劣药等。

3. 物

物指现实存在的能够为人所支配、利用的物质财富。它表现为符合法律规定的允许进入法律关系运行的各种生产资料和生活资料,如医药卫生管理和服务活动中使用的药品、医疗器械等。

4. 精神产品

精神产品主要指主体从事智力活动所创造的智慧成果,如医药科学技术发明、学术著作等。

三、医事法律关系的产生、变更和消灭

医事法律关系的产生，指医事法律调整某一医事关系时形成了主体之间的权利义务关系，即主体依法取得了某些权利、承担了某些义务，在医事法律关系主体之间确定了特定的权利义务关系。医事法律关系的变更是指原有的医事法律关系基于一定的事实而发生变动，原来的主体、内容、客体三要素全部或个别发生变化。而医事法律关系的消灭，则是指原有医事法律关系所确定的权利义务关系消失或终止。医事法律关系的产生、变更和消灭都是以相应的医事法律规范的存在为前提，以一定的法律事实的出现为直接原因。医事法律规范为人们设定了一定的行为模式，规定了在某些事实存在的情况下当事人之间的权利义务关系，而在这些事实没有发生的情况下，当事人享有权利和承担义务只是一种法律上的抽象的可能。只有具备一定的法律事实时，这种权利义务的可能才会转变为实际的、具体的权利义务关系，才会导致法律关系的产生、变更和消灭。

所谓法律事实，是指由法律规范所规定的，能够引起法律后果即法律关系产生、变更和消灭的客观情况。法律事实必须是法律所规定的，只有那些具有法律意义的事实才能引起法律后果。法律事实依据它是否以主体的意志为转移，可以分为法律行为和法律事件。

法律行为是以主体的意志为转移，能够引起法律关系产生、变更或消灭的法律事实。按其与法律规范的要求是否一致，可以分为合法行为与违法行为。合法行为是与法律规范要求相一致的，能够产生行为人预期后果的行为。合法行为为法律所确认和保护，引起肯定性法律后果。而违法行为则是与法律规范的要求不一致，不能产生行为人所预期的法律后果的行为。违法行为引起否定性法律后果，为法律所禁止并将承担相应法律责任。

法律事件是不以主体的意志为转移，能够导致一定法律后果的客观现象。法律事件包括自然事件和社会事件。前者指不以人的意志为转移而出现的客观情况，如人的自然死亡、地震、海啸等；后者指来自当事人之外的其他人的活动所造成的事件，如战争、社会动乱、法律的修订等。

第四节 医事法律的实施

一、医事法律实施的概念

医事法律实施是指使医事法律规范所确认的权利义务在社会生活中得以实现的过程或活动。医事法律实施是一个动态的过程，是将医事法律规范的内容转化为社会主体的行为，将医事法律规范中的国家意志转化为社会现实关系，使医事法律规范抽象的一般规定具体化，使主体的权利义务由法律上的可能性转变为社会生活中的现实性的过程。其目的在于实现医事法律规范的要求，直接体现医事法律的价值和功能，从而建立良性的医疗卫生社会秩序。医事法律实施的具体形式和方式是多样的，主要有医事法律的遵守和医事法律的适用两种基本方式。

（一）医事法律的遵守

医事法律的遵守，即守法，指全体公民（自然人）、法人及非法人组织通过自身的积极性和自主性，自觉按照医事法律的要求行为，将医事法律规范中规定的权利义务转化为自身社会生活中权利义务。医事法律的遵守是医事法律实施的重要形式，也是法治的基本内容和要求。它既要求国家机关、社会组织和公民（自然人）依法履行职责、承担义务，更包含国家机关、社会组织和公民（自然人）依法享有权利、行使权利，在内容上是依法行使权利与履行义务的辩证统一。

（二）医事法律的适用

医事法律的适用在法理上具有广义与狭义之分。广义上的医事法律适用是指国家机关和法律、法规授权的社会组织依照法定的职权和程序行使国家权力，将医事法律规范应用于具体的人或组织以解决处理具体问题（事件）的专门活动。它包括了医事法律的行政适用和司法适用。狭义上的医事法律适用仅指医事法律的司法适用，特指以人民法院为主的司法机关，依据医事法律的要求，依法办理医事诉讼案件，维护医事法律的严肃和权威，使医事法律规范得以实现的活动。医事法律的司法适用属于医事法律实施的特殊形式，在医事法律可以通过法律的遵守和一般行政执法活动就能正常实现的情况下,通常就不需要启动司法适用的法律程序。

二、医事法律的效力范围

医事法律的效力范围是指医事法律具体生效或适用的范围,即医事法律在什么时间、什么地方、对什么人发生法律效力,包括医事法律的时间效力、空间效力和对人的效力三个方面。

(一)医事法律的时间效力

医事法律的时间效力指医事法律何时生效、何时失效以及对医事法律生效前所发生的行为和事件是否具有溯及力的问题。

医事法律的生效,一般有三种情况。一是医事法律、法规及规章中明确规定自公布之日起生效。如国务院2003年5月9日公布的《突发公共卫生事件应急条例》在第五十四条明确规定"本条例自公布之日起施行"。二是医事法律、法规及规章中规定在其颁布后的某一具体时间生效。如2016年12月25日公布的《中华人民共和国中医药法》在第六十三条规定"本法自2017年7月1日起施行"。三是在医事法律、法规及规章的条文中没有规定生效时间,但在实践中都是以其公布时间为生效时间。

医事法律的失效,即医事法律的废止。一是新法颁布施行后,相应的旧法即自行废止。二是在新法中明文规定相应旧法废止。如国家卫生计生委2017年2月28日公布的《医师执业注册管理办法》在第二十六条中明确"本办法自2017年4月1日起施行。1999年7月16日原卫生部公布的《医师执业注册暂行办法》同时废止"。三是有关国家机关发布专门的决定、命令,宣布废止某些法律。

医事法律的溯及力,是指新法颁布施行后,对它生效之前所发生的行为和事件是否适用的问题,如果适用,就具有溯及力,反之则无溯及力。我国医事法律采取法不溯及既往的原则,一般不具有溯及力,但为更好保护公民、法人和其他组织的权益而作的特别规定除外。

(二)医事法律的空间效力

医事法律的空间效力,指医事法律适用的地域范围,即在哪些地方具有法律效力。它依据立法机关所管辖的行政区域范围不同而有区别。

一是在国家主权管辖范围内有效。由全国人民代表大会及其常务委员会制定的医事法律、国务院制定的医事法规、国家卫生计生委等国务院的部、委制定的医事规章，除有特别规定外，适用于我国全部领域。

二是在特定区域范围内有效。地方性医事法规、规章，只在发布机关管辖区域内有效；某些医事法规、规章只是针对特定区域发布的，明文规定在该特定区域范围内有效。

（三）医事法律对人的效力

医事法律对人的效力，即医事法律对什么人有效的问题。我国医事法律对人的效力，一是对医事法律规范空间效力范围内的所有人适用，包括中国公民、外国人、无国籍人。二是对空间效力范围内某种具有特定职能的公民、法人和组织适用。如《执业医师法》《护士条例》分别适用于医师、护士。三是对空间效力范围内某些人适用与否，由医事法律明文规定。如《执业医师法》第四十六条规定："军队医师执行本法的实施办法，由国务院、中央军事委员会依据本法的原则制定。"第四十七条规定："境外人员在中国境内申请医师考试、注册、执业或者从事临床示教、临床研究等活动的，按照国家有关规定办理。"

三、医事法律的适用规则

医事法律的适用规则，是指医事法律规范之间发生冲突时选择适用医事法律规范应遵循的规则。医事法律的适用主要有以下三个方面的规则。

（一）上位法优于下位法

法的位阶即指法律的效力等级。在我国医事法律体系中，宪法具有最高的法律效力，一切医事法律、医事行政法规、医事行政规章、地方性医事法规、地方性医事规章、医事自治条例与单行条例都不得与宪法相抵触。宪法位于医事法律规范效力等级的最高层，位于其下的依次为医事法律、医事行政法规、地方性医事法规和医事规章等，它们共同构成医事法律规范的效力等级体系。

当不同位阶的医事法律规范发生冲突时，应当选择适用位阶高的医事法律规范。同位阶的医事法律规范具有同等的法律效力，在各自立法机关的权限范围内适用。

（二）特别法优于一般法

同一立法机关制定的医事法律、医事行政法规、医事行政规章、地方性医事法规、地方性医事规章、医事自治条例与单行条例，特别规定与一般规定不一致的，适用特别规定。

（三）新法优于旧法

在同一立法机关制定的医事法律规范中，新的医事法律规范与旧的医事法律规范不一致，而新旧规范都是现行有效的，则采取从新原则，适用新的规范。

四、医事法律的解释

医事法律的解释是指对医事法律的内容、概念、术语及适用条件等所作的分析、说明和解答。医事法律解释对于提高公众对医事法律的认识和理解，保障医事法律的准确适用具有重要的现实意义，有助于医事法律的价值和功能的有效实现。依据法律解释主体及其解释的法律效力之不同，医事法律的解释可以分为正式解释和非正式解释。

（一）正式解释

正式解释也称法定解释、有权解释，是具有解释权的特定国家机关依照法定职权，对医事法律所作的具有法律效力的解释。它通常包括立法解释、司法解释和行政解释。

立法解释，是指有权制定医事法律规范的立法机关对医事法律规范所作的解释。通常表现为三种情形。其一，将解释内容作为法律条文的组成部分，直接列明在法律规范之中。如《医疗机构管理条例实施细则》第八十八条，对诊疗活动、医疗美容、特殊检查、特殊治疗用语的含义所作的解释。其二，以立法草案说明报告的方式对法律规范所作的解释。其三，以颁布专门的《补充规定》等形式的解释性文件所作的解释。

司法解释，是指国家司法机关在法律适用过程中针对医事法律规范具体应用的有关问题所作的解释。司法解释包括各级人民法院所作的审判解释，各级人民检察院所作的检察解释以及为保证法律解释的统一性和效力，由人民法院和人民检察院共同作出的解释。司法解释的形式多样，包括以规范性法律文件形式作出的有关法律适用的意见、规定、通知，对下级司法机关的请示所作的批复、解答等。如 2016 年 12 月最高人民法院发布的《关于审理非法行医刑事案件具体应用法律若干问题的解释》。通常而言，最高人民法院和最高人民检察院的司法解释具有普遍约束力，属于规范性解释，而其他各级司法机关所作的司法解释只对其负责的具体案件具有约束力，一般属于非规范性的个别性解释。

行政解释，是指国家行政机关在其法定职权范围内就医事法律规范具体适用中问题所作的解释。该解释在行使解释权的国家行政机关管辖范围内有效。

（二）非正式解释

非正式解释也称非法定解释、无效解释，是指未经授权的国家机关、社会组织或公民个人对医事法律规范所作的不具有法律效力的解释。非正式解释可以分为学理解释和任意解释。

学理解释是指在学术研究、教育教学及法制宣传中，专家、学者、法律工作者对医事法律规范所作的解释。尽管不具有法律效力，但学理解释对于立法、司法和普及法律知识，提高公民法律意识具有重要意义。

任意解释是指公民、当事人、辩护人、代理人等按照其对医事法律规范的理解所作的解释。任意解释不具有法律效力，但它对执法机关正确适用医事法律规范，防止执法工作偏差具有一定的参考价值。特别是在具体案件的处理过程中，律师的意见对于当事人的决策、法官的裁判等具有一定的影响。

第二章 医疗机构管理法律制度

第一节 概 述

一、医疗机构的概念与分类

医疗机构（Medical Institution）是指依法设立的、以保护人体健康为宗旨，从事疾病的预防、诊断、治疗和康复活动的社会组织。

根据不同的标准可以将医疗机构分为不同的类型。按照医疗机构的业务范围，《医疗机构管理条例实施细则》将医疗机构分为：综合医院、中医医院、中西医结合医院、民族医医院、专科医院、康复医院；妇幼保健院、妇幼保健计划生育服务中心；社区卫生服务中心、社区卫生服务站；中心卫生院、乡（镇）卫生院、街道卫生院；疗养院；综合门诊部、专科门诊部、中医门诊部、中西医结合门诊部、民族医门诊部；诊所、中医诊所、民族医诊所、卫生所、医务室、卫生保健所、卫生站；村卫生室（所）；急救中心、急救站；临床检验中心；专科疾病防治院、专科疾病防治所、专科疾病防治站；护理院、护理站；医学检验实验室、病理诊断中心、医学影像诊断中心、血液透析中心、安宁疗护中心；其他诊疗机构等 14 类。

2000 年卫生部、国家中医药管理局、财政部、国家计委联合制定了《关于城镇医疗机构分类管理的实施意见》，依据医疗机构的经营目的、服务任务，以及执行不同的财政、税收、价格政策和财务会计制度为标准，将城镇医疗机构分为非营利性医疗机构和营利性医疗机构。非营利性医疗机构是指为社会公众利益服务而设立和运营的医疗机构，不以营利为目的，其收入用于弥补医疗服务成本，实际运营中的收支结余只能用于自身的发展，如改善医疗条件、引进技术、开展新的医疗服务项目等。营利性医疗机构是指医疗服务所得收益可用于投资者经济回报的医疗机构。政府不举办营利性医疗机构，并且政府举办的非营利性医疗机构不得投资与其他组织合资合作设立非独立法人资格的营利性的"科室""病区""项目"。城镇个体诊所、股份制、股份合作制和中外合资合作医疗机构一般定为营利性医疗机构。

二、我国有关医疗机构的立法

中华人民共和国成立后，在医疗机构的管理方面，颁布施行了一系列的法律法规。1951年3月15日，中央人民政府卫生部公布《医院诊所管理暂行条例》，这是新中国第一部有关医疗机构管理的法律。之后，我国各级立法机关又相继颁布了一些医疗机构管理方面的法律法规，如《医院、诊所组织编制原则》《县卫生院暂行组织通则》《全国医院工作条例》《医院工作制度》等。

目前，我国与医疗机构管理相关的立法主要是1994年《医疗机构管理条例》。与此相配套的还包括《医疗机构管理条例实施细则》《中外合资、合作医疗机构暂行管理办法》《医疗美容服务管理办法》《处方管理办法》《医疗技术临床应用管理办法》《医疗机构病历管理规定》《医疗机构临床用血管理办法》《大型医用设备配置与使用管理办法》《医疗广告管理办法》《医学教育临床实践管理暂行规定》。尤其是新医改以来，颁布施行了许多新的法律性文件，如2017年2月21日的《国家卫生计生委关于修改〈医疗机构管理条例实施细则〉的决定》、2017年4月21日的《关于全面推开公立医院综合改革工作的通知》和2017年4月24日的《关于推进医疗联合体建设和发展的指导意见》等。

第二节 医疗机构的设置

一、医疗机构的设置规划

医疗机构的设置规划是以区域内居民实际医疗服务需求为依据，以合理配置、利用医疗卫生资源，公平、可及地向全体居民提供安全、有效的基本医疗服务为目的，将各级各类、不同隶属关系、不同所有制形式的医疗机构统一规划、设置和布局。

对医疗机构设置进行规划，有利于充分发挥政府宏观调控和市场配置资源的作用，进一步促进医疗卫生资源优化配置，实现城乡医疗服务体系协调发展，医疗服务能力全面增强，医疗服务公平性与可及性有效提升。为实现此目的，国家卫生和计划生育委员会制定了《医疗机构设置规划指导原则（2016—2020年）》。该文件要求，设置医疗机构，坚持统筹兼顾、协调发展，严格调控公立医院总体规模和单体规模，规范引导社会力量举办医疗机构，加强信息化建设，逐步构建以国家医学中心和区域医疗中心为引领，以省级医疗中心为支撑，市、县级医院为骨干，基层医疗卫生机构为基础，公立医院为主体、社会办医为补充，与国民经济和社会发展水平相适应，与健康需求相匹配，体系完整、分工明确、功能互补、密切协作的整合型医疗卫生服务体系和分级诊疗就医格局。

各级地方卫生计生行政部门（含中医药行政部门）在同级政府领导下，具体负责医疗机构设置规划的制定和组织实施。省级和县级规划要以设区的市级规划为基础。国家统一规划的医疗机构的设置，由国务院卫生计生行政部门决定。

在医疗机构的设置规划中，应遵从以下基本原则：

第一，公平可及原则。医疗机构服务半径适宜，交通便利，形成全覆盖医疗服务网络，布局合理。从实际医疗服务需求出发，面向城乡居民，注重科学性与协调性、公平与效率的统一，保障全体居民公平、可及地享有基本医疗卫生服务。

第二，统筹规划原则。各级各类医疗机构必须符合属地医疗机构设置规划和卫生资源配置标准，局部服从全局，提高医疗卫生资源整体效益。

第三，科学布局原则。明确和落实各级各类医疗机构功能和任务，实行"中心控制、周边发展"，即严格控制医疗资源丰富的中心城区的公立医院数量，新增医疗机构鼓励在中心城区周边居民集中居住区，以及交通不便利、诊疗需求比较突出的地区设置。

第四，协调发展原则。根据医疗服务需求，坚持公立医院为主体，明确政府办医范围和数量，合理控制公立医院数量和规模。公立医院实行"综合控制、专科发展"，控制公立综合医院不合理增长，鼓励新增公立医院以儿童、妇产、肿瘤、精神、传染、口腔等专科医院为主。促进康复、护理等服务业快速增长。

第五，中西医并重原则。遵循卫生计生工作基本方针，中西医并重，保障中医、中西医结合、民族医疗机构的合理布局和资源配置，充分发挥中医在慢性病诊疗和康复领域的作用。

目前，应鼓励社会力量办医。加快推进社会办医成规模、上水平发展，将社会办医纳入相关规划，按照一定比例为社会办医预留床位和大型设备等资源配置空间。在符合规划总量和结构的前提下，取消对社会办医疗机构数量和地点的限制。优先设置审批社会力量举办的非营利性、资源稀缺的专科医疗机构。鼓励具有中高级职称的执业医师举办私人诊所，探索成立医师工作室（站）。

而在公立综合医院方面，存在数量多、规模大的问题，所以应当特别注意合理设置公立综合医院数量、严格控制公立医院单体（单个执业点）床位规模的不合理扩张和重点控制三级综合医院床位数。

二、医疗机构的设置申请

单位或者个人设置医疗机构，必须经县级以上地方人民政府卫生计生行政部门审查批准，并取得设置医疗机构批准书，方可向有关部门办理其他手续。变更设置医疗机构批准书中核准的医疗机构的类别、规模、选址和诊疗科目，也需重新申请办理设置审批手续。不设床位或者床位不满100张的医疗机构，向所在地的县级人民政府卫生计生行政部门申请；而床位在100张以上的医疗机构和专科医院按照省级人民政府卫生计生行政部门的规定申请。

（一）设置医疗机构的申请人

地方各级人民政府设置医疗机构，由政府指定或者任命的拟设医疗机构的筹建负责人申请；法人或者其他组织设置医疗机构，由其代表人申请；个人设置医疗机构，由设置人申请；两人以上合伙设置医疗机构，由合伙人共同申请。

个人在城市申请设置诊所的，必须同时具备以下条件：经医师执业技术考核合格，取得医师执业证书；取得医师执业证书或者医师职称后，从事五年以上同一专业的临床工作；省、自治区、直辖市卫生计生行政部门规定的其他条件。个人在乡镇和村设置诊所的条件，由省、自治区、直辖市卫生计生行政部门规定。

但有下列情形之一的，不得申请设置医疗机构：（1）不能独立承担民事责任的单位；（2）正在服刑或者不具有完全民事行为能力的个人；（3）发生二级以上医疗事故未满五年的医务人员；（4）因违反有关法律、法规和规章，已被吊销执业证书的医务人员；（5）被吊销医疗机构执业许可证的医疗机构法定代表人或者主要负责人；（6）省、自治区、直辖市政府卫生计生行政部门规定的其他情形。且有第（2）至（5）项所列情形之一者，不得充任医疗机构的法定代表人或者主要负责人。

（二）设置医疗机构需提交的材料

申请人在申请设置医疗机构时，应当提交的文件有设置申请书、设置可行性研究报告、选址报告和建筑设计平面图。

设置可行性研究报告包括以下内容：申请单位名称、基本情况以及申请人姓名、年龄、专业履历、身份证号码；所在地区的人口、经济和社会发展等概况；所在地区人群健康状况和疾病流行以及有关疾病患病率；所在地区医疗资源分布情况以及医疗服务需求分析；拟设医疗机构的名称、选址、功能、任务、服务半径；拟设医疗机构的服务方式、时间、诊疗科目和床位编制；拟设医疗机构的组织结构、人员配备，拟设医疗机构的仪器、设备配备；拟设医疗机构与服务半径区域内其他医疗机构的关系和影响；拟设医疗机构的污水、污物、粪便处理方案；拟设医疗机构的通讯、供电、上下水道、消防设施情况；资金来源、投资方式、投资总额、注册资金（资本）；拟设医疗机构的投资预算；拟设医疗机构五年内的成本效益预测分析；同时附申请设计单位或者设置人的资信证明。但在申请设置门诊部、诊所、卫生所、医务室、卫生保健所、卫生站、村卫生室（所）、护理站等医疗机构时，可以适当简化。

选址报告应包括选址的依据；选址所在地区的环境和公用设施情况；选址与周围托幼机构、中小学校、食品生产经营单位布局的关系；占地和建筑面积。

三、医疗机构的设置审批与备案

（一）医疗机构的设置审批

不同类型的医疗机构其审批部门不同，其中床位在一百张以上的综合医院、中医医院、中西医结合医院、民族医院以及专科医院、疗养院、康复医院、妇幼保健院、急救中心、临床检验中心和专科疾病防治机构的设置审批权限的划分，由省、自治区、直辖市卫生计生行政部门规定；其他医疗机构的设置，由县级卫生计生行政部门负责审批。

申请设置医疗机构时，若有不符合当地《医疗机构设置规划》；设置人不符合规定的条件；不能提供满足投资总额的资信证明；投资总额不能满足各项预算开支；医疗机构选址不合理；污水、污物、粪便处理方案不合理；省、自治区、直辖市卫生计生行政部门规定的其他情形之一的，卫生计生行政部门不予批准。

县级以上地方人民政府卫生计生行政部门应当自受理设置申请之日起 30 日内，作出批准或者不批准的书面答复；批准设置的，发给设置医疗机构批准书。

（二）医疗机构的设置备案

卫生计生行政部门应当在核发设置医疗机构批准书的同时，向上一级卫生计生行政部门备案。上级卫生计生行政部门有权在接到备案报告之日起三十日内纠正或者撤销下级卫生计生行政部门作出的不符合当地医疗机构设置规划的设置审批。

法人和其他组织设置的为内部职工服务的门诊部、诊所、卫生所（室），由设置单位在该医疗机构执业登记前，向当地县级卫生计生行政部门提交设置单位或者其主管部门设置医疗机构的决定和设置医疗机构备案书进行备案。卫生计生行政部门应当在接到备案后十五日内给予设置医疗机构备案回执。

第三节　医疗机构的登记与校验

一、医疗机构的登记

（一）执业登记

1. 医疗机构执业登记的申请

取得设置医疗机构批准书的医疗机构在执业前，还须进行执业登记，取得医疗机构执业许可证。

新设置医疗机构或因分立或者合并而新设置医疗机构时，须填写医疗机构申请执业登记注册书，并提交设置医疗机构批准书或者设置医疗机构备案回执；医疗机构用房产权证明或者使用证明；医疗机构建筑设计平面图；验资证明、资产评估报告；医疗机构规章制度；医疗机构法定代表人或者主要负责人以及各科室负责人名录和有关资格证书、执业证书复印件；省、自治区、直辖市卫生计生行政部门规定提供的其他材料。

申请门诊部、诊所、卫生所、医务室、卫生保健所和卫生站登记的，还应当提交附设药房（柜）的药品种类清单、卫生技术人员名录及其有关资格证书、执业证书复印件以及省、自治区、直辖市卫生计生行政部门规定提交的其他材料。

2. 医疗机构执业登记的审批

医疗机构的执业登记，由批准其设置的人民政府卫生计生行政部门办理。国家统一规划的医疗机构的执业登记，由所在地的省、自治区、直辖市人民政府卫生计生行政部门办理。机关、企业和事业单位设置的为内部职工服务的门诊部、诊所、卫生所（室）的执业登记，由所在地的县级人民政府卫生计生行政部门办理。

县级以上地方人民政府卫生计生行政部门自受理执业登记申请之日（自申请人提供条例和本细则规定的全部材料之日算起）起45日内，进行审核。审核合格的，予以登记，发给医疗机构执业许可证；发现具有不符合设置医疗机构批准书核准的事项；不符合《医疗机构基本标准》，投资不到位，医疗机构用房不能满足诊疗服务功能，通讯、供电、上下水道等公共设施不能满足医疗机构正常运转，医疗机构规章制度不符合要求，消毒、隔离和无菌操作等基本知识和技能的现场抽查考核不合格；省、自治区、直辖市卫生计生行政部门规定的其他情形之一的，不予登记，将审核结果以书面形式通知申请人。

3. 医疗机构执业登记的内容

医疗机构的类别、名称、地址、法定代表人或者主要负责人；所有制形式；注册资金（资本）；服务方式；诊疗科目；房屋建筑面积、床位（牙椅）；服务对象；职工人数；执业许可证登记号（医疗机构代码）；省、自治区、直辖市卫生计生行政部门规定的其他登记事项需要在执业登记时进行登记。

门诊部、诊所、卫生所、医务室、卫生保健所、卫生站除登记前述事项外，还应当核准登记附设药房（柜）的药品种类。

（二）变更登记

医疗机构在执业过程中改变名称、地址、法定代表人或者主要负责人、所有制形式、服务对象、服务方式、注册资金（资本）、诊疗科目、床位（牙椅），以及因分立或者合并而保留的医疗机构或者机关、企业和事业单位设置的为内部职工服务的医疗机构向社会开放的，都必须申请办理变更登记。

医疗机构在原登记机关管辖权限范围内变更登记事项的，由原登记机关办理变更登记；因变更登记超出原登记机关管辖权限的，由有管辖权的卫生计生行政部门办理变更登记。医疗机构在原登记机关管辖区域内迁移，由原登记机关办理变更登记；向原登记机关管辖区域外迁移的，应当在取得迁移目的地的卫生计生行政部门发给的设置医疗机构批准书，并经原登记机关核准办理注销登记后，再向迁移目的地的卫生计生行政部门申请办理执业登记。

在办理变更登记时，应提交医疗机构法定代表人或者主要负责人签署的医疗机构申请变更登记注册书；申请变更登记的原因和理由；登记机关规定提交的其他材料。登记机关在受理变更登记申请后，依法进行审核，并作出核准变更登记或者不予变更登记的决定。

（三）注销登记

医疗机构非因改建、扩建、迁建原因停业超过1年的，视为歇业。医疗机构歇业或者因合并而终止，必须向原登记机关办理注销登记。登记机关核准后，收缴其医疗机构执业许可证。

二、医疗机构的名称

（一）医疗机构名称的组成与命名原则

医疗机构的名称由识别名称和通用名称依次组成。医疗机构的通用名称为：综合医院、中医医院、中西医结合医院、民族医医院、专科医院、康复医院；妇幼保健院、妇幼保健计划生育服务中心；社区卫生服务中心、社区卫生服务站；中心卫生院、乡（镇）卫生院、街道卫生院；疗养院；综合门诊部、专科门诊部、中医门诊部、中西医结合门诊部、民族医门诊部；诊所、中医诊所、民族医诊所、卫生所、医务室、卫生保健所、卫生站；村卫生室（所）；急救中心、急救站、临床检验中心；专科疾病防治院、专科疾病防治所、专科疾病防治站；护理院、护理站；医学检验实验室、病理诊断中心、医学影像诊断中心、血液透析中心、安宁疗护中心。

医疗机构可以将地名、单位名称、个人姓名、医学学科名称、医学专业和专科名称、诊疗科目名称和核准机关批准使用的名称作为识别名称。

医疗机构的命名应遵循的原则包括：医疗机构的通用名称法律规定的名称为限；识别名称可以合并使用；名称必须名副其实；名称必须与医疗机构类别或者诊疗科目相适应；各级地方人民政府设置的医疗机构的识别名称中应当含有省、市、县、区、街道、乡、镇、村等行政区划名称，其他医疗机构的识别名称中不得含有行政区划名称；国家机关、企业和事业单位、社会团体或者个人设置的医疗机构的名称中应当含有设置单位名称或者个人的姓名。

（二）医疗机构名称禁用的内容

含有以下内容的不能用于医疗机构名称：有损于国家、社会或者公共利益的名称；侵犯他人利益的名称；以外文字母、汉语拼音组成的名称；以医疗仪器、药品、医用产品命名的名称；含有"疑难病""专治""专家""名医"或者同类含义文字的名称以及其他宣传或者暗示诊疗效果的名称；超出登记的诊疗科目范围的名称；省级以上卫生计生行政部门规定不得使用的名称。另外除专科疾病防治机构以外，医疗机构不得以具体疾病名称作为识别名称，确有需要的由省、自治区、直辖市卫生计生行政部门核准。

（三）医疗机构名称的核准

含有外国国家（地区）名称及其简称、国际组织名称的，含有"中国""全国""中华""国家"等字样以及跨省地域名称的，各级地方人民政府设置的医疗机构的识别名称中不含有行政区划名称的由卫生部核准；属于中医、中西医结合和民族医疗机构的，由国家中医药管理局核准。

以"中心"作为医疗机构通用名称的医疗机构名称的，由省级以上卫生计生行政部门核准；在识别名称中含有"中心"字样的医疗机构名称的核准，由省、自治区、直辖市卫生计生行政部门规定。含有"中心"字样的医疗机构名称必须同时含有行政区划名称或者地名。

卫生计生行政部门有权纠正已经核准登记的不适宜的医疗机构名称，上级卫生计生行政部门有权纠正下级卫生计生行政部门已经核准登记的不适宜的医疗机构名称。

（四）医疗机构名称的使用

两个以上申请人向同一核准机关申请相同的医疗机构名称的，核准机关依照申请在先原则核定。属于同一天申请的，应当由申请人双方协商解决；

协商不成的，由核准机关作出裁决。

两个以上医疗机构因已经核准登记的医疗机构名称相同发生争议时，核准机关依照登记在先原则处理。属于同一天登记的，应当由双方协商解决；协商不成的，由核准机关报上一级卫生计生行政部门作出裁决。

医疗机构领取医疗机构执业许可证后，在核准机关管辖范围内享有专用权。

三、医疗机构的校验

校验是指卫生计生行政部门依法对医疗机构的基本条件和执业状况进行检查、评估、审核，并依法作出相应结论的过程。校验有利于加强医疗机构监督管理，规范医疗机构执业行为，保障医疗服务质量和医疗安全。

床位在 100 张以上的综合医院、中医医院、中西医结合医院、民族医院以及专科医院、疗养院、康复医院、妇幼保健院、急救中心、临床检验中心和专科疾病防治机构的校验期为 3 年；其他医疗机构的校验期为 1 年。

医疗机构应当于校验期满前 3 个月向登记机关申请办理校验手续。办理校验应当交验医疗机构执业许可证，并提交医疗机构校验申请书；

医疗机构执业许可证及其副本；各年度工作总结；诊疗科目、床位（牙椅）等执业登记项目以及卫生技术人员、业务科室和大型医用设备变更情况；

校验期内接受卫生行政部门检查、指导结果及整改情况；校验期内发生的医疗民事赔偿（补偿）情况（包括医疗事故）以及卫生技术人员违法违规执业及其处理情况；特殊医疗技术项目开展情况；省、自治区、直辖市人民政府卫生行政部门规定提交的其他材料。

卫生计生行政部门应当在受理校验申请后的三十日内完成校验。

医疗机构有校验审查所涉及的有关文件、病案和材料存在隐瞒、弄虚作假情况，不符合医疗机构基本标准，限期整改期间，停业整顿期间，省、自治区、直辖市人民政府卫生行政部门规定的其他情形之一的，登记机关可以根据情况，给予一至六个月的暂缓校验期，但不设床位的医疗机构在暂缓校验期内不得执业。

医疗机构在暂缓校验期内应当对存在的问题进行整改，暂缓校验期满后 5 日内向卫生行政部门提出再次校验申请，再次校验合格的，允许继续执业；再次校验不合格的或暂缓校验期满后规定时间内未提出再次校验申请的，由登记机关注销其医疗机构执业许可证。

第四节 公立医院改革与多元办医

一、公立医院改革

公立医院是我国医疗服务体系的主体,在基本医疗服务提供、急危重症和疑难病症诊疗、培养医疗卫生人才等方面发挥着重要的、不可替代的作用,是解决群众看病难、看病贵问题的主战场。

我国政府向来重视公立医院的建设与改革工作,为此先后颁布了《国务院办公厅关于全面推开县级公立医院综合改革的实施意见》《国务院办公厅关于城市公立医院综合改革试点的指导意见》《关于控制公立医院医疗费用不合理增长的若干意见》和《中共中央办公厅 国务院办公厅转发〈国务院深化医药卫生体制改革领导小组关于进一步推广深化医药卫生体制改革经验的若干意见〉的通知》等。

目前,公立医院改革已经取得了比较大的成就,如对医院公益性质的认识日益深刻、医院整体素质和服务水平显著提升、医院管理体制和激励机制日益完善、医院服务环境持续改善等。

但是公立医院改革仍然面临着诸多挑战,当下亟待解决的问题主要包括:全部取消药品加成(中药饮片除外);降低药占比(不含中药饮片);降低百元医疗收入(不含药品收入)中消耗的卫生材料的占比;全面实行以按病种付费为主,按人头付费、按床日付费等复合型付费方式,提高预约转诊占公立医院门诊就诊量的比例;公立医院和基层医疗卫生机构与区域人口健康信息平台对接;基层医疗卫生机构与上级医院远程医疗信息系统的建立;建立符合中医药特点的支付方式,鼓励中医药服务提供和使用;县级公立医院门诊、住院患者人均费用和总收入增幅下降,提升医疗服务收入占业务收入比重,降低自付医疗费用占总医疗费用比例等。

二、优化多元办医格局

社会办医是深化医药卫生体制改革、促进健康服务业发展的重要组成部分,是转变卫生发展方式、优化卫生资源配置的重要举措,是增加卫生资源供给、满足人民群众多样化多层次医疗卫生服务需求的重要途径。

要加快推进社会办医成规模、上水平发展，将社会办医纳入相关规划，按照一定比例为社会办医预留床位和大型设备等资源配置空间；在符合规划总量和结构的前提下，取消对社会办医疗机构数量和地点的限制；优先设置审批社会力量举办的非营利性、资源稀缺的专科医疗机构。加快推进社会办医的主要举措有以下几个方面。

（1）进一步优化政策环境，优先支持社会力量举办非营利性医疗机构，推进和实现非营利性民营医院与公立医院同等待遇。破除社会力量进入医疗领域的不合理限制和隐性壁垒。鼓励社会资本直接投向资源稀缺及满足多元需求服务领域，举办康复医院、老年病医院、护理院、临终关怀医院等医疗机构，鼓励社会资本举办高水平、规模化的大型医疗机构或向医院集团化发展。逐步扩大外资兴办医疗机构的范围。

（2）鼓励医师利用业余时间或退休医师到基层医疗卫生机构执业或开设工作室。鼓励具有中高级职称的执业医师举办私人诊所，探索成立医师工作室（站）。加大政府购买服务的力度，支持保险业投资、设立医疗机构，推动非公立医疗机构向高水平、规模化方向发展，鼓励发展专业性医院管理集团。加强政府监管、行业自律与社会监督，促进非公立医疗机构规范发展。

（3）引导发展专业的医学检验中心、医疗影像中心、病理诊断中心和血液透析中心等。支持发展第三方医疗服务评价、健康管理服务评价，以及健康市场调查和咨询服务。鼓励社会力量提供食品药品检测服务。完善科技中介体系，大力发展专业化、市场化医药科技成果转化服务。

三、中医医疗机构

中医医院（含中医、中西医结合、民族医医院）是我国医疗服务体系的主体之一，承担了大量的医疗保健任务，是人民群众看病就医的重要选择。发展中医药服务是完善中医药服务体系、促进中医药健康服务发展的重要举措，是加快发展社会办医的重要内容，是增加中医药资源供给、满足人民群众多样化多层次中医药服务需求的重要途径。为促使中医能够更好地服务于人民群众健康事业，2015年4月24日国务院办公厅印发《中医药健康服务发展规划（2015—2020年）》。国家卫生计生委和国家中医药管理局于2015年11月19日发布《关于推进社会办医发展中医药服务的通知》，积极推进中医药的发展。该通知的主要内容包括：

（1）鼓励社会力量优先举办妇科、儿科、骨伤、肛肠等非营利性中医专科医院，发展中医特色的康复医院、护理院，支持提供中医特色的老年病等服务。鼓励举办只提供传统中医药服务的中医门诊部和中医诊所，引导向规模化、多层次方向发展。采取诸多措施，提升社会办中医医疗机构服务能力。

（2）基本建立起覆盖城乡的中医医疗服务体系。在城市，形成以中医（民族医、中西医结合）医院、中医类门诊部和诊所以及综合医院中医类临床科室、社区卫生服务机构为主的城市中医医疗服务网络。在农村，形成由县级中医医院、综合医院（专科医院、妇幼保健院）中医临床科室、乡镇卫生院中医科和村卫生室为主的农村中医医疗服务网络，提供基本中医医疗预防保健服务。

第五节　医疗广告

现代社会，医疗机构数量多，竞争激烈，医疗机构为了在竞争中处于和保持优势地位，多进行医疗广告。医疗广告（Medical Advertisement），是指利用各种媒介或者形式直接或间接介绍医疗机构或医疗服务的广告。但医疗广告不仅涉及医疗机构之间的竞争，更关系到人民群众的身体健康，所以，国家工商行政管理总局和卫生部2006年11月28日联合发布了《医疗广告管理办法》，加强对医疗广告的监管。目前，该法正在修订过程中。

一、医疗广告的内容

医疗广告的内容仅限于以下项目：医疗机构第一名称；医疗机构地址；所有制形式；医疗机构类别；诊疗科目；床位数；接诊时间；联系电话。发布的前六项内容必须与《医疗机构执业许可证》或其副本载明的内容一致。

医疗广告的表现形式不得含有涉及医疗技术、诊疗方法、疾病名称、药物的；保证治愈或者隐含保证治愈的；宣传治愈率、有效率等诊疗效果的；淫秽、迷信、荒诞的；贬低他人的；利用患者、卫生技术人员、医学教育科研机构及人员以及其他社会社团、组织的名义、形象作证明的；使用解放军和武警部队名义的；法律、行政法规规定禁止的其他情形。

二、医疗广告的发布

医疗机构发布医疗广告,必须取得省级卫生计生行政部门或中医药管理部门颁发的医疗广告审查证明,该证明的有效期为一年。非医疗机构不得发布医疗广告,医疗机构不得以内部科室名义发布医疗广告。

禁止利用新闻形式、医疗资讯服务类专题节(栏)目发布或变相发布医疗广告。有关医疗机构的人物专访、专题报道等宣传内容,可以出现医疗机构名称,但不得出现有关医疗机构的地址、联系方式等医疗广告内容;不得在同一媒介的同一时间段或者版面发布该医疗机构的广告。

广告经营者、广告发布者发布医疗广告,应当由其广告审查员查验《医疗广告审查证明》,核实广告内容。

三、违法医疗广告的处罚

未取得医疗机构执业许可证发布医疗广告的,按非法行医处罚。

医疗机构违法发布医疗广告,县级以上地方卫生计生行政部门、中医药管理部门应责令其限期改正,给予警告;情节严重的,核发医疗机构执业许可证的卫生计生行政部门、中医药管理部门可以责令其停业整顿、吊销有关诊疗科目,直至吊销医疗机构执业许可证。

医疗机构篡改医疗广告审查证明内容发布医疗广告的,省级卫生行政部门、中医药管理部门应当撤销医疗广告审查证明,并在一年内不受理该医疗机构的广告审查申请。

工商行政管理机关对违法的广告主、广告经营者、广告发布者依据《中华人民共和国广告法》《中华人民共和国反不正当竞争法》予以处罚,对情节严重,造成严重后果的,可以并处一至六个月暂停发布医疗广告,直至取消广告经营者、广告发布者的医疗广告经营和发布资格的处罚。法律法规没有规定的,工商行政管理机关应当对负有责任的广告主、广告经营者、广告发布者给予警告或者处以一万元以上三万元以下的罚款;医疗广告内容涉嫌虚假的,工商行政管理机关可根据需要会同卫生行政部门、中医药管理部门作出认定。

第六节 医疗机构的监管与处罚

一、医疗机构监管的主体及职责

各级卫生计生行政部门负责所辖区域内医疗机构的监督管理工作。县级以上卫生计生行政部门设立医疗机构监督管理办公室和医疗机构监督员。

督管理办公室的职责是：拟订医疗机构监督管理工作计划；办理医疗机构监督员的审查、发证、换证；负责医疗机构登记、校验和有关监督管理工作的统计，并向同级卫生计生行政部门报告；负责接待、办理群众对医疗机构的投诉；完成卫生计生行政部门交给的其他监督管理工作。

医疗机构监督员的主要职责是：对医疗机构执行有关法律、法规、规章和标准的情况进行监督、检查、指导；对医疗机构执业活动进行监督、检查、指导；对医疗机构违反条例和本细则的案件进行调查、取证；对经查证属实的案件向卫生计生行政部门提出处理或者处罚意见；实施职权范围内的处罚；完成卫生计生行政部门交付的其他监督管理工作。

二、医疗机构违法行为的处罚

（一）未取得医疗机构执业许可证擅自执业

未取得医疗机构执业许可证擅自执业的，由县级以上人民政府卫生计生行政部门责令其停止执业活动，没收非法所得和药品、器械，并可以根据情节处以1万元以下的罚款。

（二）不按规定校验的

医疗机构逾期不校验医疗机构执业许可证仍从事诊疗活动的，由县级以上人民政府卫生计生行政部门责令其限期补办校验手续；拒不校验的，吊销其医疗机构执业许可证。

（三）出卖、转让、出借医疗机构执业许可证

医疗机构出卖、转让、出借医疗机构执业许可证的，由县级以上人民政府卫生计生行政部门没收非法所得，并可以处以5000元以下的罚款；情节严

重的,吊销其医疗机构执业许可证。

(四)超范围执业

医疗机构的诊疗活动超出登记范围的,由县级以上人民政府卫生计生行政部门予以警告、责令其改正,并可以根据情节处以 3000 元以下的罚款;情节严重的,吊销其医疗机构执业许可证。

(五)使用非卫生技术人员

医疗机构使用非卫生技术人员从事医疗卫生技术工作的,由县级以上人民政府卫生计生行政部门责令其限期改正,并可以处以 5000 元以下的罚款;情节严重的,吊销其医疗机构执业许可证。

(六)出具虚假证明文件

医疗机构出具虚假证明文件的,由县级以上人民政府卫生计生行政部门予以警告;对造成危害后果的,可以处以 1000 元以下的罚款;对直接责任人员由所在单位或者上级机关给予行政处分。

第三章 医药卫生技术人员管理法律制度

第一节 执业医师管理法律制度

一、概述

（一）概念

医师，包括执业医师和执业助理医师。执业医师是指依法取得执业医师资格，经注册在医疗、预防、保健机构中，按照其注册的执业类别和范围，独立从事相应的医疗工作的人员。执业助理医师是指依法取得执业助理医师资格并经注册，在医疗、预防、保健机构中执业医师的指导下，按照其注册的执业类别和范围执业的人员。医师应当具备良好的职业道德和医疗执业水平，发扬人道主义精神，履行防病治病、救死扶伤、保护人民健康的神圣职责。全社会应当尊重医师。医师依法履行职责，受法律保护。

广义的执业医师法，是指由国家制定的，用于调整加强医师队伍建设、提高医师职业道德和业务素质，保障医师合法权益和保障人体健康而产生的各种社会关系的法律规范的总称。狭义的执业医师法，是指《中华人民共和国执业医师法》。

我国医师队伍庞大，现有从事医疗、预防、保健工作的各级各类医师约200万人。在医师管理方面，我国采用的是行政管理与行业管理相结合的方式。国务院卫生行政部门主管全国的医师工作，县级以上地方人民政府卫生行政部门负责管理本行政区域内的医师工作，成立于2002年1月9日的中国医师协会负责行业自治管理。中国医师协会负责对医师实行行会管理，总结、交流医师工作经验，利用协会组织技术力量对医师进行在职技术培训，进行专科医师资格认定和保护医师的合法权益。

（二）我国有关执业医师制度的立法史

中华人民共和国成立后，政府高度重视人民群众的健康工作，在医师管理方面，曾经先后颁布施行过《医师暂行条例》《中医暂行条例》《牙医暂行条例》《医师工作人员职责》《医师、中医师个体开业暂行管理办法》《外国医师来华短期行医管理办法》等。

为加强医师队伍的建设，提高医师的职业道德和业务素质，保障医师的合法权益，保护人民健康，1998年6月26日第九届全国人民代表大会常务委员会第三次会议通过《中华人民共和国执业医师法》（下称《执业医师法》），自1999年5月1日起施行。该法包括总则、考试和注册、执业规则、考核和培训、法律责任和附则六章，共48条。

与此法配套施行的还有《医师资格考试暂行办法》《医师执业注册暂行办法》《关于医师执业注册中执业范围的暂行规定》《医师外出会诊管理暂行规定》《医师资格考试报名资格规定》《传统医学师承和确有专长人员医师资格考核考试办法》《关于推进和规范医师多点执业的若干意见》《关于印发推进和规范医师多点执业的若干意见的通知》等。随着医疗卫生体制的改革，上述法律文件的部分内容也进行了较大修改，如2017年2月28日，国家卫生计生委发布《医师执业注册管理办法》替代了原有的《医师执业注册暂行办法》。

二、执业医师资格考试

为最大限度保证医师队伍的质量，杜绝不具有医师执业水平的人员混入医师队伍，正确引导医学院校培养出适合我国国情和跟上现代医学科学技术水平发展的医学人才，《执业医师法》规定国家实行医师资格考试制度，用以评价申请医师资格者是否具备从事医学实践所必需的基本知识与技能。医师资格考试成绩合格，取得执业医师资格或者执业助理医师资格。

（一）考试类别

医师资格考试分为执业医师资格考试和执业助理医师资格考试，考试类别均分为临床、中医（包括中医、民族医、中西医结合）、口腔、公共卫生四类。考试方式分为实践技能考试和医学综合笔试，实践技能考试合格方可参加医学综合笔试。

（二）报考条件

为规范医师资格考试报名，卫生部曾先后颁布《卫生部关于医师资格考试报名资格暂行管理规定》和《卫生部关于医师资格考试报名资格暂行管理规定的补充规定》以及《医师资格考试报名资格规定（2006版）》和《关于修订〈医师资格考试报名资格规定（2006版）〉有关条款的通知》。其后为指导各地做好医师资格考试报名资格审核工作，严格医师资格准入，加强医师队伍建设，国家卫生计生委、教育部、国家中医药管理局于2014年3月18日发布《医师资格考试报名资格规定（2014版）》，对试用机构、试用期考核证明、报名有效身份证件、报考类别和学历审核进行具体界定，可操作性更强。

1. 执业医师资格报考条件

执业医师资格报考条件：具有高等学校医学专业本科以上学历，在执业医师指导下，在医疗、预防、保健机构中试用期满1年；取得执业助理医师执业证书后，具有高等学校医学专科学历，在医疗、预防、保健机构中工作满2年；具有中等专业学校医学专业学历，在医疗、预防、保健机构中工作满5年；师承和确有专长人员取得执业助理医师执业证书后，在医疗机构中从事传统医学医疗工作满5年。

2. 执业助理医师资格报考条件

执业助理医师资格报考条件：具有高等学校医学专业专科或者中等专业学校医学专业学历，在执业医师指导下，在医疗、预防、保健机构中试用期满1年；师承和确有专长人员取得传统医学师承出师证书或传统医学医术确有专长证书后，在执业医师指导下，在授予传统医学师承出师证书或传统医学医术确有专长证书的省（自治区、直辖市）内的医疗机构中试用期满1年并考核合格，可以申请参加执业助理医师资格考试。

特别指出的是，基础医学类、法医学类、护理（学）类、医学技术类、药学类、中药学类等医学相关专业，其学历不作为报考执业医师资格和执业助理医师资格的学历依据。

（三）报考程序

申请参加医师资格考试的人员，应当在公告规定期限内，到户籍所在地的考点办公室报名，并提交下列材料：二寸免冠正面半身照片两张；本人身份证明；毕业证书复印件；试用机构出具的试用期满一年并考核合格的证明；执业助理医师申报执业医师资格考试的，还应当提交医师资格证书复印件、医师执业证书复印件、执业时间和考核合格证明；报考所需的其他材料。试用机构与户籍所在地跨省分离的，由试用机构推荐，可在试用机构所在地报名参加考试。

三、执业医师注册

国家实行医师执业注册制度。取得医师资格，必须按照《执业医师法》《医师执业注册管理办法》《关于医师执业注册中执业范围的暂行规定》等进行注册，未经医师注册取得执业证书，不得从事医师执业活动。

（一）执业注册

1. 注册条件

凡取得执业医师资格或者执业助理医师资格的，均可申请医师执业注册。但有下列情形之一的，不予注册：不具有完全民事行为能力的；因受刑事处罚，自刑罚执行完毕之日起至申请注册之日止不满二年的；受吊销医师执业证书行政处罚，自处罚决定之日起至申请注册之日止不满二年的；甲类、乙类传染病传染期、精神疾病发病期以及身体残疾等健康状况不适宜或者不能胜任医疗、预防、保健业务工作的；重新申请注册，经考核不合格的；在医师资格考试中参与有组织作弊的；被查实曾使用伪造医师资格或者冒名使用他人医师资格进行注册的；国家卫生计生委规定不宜从事医疗、预防、保健业务的其他情形的。

2. 注册部门及提交的材料

拟在医疗、保健机构中执业的人员，应当向批准该机构执业的卫生计生行政部门申请注册；拟在预防机构中执业的人员，应当向该机构的同级卫生计生行政部门申请注册。申请时，应当提交：医师执业注册申请审核表；近6个月2寸白底免冠正面半身照片；医疗、预防、保健机构的聘用证明；省级以上卫生计生行政部门规定的其他材料。获得医师资格后二年内未注册者、中止医师执业活动二年以上或者不予注册的情形消失的医师申请注册时，还应当提交在省级以上卫生计生行政部门指定的机构接受连续6个月以上的培训并经考核合格的证明。

3. 注册的审批与异议的解决

注册主管部门应当自收到注册申请之日起20个工作日内，对申请人提交的申请材料进行审核。审核合格的，予以注册并发放医师执业证书。对不符合注册条件不予注册的，注册主管部门应当自收到注册申请之日起20个工作日内书面通知聘用单位和申请人，并说明理由。申请人如有异议的，可以依法申请行政复议或者向人民法院提起行政诉讼。

4. 注册的内容

1999年7月16日原卫生部公布的《医师执业注册暂行办法》规定的医师注册内容较多，包括执业人姓名、执业机构、执业地点、执业资格、执业类别、执业范围等。2017年4月1日施行的《医师执业注册管理办法》规定医师注册内容仅为执业地点、执业类别、执业范围。

过去执业医师的注册地点为医疗、预防、保健机构，是一个单一的机构，不符合医师执业流动性增强，多点执业情况增加的现实。改革后的执业地点由点成了面，其中执业医师的注册地点为省级行政区划，执业助理医师的注册地点为县级行政区划，实现"一次注册、区域有效"。

医师多点执业是指医师于有效注册期内在两个或两个以上医疗机构定期从事执业活动的行为。但医师在参加城乡医院对口支援、支援基层，或在签订医疗机构帮扶或托管协议、建立医疗集团或医疗联合体的医疗机构间多点执业时，不需办理多点执业相关手续。其中在公立医院担任院级领导职务的，除前述情形外一般不能从事其他形式的多点执业。医师多点执业有利于促进优质医疗资源平稳有序流动和科学配置，更好地为人民群众提供医疗卫生服务。鼓励医师利用业余时间、退休医师到基层医疗卫生机构执业或开设工作室。

临床、口腔和中医类别医师可以多点执业。多点执业的医师应当具有中级及以上专业技术职务任职资格，从事同一专业工作满5年；身体健康，能够胜任医师多点执业工作；最近连续两个周期的医师定期考核无不合格记录。

在同一执业地点多个机构执业的医师，应当确定一个机构作为其主要执业机构，并向批准该机构执业的卫生计生行政部门申请注册；对于拟执业的其他机构，应当向批准该机构执业的卫生计生行政部门分别申请备案，注明所在执业机构的名称。医师只有一个执业机构的，视为其主要执业机构。

执业类别包括临床、中医（包括中医、民族医和中西医结合）、口腔、公共卫生四类。

执业范围是指医师在医疗、预防、保健活动中从事的与其执业能力相适应的专业。其中临床类别医师执业范围分为：内科专业；外科专业；妇产科专业；儿科专业；眼耳鼻咽喉科专业；皮肤病与性病专业；精神卫生专业；职业病专业；医学影像和放射治疗专业；医学检验、病理专业；全科医学专业；急救医学专业；康复医学专业；预防保健专业；特种医学与军事医学专业；计划生育技术服务专业；省级以上卫生行政部门规定的其他专业。口腔类别医师执业范围分为：口腔专业；省级以上卫生行政部门规定的其他专业。公共卫生医师执业范围分为：公共卫生类别专业；省级以上卫生行政部门规定的其他专业。中医类别（包括中医、民族医、中西医结合）医师执业范围分为：中医专业；中西医结合专业；蒙医专业；藏医专业；维医专业；傣医专业；省级以上卫生行政部门规定的其他专业。

医师应当按照注册的执业范围执业，但遇对病人实施紧急医疗救护的；临床医师依据《住院医师规范化培训规定》和《全科医师规范化培训试行办法》等，进行临床转科的；依据国家有关规定，经医疗、预防、保健机构批准的卫生支农、会诊、进修、学术交流、承担政府交办的任务和卫生行政部门批准的义诊等；省级以上卫生行政部门规定的其他情形之一的，不属于超范围执业。

5. 个体行医

申请个体行医的执业医师，须经注册后在医疗、预防、保健机构中执业满五年，并按照国家有关规定办理审批手续。个体诊所设置受规划布局限制，未经批准，不得行医。

（二）变更注册

医师变更执业地点、执业类别、执业范围等注册事项的，应当到准予注册的卫生行政部门办理变更注册手续。但经医疗、预防、保健机构批准的卫生支农、会诊、进修、学术交流、承担政府交办的任务和卫生行政部门批准的义诊不需要进行变更注册。医师在办理变更注册手续过程中，在医师执业证书原注册事项已被变更，未完成新的变更事项前，不得从事执业活动。

医师变更执业地点、执业类别、执业范围等注册事项的，或因参加培训需要注册或者变更注册的，应当通过国家医师管理信息系统提交医师变更执业注册申请及省级以上卫生计生行政部门规定的其他材料。医师承担经主要执业机构批准的卫生支援、会诊、进修、学术交流、政府交办事项等任务和参加卫生计生行政部门批准的义诊，以及在签订帮扶或者托管协议医疗机构内执业等，不需办理执业地点变更和执业机构备案手续。

（三）注销注册

医师注册后，出现死亡或者被宣告失踪的；受刑事处罚的；受吊销医师执业证书行政处罚的；医师定期考核不合格，并经培训后再次考核仍不合格的；连续两个考核周期未参加医师定期考核的；中止医师执业活动满二年的；身体健康状况不适宜继续执业的；出借、出租、抵押、转让、涂改医师执业证书的；在医师资格考试中参与有组织作弊的；本人主动申请的；国家卫生计生委规定不宜从事医疗、预防、保健业务的其他情形之一的，医师个人或者其所在的医疗、预防、保健机构，应当自知道或者应当知道之日起30日内报告注册主管部门，办理注销注册。

被注销注册的当事人如有异议的，可以依法申请行政复议或者向人民法院提起诉讼。

四、执业医师的考核与培训

考核是指一定的组织按照事先确定的原则、内容、方法和顺序对所属的工作人员进行的考察和评价活动。执业医师的考核是指受县级以上人民政府卫生行政部门委托的机构或者组织应当按照医师执业标准，对医师的业务水平、工作成绩和职业道德状况进行定期考核。

（一）考核主体

考核的主管部门是县级以上卫生行政部门，具体部门是县级以上卫生行政部门委托的机构和组织。考核机构应具有相关领域的专业能力和对考核对象的业务培训与指导能力。

（二）考核内容

按照执业医师法的规定，医师考核的内容包括医师工作成绩、职业道德和业务水平。工作成绩主要是指医师完成工作的数量和质量。职业道德是医师思想品德的反映，主要体现于医患关系。业务水平主要是指医师从事本职工作所具备的知识和技能。

（三）考核结果

对医师的考核结果，考核机构应当报告准予注册的卫生行政部门备案。对考核不合格的医师，县级以上人民政府卫生行政部门可以责令其暂停执业活动三个月至六个月，并接受培训和继续医学教育。暂停执业活动期满，再次进行考核，对考核合格的，允许其继续执业；对考核不合格的，由县级以上人民政府卫生行政部门注销注册，收回医师执业证书。

（四）表彰与奖励

医师在执业活动中，医德高尚，事迹突出的；对医学专业技术有重大突破，作出显著贡献的；遇有自然灾害、传染病流行、突发重大伤亡事故及其他严重威胁人民生命健康的紧急情况时，救死扶伤、抢救诊疗表现突出的；长期在边远贫困地区、少数民族地区条件艰苦的基层单位努力工作的；国务院卫生行政部门规定应当予以表彰或者奖励的其他情形之一的，县级以上人民政府卫生行政部门应当给予表彰或者奖励。

对优秀医师的表彰或者奖励，不但可以发挥激励的作用，还可以发挥受表彰或奖励医师的榜样带头作用，促进医师整体水平的提高。

（五）医师培训

医师培训是指以提高医师水平和素质为目的的各种教育和训练活动。

县级以上人民政府卫生行政部门应当制定医师培训计划，对医师进行多种形式的培训，为医师接受继续医学教育提供条件。县级以上人民政府卫生行政部门应当采取有力措施，对在农村和少数民族地区从事医疗、预防、保健业务的医务人员实施培训。

医疗、预防、保健机构应当按照规定和计划保证本机构医师的培训和继续医学教育。

县级以上人民政府卫生行政部门委托的承担医师考核任务的医疗卫生机构，应当为医师的培训和接受继续医学教育提供和创造条件。

五、法律责任

（一）以不正当手段取得医师执业证书的法律责任

以不正当手段取得医师执业证书的，由发给证书的卫生行政部门予以吊销；对负有直接责任的主管人员和其他直接责任人员，依法给予行政处分。

（二）医师执业活动中违法行为的法律责任

医师在执业活动中，出现违反卫生行政规章制度或者技术操作规范，造成严重后果的；由于不负责任延误急危患者的抢救和诊治，造成严重后果的；造成医疗责任事故的；未经亲自诊查、调查，签署诊断、治疗、流行病学等证明文件或者有关出生、死亡等证明文件的；隐匿、伪造或者擅自销毁医学文书及有关资料的；使用未经批准使用的药品、消毒药剂和医疗器械的；不按照规定使用麻醉药品、医疗用毒性药品、精神药品和放射性药品的；未经患者或者其家属同意，对患者进行实验性临床医疗的；泄露患者隐私，造成严重后果的；利用职务之便，索取、非法收受患者财物或者牟取其他不正当利益的；发生自然灾害、传染病流行、突发重大伤亡事故以及其他严重威胁人民生命健康的紧急情况时，不服从卫生行政部门调遣的；发生医疗事故或者发现传染病疫情，患者涉嫌伤害事件或者非正常死亡，不按照规定报告的等情况的，由县级以上人民政府卫生行政部门给予警告或者责令暂停六个月以上一年以下执业活动；情节严重的，吊销其执业证书；构成犯罪的，依法追究刑事责任。

（三）医师造成医疗事故的法律责任

医师在医疗、预防、保健工作中造成事故的，依照《医疗事故处理条例》和《侵权责任法》等国家有关规定处理。对此，本书第七章将详细讲述。

（四）非法行医的法律责任

未经批准擅自开办医疗机构行医或者非医师行医的，由县级以上人民政府卫生行政部门予以取缔，没收其违法所得及其药品、器械，并处十万元以下的罚款；对医师吊销其执业证书；给患者造成损害的，依法承担赔偿责任；构成犯罪的，依法追究刑事责任。

（五）未依法履行报告义务的法律责任

医疗、预防、保健机构未依法履行报告职责，导致严重后果的，由县级以上人民政府卫生行政部门给予警告，并对该机构的行政负责人依法给予行政处分。

（六）卫生行政部门行政工作人员的违法责任

卫生行政部门工作人员或者医疗、预防、保健机构工作人员违反有关规定，弄虚作假、玩忽职守、滥用职权、徇私舞弊，尚不构成犯罪的，依法给予行政处分；构成犯罪的，依法追究刑事责任。

（七）医疗事故罪

医务人员由于严重不负责任，造成就诊人死亡或者严重损害就诊人身体健康的，处三年以下有期徒刑或者拘役。

（八）非法行医罪

未取得医生执业资格的人非法行医，情节严重的，处三年以下有期徒刑、拘役或者管制，并处或者单处罚金；严重损害就诊人身体健康的，处三年以上十年以下有期徒刑，并处罚金；造成就诊人死亡的，处十年以上有期徒刑，并处罚金。

（九）非法进行节育手术罪

未取得医生执业资格的人擅自为他人进行节育复通手术、假节育手术、终止妊娠手术或者摘取宫内节育器，情节严重的，处三年以下有期徒刑、拘役或者管制，并处或者单处罚金；严重损害就诊人身体健康的，处三年以上十年以下有期徒刑，并处罚金；造成就诊人死亡的，处十年以上有期徒刑，并处罚金。

（十）侵犯医师合法权益的法律责任

阻碍医师依法执业，侮辱、诽谤、威胁、殴打医师或者侵犯医师人身自由、干扰医师正常工作、生活的，依照治安管理处罚条例的规定处罚；构成犯罪的，依法追究刑事责任。

第二节　护士管理法律制度

一、概述

（一）护士的概念

2008年5月12日起施行的《护士条例》规定：护士，是指经执业注册取得护士执业证书，从事护理活动，履行保护生命、减轻痛苦、增进健康职责的卫生技术人员。

（二）有关护士制度的立法

护理作为医疗卫生事业的重要组成部分，服务于人的整个生命发展历程，与身心健康和人身安全息息相关。护士是医院技术人员中的重要力量，护理人员在医院技术人员中占的比例最大,专业性强、涉及面广、工作量大,与病人接触的时间最长,一个病人从入院到出院所需的各项处理中约有 90%是与护士执行和配合完成的。鉴于护理工作的重要性和护理人员水平与诊疗结果的高度相关性,很多国家制定实施了与护士相关的诸多法律。

世界上第一部与护士相关的法律是 1919 年英国公布的《英国护理法》,随后,荷兰于 1921 年颁布了《护理法》,芬兰、意大利、美国、加拿大、波兰等国也相继颁布了《护理法》。在亚洲,日本于 1948 年正式公布了《护士法》。1953 年世界卫生组织发表了第一份有关护理立法的研究报告。1968 年,国际护士会成立了护理立法委员会,并专门制定了世界护理法上划时代性的纲领性文件,即《护理法规的指导大纲》,为各国的护理立法提供了系统而权威性的指导。我国先后颁布了《医士、药剂士、助产士、护士、牙科技士暂行条例》《卫生技术人员职称及晋升条例》《关于加强护理工作的意见》等法规、规章和文件。卫生部于 1985 年开始起草《中华人民共和国护士法》,并以多种形式广泛征求意见及建议,对草案进行了多次修改和完善,于 1993 年 3 月 26 日发布了《中华人民共和国护士管理办法》,1994 年 1 月 1 日起开始实施。2008 年 1 月 23 日国务院第 206 次常务会议通过《护士条例》,自 2008 年 5 月 12 日起施行。目前,我国香港地区的护理管理相关规定主要包括《护士注册条例》《护士(注册及纪律处分程序)规例》和《登记护士(登记及纪律处分程序)规例》,我国台湾地区的护理管理相关规定主要有所谓的"护理人员法"和"护理人员法施行细则",我国澳门地区的护理管理相关规定主要为《护理职称制度》。

二、护士执业资格考试制度

为规范全国护士执业资格考试工作,加强护理专业队伍建设,卫生部、人力资源社会保障部 2010 年 5 月 10 日联合颁布《护士执业资格考试办法》,于 2010 年 7 月 1 日起施行。

(一)参加护士执业资格考试的条件

在中等职业学校、高等学校完成国务院教育主管部门和国务院卫生主管部门规定的普通全日制 3 年以上的护理、助产专业课程学习,包括在教学、综合医院完成 8 个月以上护理临床实习,并取得相应学历证书的,可以申请参加护士执业资格考试。

（二）护士执业资格考试的内容

护士执业资格考试实行国家统一考试制度。由卫生部和人力资源社会保障部成立的全国护士执业资格考试委员会统一考试大纲，统一命题，统一合格标准。

护士执业资格考试包括专业实务和实践能力两个科目。一次考试通过两个科目为考试成绩合格。

（三）护师资格的取得

根据《卫生技术人员职务试行条例》，护理人员的职称包括主任护师、副主任护师、主管护师、护师、护士。取得护士资格的人员可以依照如下方式取得护师资格。

具有护理、助产专业中专和大专学历的人员，参加护士执业资格考试并成绩合格，可取得护理初级（士）专业技术资格证书；护理初级（师）专业技术资格按照有关规定通过参加全国卫生专业技术资格考试取得。

具有护理、助产专业本科以上学历的人员，参加护士执业资格考试并成绩合格，可以取得护理初级（士）专业技术资格证书；在达到《卫生技术人员职务试行条例》规定的护师专业技术职务任职资格年限后，可直接聘任护师专业技术职务。

三、护士执业注册制度

护士经执业注册取得护士执业证书后，方可按照注册的执业地点从事护理工作。未经执业注册取得护士执业证书者，不得从事诊疗技术规范规定的护理活动。

（一）执业注册

1. 护士执业注册的条件

护士执业注册的条件包括：具有完全民事行为能力；在中等职业学校、高等学校完成教育部和卫生部规定的普通全日制 3 年以上的护理、助产专业课程学习，包括在教学、综合医院完成 8 个月以上护理临床实习，并取得相应学历证书；通过卫生部组织的护士执业资格考试；符合规定的健康标准。

护士执业注册申请，应当自通过护士执业资格考试之日起 3 年内提出；逾期提出申请的，还应当在省、自治区、直辖市人民政府卫生行政部门规定的教学、综合医院接受 3 个月临床护理培训并考核。

2. 护士执业注册的健康标准

护士执业注册的健康标准有：无精神病史；无色盲、色弱、双耳听力障碍；无影响履行护理职责的疾病、残疾或者功能障碍。

卫生计生行政部门应当自受理申请之日起 20 个工作日内，对申请人提交的材料进行审核。审核合格的，准予注册，发给护士执业证书；对不符合规定条件的，不予注册，并书面说明理由。

（二）延续注册与重新注册

护士执业注册有效期为 5 年。护士执业注册有效期届满需要继续执业的，应当在有效期届满前 30 日，向原注册部门申请延续注册。注册部门自受理延续注册申请之日起 20 日内进行审核。但不符合健康标准或被处暂停执业活动处罚期限未满的，不予延续注册；其他审核合格的，予以延续注册。

注册有效期届满未延续注册的或受吊销护士执业证书处罚，自吊销之日起满 2 年的，拟在医疗卫生机构执业时，应当重新申请注册。其中中断护理执业活动超过 3 年的，还应当在省、自治区、直辖市人民政府卫生行政部门规定的教学、综合医院接受 3 个月临床护理培训并考核合格。

（三）变更注册与注销注册

除承担卫生行政部门交办或者批准的任务以及履行医疗卫生机构职责的护理活动，包括经医疗卫生机构批准的进修、学术交流等，护士在其执业注册有效期内变更执业地点等注册项目，应当办理变更注册。注册部门应当自受理之日起 7 个工作日内为其办理变更手续，并且跨省、自治区、直辖市变更执业地点的，收到报告的注册部门还应当向其原执业地注册部门通报。

护士执业注册后有注册有效期届满未延续注册、受吊销《护士执业证书》处罚、护士死亡或者丧失民事行为能力的情况的，原注册部门办理注销执业注册。

四、护士管理机构的职责

（一）政府部门的职责

国务院有关部门、县级以上地方人民政府及其有关部门以及乡（镇）人民政府应当采取措施，改善护士的工作条件，保障护士待遇，加强护士队伍建设，促进护理事业健康发展。国务院有关部门和县级以上地方人民政府应当采取措施，鼓励护士到农村、基层医疗卫生机构工作。

国务院卫生主管部门负责全国的护士监督管理工作。县级以上地方人民政府卫生主管部门负责本行政区域的护士监督管理工作。

国务院有关部门对在护理工作中做出杰出贡献的护士，应当授予全国卫生系统先进工作者荣誉称号或者颁发白求恩奖章，受到表彰、奖励的护士享受省部级劳动模范、先进工作者待遇；对长期从事护理工作的护士应当颁发荣誉证书。具体办法由国务院有关部门制定。县级以上地方人民政府及其有关部门对本行政区域内做出突出贡献的护士，按照省、自治区、直辖市人民政府的有关规定给予表彰、奖励。

（二）医疗卫生机构的职责

医疗卫生机构配备护士的数量不得低于国务院卫生主管部门规定的护士配备标准。不得允许未取得护士执业证书的人员、未依照办理执业地点变更手续的护士、护士执业注册有效期届满未延续执业注册的护士在本机构从事诊疗技术规范规定的护理活动。教学、综合医院进行护理临床实习的人员应当在护士的指导下开展有关工作。

医疗卫生机构应当为护士提供卫生防护用品，并采取有效的卫生防护措施和医疗保健措施。

医疗卫生机构应当执行国家有关工资、福利待遇等规定，按照国家有关规定为在本机构从事护理工作的护士足额缴纳社会保险费用，保障护士的合法权益。

对在艰苦边远地区工作，或者从事直接接触有毒有害物质、有感染传染病危险工作的护士，所在医疗卫生机构应当按照国家有关规定给予津贴。

医疗卫生机构应当制定、实施本机构护士在职培训计划，并保证护士接受培训。护士培训应当注重新知识、新技术的应用；医疗卫生机构应根据临床专科护理发展和专科护理岗位的需要，开展对护士的专科护理培训。

医疗卫生机构应当按照国务院卫生主管部门的规定，设置专门机构或者配备专（兼）职人员负责护理管理工作。

医疗卫生机构应当建立护士岗位责任制并进行监督检查。护士因不履行职责或者违反职业道德受到投诉的，其所在医疗卫生机构应当进行调查。经查证属实的，医疗卫生机构应当对护士做出处理，并将调查处理情况告知投诉人。

五、法律责任

（一）卫生行政主管部门工作人员的法律责任

卫生主管部门的工作人员未依照规定履行职责，在护士监督管理工作中滥用职权、徇私舞弊，或者有其他失职、渎职行为的，依法给予处分；构成犯罪的，依法追究刑事责任。

（二）医疗机构在聘用护士方面的法律责任

医疗卫生机构有下列情形之一的，由县级以上地方人民政府卫生主管部门依据职责分工责令限期改正，给予警告；逾期不改正的，根据国务院卫生主管部门规定的护士配备标准和在医疗卫生机构合法执业的护士数量核减其诊疗科目，或者暂停其6个月以上1年以下执业活动。国家举办的医疗卫生机构有护士的配备数量低于国务院卫生主管部门规定的护士配备标准的；或允许未取得护士执业证书的人员或者允许未依照规定办理执业地点变更手续、延续执业注册有效期的护士在本机构从事诊疗技术规范规定的护理活动的情形，情节严重的，对负有责任的主管人员和其他直接责任人员依法给予处分。

（三）医疗机构侵犯护士权益的法律责任

医疗卫生机构有未执行国家有关工资、福利待遇等规定的；对在本机构从事护理工作的护士，未按照国家有关规定足额缴纳社会保险费用的；未为护士提供卫生防护用品，或者未采取有效的卫生防护措施、医疗保健措施的；对在艰苦边远地区工作，或者从事直接接触有毒有害物质、有感染传染病危险工作的护士，未按照国家有关规定给予津贴的情形之一的，依照有关法律、行政法规的规定给予处罚。国家举办的医疗卫生机构出现以上情形、情节严重的，还应当对负有责任的主管人员和其他直接责任人员依法给予处分。

（四）护士在执业活动中违法行为的法律责任

护士在执业活动中有发现患者病情危急未立即通知医师的；发现医嘱违反法律、法规、规章或者诊疗技术规范的规定，未依照规定提出或者报告的；

泄露患者隐私的；发生自然灾害、公共卫生事件等严重威胁公众生命健康的突发事件，不服从安排参加医疗救护的情形之一的，由县级以上地方人民政府卫生主管部门依据职责分工责令改正，给予警告；情节严重的，暂停其 6 个月以上 1 年以下执业活动，直至由原发证部门吊销其护士执业证书。护士被吊销执业证书的，自执业证书被吊销之日起 2 年内不得申请执业注册。

护士在执业活动中造成医疗事故的，依照医疗事故处理的有关规定承担法律责任。

（五）阻碍护士执业的法律责任

扰乱医疗秩序，阻碍护士依法开展执业活动，侮辱、威胁、殴打护士，或者有其他侵犯护士合法权益行为的，由公安机关依照《治安管理处罚法》的规定给予处罚；构成犯罪的，依法追究刑事责任。

第三节　执业（中）药师管理法律制度

一、概述

（一）执业药师的概念

药师（Pharmacist）最早是人们对专门从事调配、售卖药品的人员的一种称谓，而现在指接受过药学教育，依据法律经过有关部门的考核合格，取得资格，遵循药事法规和职业道德规范，在药学的各个领域从事与药品的生产、经营、使用、科研、检验和管理有关的实践活动的人员。执业药师（Licensed Pharmacist），是指经全国统一考试合格，取得执业药师资格证书，并经注册登记取得执业药师注册证，在药品生产、经营、使用单位中执业的药学技术人员。

执业药师不仅应是合理用药知识的宣传者、药物不良反应信息的监测者，还是面向大众的药学服务的提供者。按照国家有关规定，（1）凡从事药品生产、经营、使用的单位必须配备执业药师；（2）实施药品分类管理、具有销售处方药和甲类非处方药资格的零售药店必须配备执业药师；（3）跨地域连锁经营的药品零售连锁企业质量管理工作的负责人必须是执业药师；（4）通过 GSP（《药品经营质量管理规范》）认证的大中型药品零售企业必须配备执业药师；(5) 通过 GSP 认证的药品批发企业质量管理机构负责人必须是执业药师；(6) 通过 GMP（《药品生产质量管理规范》）认证的药品生产企业的质量管理机构负责人必须是执业药师；(7) 县级以上医疗机构药房和制剂室必须配备执业药师。

目前，我国药师人员数量较少，主要分布于药品生产企业、医疗机构和医药批发经营企业，社会药房药师很少，平均每万人口中约有 2~3 名药学人员，远低于不少发达国家，如在日本平均每 1 万人中有药师 19 名，法国每 1 万人中有药师 9.1 名，美国每 1 万人中有药师 7.3 名，加拿大每 1 万人中有药师 7.1 名，澳大利亚每 1 万人中有药师 7.8 名。

（二）药师的相关立法

公元 8 世纪，在欧洲，随着人们对药物认识的深入，医药行业的分工日渐明显，出现了专门配制和发售药物的机构——药房，也随之产生在药房中专门从事调配和发售药物的人——药师。当时从事药学工作的人主要是药房学徒工出身或药品批发、贸易商出身的药剂师。作为一个以手工艺技术为主的行业，药师社会地位不高，也没有资格和从业许可的限制，只要求有一定的医药实践知识和调剂工作所必需的经验和技艺。

但随后，人们发现药师是医药卫生保健体系中不可或缺的重要组成部分，是保障人们用药合理、安全、有效的关键人员，因此大多数国家通过立法对药师的资格、职责和权利进行规范。1224 年，意大利西西里统治者腓特烈二世颁布第一个药事管理法令，其中除了将药学职业从医学职业中法定分离出来外，还规定药学实践要受政府监督，药剂师须用誓言保证以熟练技术可靠地制备质量均一的药品。1407 年，意大利修订颁布第一部最完整的药师法——《热那亚药师法》，规定药师必须取得管理当局的执业许可证才能从事药房工作，并对药房、药师工作提出要求。1725 年，德国提出药师考试的学科标准。19 世纪以后，欧美国家药师管理体系相继建立。

我国医药分业较晚。20 世纪以前，有关药品的事务隶属于医务管理范畴，没有独立的药事法令。19 世纪末叶，随着西方世界科学技术、社会文化在我国的逐渐渗入，药师才作为一个独立的职业崭露头角。1929 年，国民政府颁布《药师暂行条例》，这是我国历史上第一个关于药师的法规，对药师资格、认证程序、业务范围、违法处罚等作了具体规定。1944 年，国民政府颁布《药师法》，对药师的资格、职责和教育作了更全面的规定。中华人民共和国成立后，1984年9月20日第六届全国人民代表大会常务委员会第七次会议通过的《药品管理法》，明确规定药品生产、经营、使用部门必须配备药学人员，并对其条件做了规定。1994年3月，人事部、国家医药管理局颁布了《执业药师资格制度暂行规定》；1995年7月，人事部、国家中医药管理局颁布了《执业中药师资格制度暂行规定》。从此我国开始实施执业药师资格制度。1999年4月，人事部、国家药品监督管理局下发了《人事部、国家药品监督管理局关于修订印发〈执业药师资格制度暂行规定〉和〈执业药师资格考试实施办法〉的通知》（人发〔1999〕34号），对原有考试管理办法进行了修订。以此为基础，《执业药师资格考试实施办法》《执业药师注册管理暂行办法》《执业药师继续教育管理暂行办法》相继修订颁布，我国药师法规管理体系逐渐形成。目前，我国有关部门正在积极筹备药师立法工作。

二、执业药师资格考试制度

国家执业药师资格考试的目的：加强对执业药师职业的准入控制，科学、公正、客观地评价应试人员的专业知识、法律知识、职业道德和执业技能，确保执业药师执业所必备的学识、技术和能力，以保证药品和药学服务质量，保障人民用药的安全、有效、经济、合理。我国施行执业药师资格考试制度。

（一）考试的组织与内容

执业药师资格考试实行全国统一大纲、统一考试、统一组织的考试制度，人事部、国家药品监督管理局共同负责执业药师资格考试工作，日常管理工作由国家药品监督管理局负责。具体考务工作委托人事部人事考试中心组织实施。一般每年举行一次，考试时间定为每年10月，报名时间定为每年3月。

考试科目为：药学（中药学）专业知识（一）、药学（中药学）专业知识（二）、药事管理与法规、综合知识与技能四个科目。

考试科目中，药事管理与法规、综合知识与技能两个科目为执业药师资格考试的必考科目；从事药学或中药学专业工作的人员，可根据从事的本专业工作，选择药学专业知识科目（一）、药学专业知识科目（二）或中药学专业知识科目（一）、中药学专业知识科目（二）的考试。

执业药师资格考试合格者，由各省、自治区、直辖市人事（职改）部门颁发人事部统一印制的、人事部与国家药品监督管理局用印的中华人民共和国执业药师资格证书。该证书在全国范围内有效。

（二）考试及免试条件

凡中华人民共和国公民和获准在我国境内就业的其他国籍的人员具备取得药学、中药学或相关专业中专学历，从事药学或中药学专业工作满七年；取得药学、中药学或相关专业大专学历，从事药学或中药学专业工作满五年；取得药学、中药学或相关专业大学本科学历，从事药学或中药学专业工作满三年；取得药学、中药学或相关专业第二学士学位、研究生班毕业或取得硕士学位，从事药学或中药学专业工作满一年；取得药学、中药学或相关专业博士学位之一者，均可申请参加执业药师资格考试。

按照国家有关规定评聘为高级专业技术职务，并具备中药学徒、药学或中药学专业中专毕业，连续从事药学或中药学专业工作满20年或取得药学、中药学专业或相关专业大专以上学历，连续从事药学或中药学专业工作满15年条件之一者，可免试药学（或中药学）专业知识（一）、药学（或中药学）专业知识（二）两个科目，只参加药事管理与法规、综合知识与技能两个科目的考试。

报名参加考试者，由本人提出申请，所在单位审核同意，并携带有关证明材料到当地考试管理机构办理报名手续。

三、执业药师注册制度

为规范我国药师的执业行为，保证良好、有序的执业环境，我国执业药师资格实行注册制度。具有《执业药师资格证书》的人员，须向注册机构申请注册并取得《执业药师注册证》后，方可以执业药师身份按注册的执业类别、执业范围从事相应的执业活动。

（一）注册管理机构

国家药品监督管理局为全国执业药师资格注册管理机构，各省级药品监督管理部门为本辖区执业药师注册机构。

（二）申请注册的条件和程序

1. 申请注册条件

申请注册者，必须同时具备取得执业药师资格证书；遵纪守法，遵守药师职业道德；身体健康，能坚持在执业药师岗位工作；经执业单位同意四项条件。

对不具有完全民事行为能力，或受刑事处罚后不满 2 年，受取消执业药师执业资格处分不满 2 年，以及国家规定不宜从事执业药师业务的其他情形的，不予注册。

2. 注册程序

首次申请注册的人员，填写"执业药师首次注册申请表"，并提交执业药师资格证书、身份证明复印件、健康体检证明、执业单位证明、执业单位合法开业的证明复印件等资料。省级药品监督管理局在收到申请之日起 30 个工作日内，对符合条件者予以注册；对不符合条件者书面通知申请人并说明理由，不予注册。经批准注册者，由各省级药品监督管理局在执业药师资格证书中的注册情况栏内加盖注册专用印章，并发给国家药品监督管理局统一印制的执业药师注册证。执业药师注册有效期为三年。

（三）再次注册、变更注册和注销注册

1. 再次注册

执业药师注册有效期满前三个月，执证者须到原执业注册机构申请办理再次注册手续，并提交执业药师资格证书和执业药师注册证、执业单位考核资料、执业药师继续教育登记证书、健康体检证明等资料。逾期不办理者，执业药师注册证自动失效，不能再以执业药师身份执业。

2. 变更注册

执业药师变更注执业地区、执业单位或执业范围时，须到原执业药师注册机构办理变更注册手续，填写"执业药师变更注册登记表"。变更执业地区的，须向新执业地区的执业药师注册机构重新申请注册，新执业地区注册机构收回原执业药师注册证，并发给新的执业药师注册证。

3. 注销注册

执业药师注册后，死亡或宣告失踪，或出现受刑事处罚、被吊销执业药师资格证书、受开除行政处分、或因健康或其他原因不能从事执业药师业务的，予以注销注册。

四、执业药师的继续教育

为使执业药师保持良好的职业道德，以病患者和消费者为中心，开展药学服务；不断提高依法执业能力和业务水平，认真履行职责，维护广大人民群众身体健康，保障公众用药安全、有效、经济、合理，我国规定已取得中华人民共和国执业药师资格证书的人员，每年须自觉参加继续教育。

（一）执业医师继续教育的机构

国家食品药品监督管理局负责全国执业药师继续教育管理工作，各省、自治区、直辖市食品药品监督管理部门负责本辖区执业药师继续教育管理工作，国家食品药品监督管理局委托局执业药师资格认证中心组织实施全国执业药师继续教育的技术业务工作。

凡是从事药学教育五年以上，按照国家有关规定能授予大学本科以上学历的高等院校，经各省、自治区、直辖市食品药品监督管理部门认定具备规定的施教机构基本条件的，可以实施执业药师继续教育必修、选修内容培训。

（二）执业药师的继续教育的内容

执业药师的继续教育的内容要适应执业药师工作岗位的实际需要，注重科学性、先进性、实用性和针对性，适应执业药师提供高质量药学服务的基本要求，主要包括有关法律法规、职业道德和药学、中药学及相关专业知识与技能，并分为必修、选修和自修三类，并完成规定的学分。但执业药师继续教育的形式和手段可根据实际灵活多样，可采取网络教育、远程教育、短期培训、学术会议、函授、刊授、广播、视像媒体技术、业余学习等多种形式。

必修内容是按照《全国执业药师继续教育指导大纲》的要求，执业药师必须进行更新、补充的继续教育内容。

选修内容是按照《全国执业药师继续教育指导大纲》的要求，执业药师可以根据需要有选择地进行更新、补充的继续教育内容。

自修内容是按照《全国执业药师继续教育指导大纲》的要求，执业药师根据需要在必修、选修内容之外自行选定的与执业活动相关的继续教育内容。自修的形式可以灵活多样，如参加研讨会、学术会，阅读专业期刊，培训，学历教育，讲学，自学，研究性工作计划、报告或总结，调研或考察报告等。

执业药师继续教育实行学分制。具有执业药师资格的人员每年参加执业药师继续教育获取的学分不得少于 15 学分,注册期 3 年内累计不得少于 45 学分。其中必修和选修内容每年不得少于 10 学分,自修内容学习可累计获取学分。

五、法律责任

执业药师担负保证药品质量、保障用药安全的重要职责,出现违法犯罪情况,必须承担相应的法律责任,才能切实维护人民健康。

(1)对未按规定配备执业药师的单位,应限期配备,逾期将追究单位负责人的责任;

(2)需由执业药师工作的岗位,对尚未通过执业药师资格考试的人员,要强化培训,限期达到要求,对经过培训仍不能通过考试者,必须调离岗位;

(3)对涂改、伪造或以虚假和不正当手段获取执业药师资格证书或执业药师注册证的人员,发证机构应收回证书,取消其执业药师资格,注销注册。并对直接责任者根据有关规定给予行政处分,直至送交有关部门追究法律责任。

(4)执业药师在执业期间违反相关法律规定,所在单位须如实上报,由药品监督管理部门根据情况给予处分。注册机构对执业药师所受处分,应及时记录在其执业药师资格证书中的备注执业情况记录栏内。

第四章 医患双方权利与义务

第一节 医患法律关系概述

现代医疗活动是围绕医患双方进行的，医患法律关系是医疗活动中尤为核心的内容。医患法律关系有广义和狭义两种用法。广义的医患法律关系是指医疗、预防、保健机构及在其中执业的医师、护理人员、医疗技术人员、管理人员等在医疗、预防、保健活动过程中与接受相应服务的自然人（即患者）所形成的权利义务关系。狭义的医患法律关系仅指医疗机构及其医务人员与患者之间因疾病治疗而形成的权利义务关系。本章仅就医事法学中狭义的医患法律关系作介绍。

一、现代医患关系的模式

在了解医患关系的法律属性之前，我们首先了解现代医患关系的模式和特点。1956年美国社会学家Szasz和Hollender首次提出医患关系的基本模式。根据医师与患者的地位、主动性的大小，他们将医患关系划分为三种不同的模式。

（一）主动—被动型

这是传统医患关系的模式。其主要特征是在疾病治疗过程中，医师凭借其信息优势处于完全的主导地位，患者则只能被动地接受医师的医疗措施与建议，既不发挥主动作用，也不能发表自己的看法。这种传统型的医患关系模式随着患者权利意识的崛起已经逐渐退出，仅仅在患者昏迷或者其他无法表达自己意志的少数情况下适用。

（二）指导—合作型

这是现代医患关系的基本模式。医患双方在疾病治疗过程中，都具有主动的地位。医师有权威性,作为指导者,患者接受医师指导、密切配合,并可以对医疗效果、信息等提出要求与意见。这一医患关系模式的特点在于病人了解疾病与治疗的基本状况,医患之间有双向活动,有利于提升医疗活动的效果。

(三)共同参与型

在这一种模式的医患关系中,医患双方有近似同等的权利,共同参与决定、实施医疗行为,患者不仅对疾病与医疗行为有所认知,不仅能配合治疗,还能参与意见协助医师作出最有利的诊断与治疗。其特点在于患者能够为医师提供帮助。

除了上述模式外,另有学者提出纯技术模式、权威模式、契约模式、消费型模式等。比如黄丁全在《医事法》(中国政法大学出版社 2003 年版)一书中就综合现代医学社会学之研究将医患关系划分为权威型、协作型、消费型等三种模式。显然不同的医患关系模式直接影响着医患双方在医疗活动中的权利义务,因此也影响了医患法律关系的属性。

二、医患关系的法律属性

现代医患关系模式以指导—合作型与共同参与型为主流,在此之下,医患双方存在平等、自愿、有偿的权利义务关系,应当属于民事法律关系的一种。从法律的角度对医患关系进行分析,概括起来有三种学说类型。

(一)医疗服务合同关系

通常情况下,医患关系的缔结是通过医师基于患者的要约,同意为患者提供医疗服务,患者支付价款和报酬的方式完成的。因而属于民事律关系中的合同法律关系的类型,通常称之为医疗服务合同关系。

医患关系主要是基于医疗服务合同而产生的。合同主要内容是由医方提供疾病的诊断、治疗和护理等医疗服务行为,患者支付报酬。此种合同关系是由医疗机构、医务人员与患者及其家属构建的双向关系。其中,医师与病患是医患法律关系的核心参与者,病患是医师实施医疗性行为的对象,对病患的生命健康权的保护也是医师医疗活动的根本目的。因而,在医疗服务合同关系中,医师和患者所享有的权利义务总是相互对应的。之后我们会对医患双方在医疗服务合同关系中的权利义务的内容进行详细介绍。

目前对于医患关系是不是合同关系存在一定争议。赞成者认为医患双方通过挂号等特定的要约与承诺模式形成了特定的权利义务关系。反对者则认为,医疗活动中医患双方的权利义务均具有不同于普通合同的一定强制性特征,医患双方并不具有普通合同中的意志自由。比如患者不履行约定义务拖欠医疗费用时,医方是否有权拒绝诊疗,是否可以强制解除合同将患者推到医疗机构之外;又如《执业医师法》第二十四条规定对急危患者,医师应当采取紧急措施进行诊治;不得拒绝急救处置。笔者采纳赞成者的意见,合同当事人的意志自由本身就是相对的,普通合同的当事人的意思自治也必须遵守诚实信用、公序良俗等民法基本原则。而且随着现代合同法理论的演进,作为合同一方的医师应当对患者提供审慎且专业的医疗服务是其当然的合同义务。此外,当患者权利因医疗行为而受损时可能出现合同责任与侵权责任的竞合,根据《合同法》第一百二十二条"因当事人一方的违约行为,侵害对方人身、财产权益的,受损害方有权选择依照本法要求其承担违约责任或者依照其他法律要求其承担侵权责任"的规定,患者可以依法行使选择权。

(二)强制医疗的法律关系

强制医疗是国家基于社会集体防卫的目的,以行政强制措施,强制患者接受治疗的行为,主要适用于预防接种和对吸毒、性病、艾滋病及其他传染性疾病进行治疗和隔离以及对精神病人的强制治疗等。强制治疗不同于医疗合同关系,不适用合同自由的原则,医师和患者的义务都是法定的。患者接受诊疗具有强制性和义务性,不能选择与拒绝;医师履行诊疗也是公法上对国家与社会的所负的义务,非因正当事由如医师疾病或其他无法实施诊疗的客观情况等不得拒绝。

(三)无因管理的法律关系

法律上的无因管理系指为了避免他人利益受损而为其管理事务的行为。2017年3月15日由中华人民共和国第十二届全国人民代表大会第五次会议通过并于2017年10月1日起施行的《民法总则》,与之前的《民法通则》均对无因管理作出了规定,"没有法定的或者约定的义务,为避免他人利益受损失而进行管理的人,有权请求受益人偿还由此支出的必要费用"。医疗事务中的无因管理是医师没有约定和法定的义务的情况下,为避免患者生命健康权的损害,自愿为患者提供医疗服务的行为。当然,由于此种无因管理行为中医师管理事务时患者的身体健康与患者本人不可分离，因此只有在患者无法为意思表示时医师才能作出无因管理行为并且不能违背法律的强制性规定和公序良俗。医疗事务中的无因管理常常涉及第三人，即患者本人处于昏迷或其他无法为意思表示的紧急情况，被第三人送医。此时，除第三人明确表示愿意支付医疗费用外，应当认定医方在接收病患时接替了第三人与患者之间形成了医疗无因管理的法律关系。无因管理的法律关系的重要内容是管理人有权请求受益人支付必要的费用，也就是说医方有权要求患者支付医疗费用。

第二节 医师的权利

医师作为普通民事主体依法享有自然人的民事权利义务，作为劳动者也依法享有劳动者的权利义务。有的学者将医务人员的权利分为三个部分，一是公民（自然人）权利，二是劳动者的权利，三是医师权利和护士的权利。但是笔者认为，在医患法律关系中，医师的权利义务是特定的，是指在医疗服务合同中，医师执业活动所依法享有的专属权利义务，本节仅对此进行讨论。

医师的权利是法律对其执业活动的特定许可和授权，也是医师执业的基本保障。根据我国《执业医师法》《医疗机构管理条例》等法律法规之规定，医师在执业活动中依法享有医疗权、获得医疗设备基本条件权、学术权、受继续教育权等多项权利。

一、医疗权

我国《执业医师法》规定，医师经注册后，可以在医疗、预防、保健机构中按照注册的执业地点、执业类别、执业范围执业，从事相应的医疗、预防、保健业务。医师在注册的执业范围内，有权进行医学诊查、疾病调查、医学处置、出具相应的医学证明文件，选择合理的医疗、预防、保健方案。也就是说，医师的医疗权体现为医学诊查权、疾病调查权等多种权能。其内容涵盖医师对患者身体状况、心理态度、家族遗传等与疾病相关情况进行询问、调查并对患者身体情况、心理状态进行检查、诊断后做出医学处理措施的全过程。医学处置权是医师权利的核心内容，它建立在医学诊查、疾病调查以及合理医疗、预防保健方案的选择之上，是医师医疗权的直接体现，其形式通常表为医师出具相应的处方和其他医学证明文件。根据《处方管理办法》第二条的规定，这里的处方是指由注册的执业医师和执业助理医师（以下简称医师）在诊疗活动中为患者开具的、由取得药学专业技术职务任职资格的药学专业技术人员（以下简称药师）审核、调配、核对，并作为患者用药凭证的医疗文书（有学者单独将"处方权"作为医疗权的单独一项权能同时将出具医学证明文件的权利作为一项独立的医师权利）。需要指出的是，医师的上述权利是依法获得执业资格并依法注册后所享有的权利，不具备医师资格或者未经合法注册或超出注册范围的不享有这项权利。

二、医师的治疗特权

虽然医师享有对患者处方、治疗或转诊等技术决策的自主权，但是，通常情况下医师的这些权利应当建立在对患者自我决定权尊重的基础之上。尤其是在病患权利意识日渐崛起之今日，由医师主导的传统医患关系已经越来越多地被平等协作的医患关系所替代，对病人自我决定权的尊重，逐渐成为一种共识。只有在一些非常特殊的情况下，可以限制患者的自主决定权以实现医师执业的目的，这种权利被称为医师的治疗特权或者医疗干预权、医师治疗豁免权。这种治疗特权一般存在于以下几种情形中。

（一）保护性医疗措施

在某些特殊情况下，医师若据实告知患者病症情况可能导致患者健康及精神状态无法承受，以至严重威胁患者健康利益，此时医师有权对患者隐瞒这些信息。美国 1970 夏威夷 Nishi 诉 Spence 案确立了适用医师治疗特权的"合理医师"标准，但是法院也指出，医师即使使用治疗特权，也必须告知患者与治疗有关但对治疗无害的信息。此外，日本《医疗法》及我国台湾地区医疗相关规定中均有类似的内容。不同于上述国家与地区的是，此项保护性治疗特权并未被我国社会普遍接受，而我国《执业医师法》仅规定，医师应当如实向患者或者其家属介绍病情，但应注意避免对患者产生不利后果。同时，《侵权责任法》第五十五条规定，医务人员在诊疗活动中应当向患者说明病情和医疗措施。需要实施手术、特殊检查、特殊治疗的，医务人员应当及时向患者说明医疗风险、替代医疗方案等情况，并取得其书面同意；不宜向患者说明的，应当向患者的近亲属说明，并取得其书面同意。鉴于上述规定，笔者认为"不宜向患者说明的情况"应当尽量严格限制，同时一定要取得患者近亲属的书面同意。

（二）紧急治疗中治疗特权

对于急诊中允许医师在没有获得患者明示同意情况下进行治疗的，属于法律上假定的"默示的同意"，即为了患者的利益，医师对于生命处于危险状态的患者提供抢救治疗视为有了患者默示的同意。《侵权责任法》和《医疗机构管理条例》均规定，因抢救生命垂危的患者等紧急情况，不能取得患者或者其近亲属意见的，经医疗机构负责人或者授权的负责人批准，可以立即实施相应的医疗措施。根据法律规定，不能取得患者或其近亲属意见的急危情况，医师可以行使治疗特权进行抢救措施。但是当患者或者患者近亲属作出明显不利于患者的意思表示时，医师是否可以行使治疗特权呢？笔者认为，2017年10月1日正式实施的《民法总则》第一百五十三条已经明确规定，违背公序良俗的民事法律行为无效。因此，如果患者或者患者近亲属作出明显不利于患者的意思表示，该民事法律行为应当无效，医师则应当可以依据公序良俗的民法基本原则为保护患者生命健康权益而行使治疗特权。

（三）为社会公众利益而行使治疗特权

在涉及社会公众利益的情况下，医师可以不必取得患者同意行使治疗特权。此种医疗特权主要存在于强制医疗的医患法律关系当中。比如我国《传染病防治法》第三十九条规定，医疗机构发现甲类传染病时，应当对病人、病原携带者予以隔离治疗，对疑似病人，确诊前在指定场所单独隔离治疗；对医疗机构内的病人、病原携带者、疑似病人的密切接触者，在指定场所进行医学观察和采取其他必要的预防措施。医疗机构发现乙类或者丙类传染病病人，应当根据病情采取必要的治疗和控制传播措施。又如为了保护公众健康进行预防注射，不必分别取得每个人的同意。

（四）人体试验中的治疗特权

一些高度危险的试验，即使患者出于某种目的表示了同意，但是医师通过检查认为继续试验已经不适宜于患者的健康状况，必要时也应当停止试验，以保证患者的利益，这也是遵循公序良俗的法律原则的基本要求。世界医学大会《赫尔辛基宣言》第十七条就规定，如果发现风险超过可能的受益或者已经得出阳性的结论和有利结果时医师应当停止研究。

四、获得医疗设备基本条件权

《执业医师法》规定，医师在执业活动中，有权按照国务院卫生行政部门规定的标准，获得与本人执业活动相当的医疗设备基本条件。国务院颁布的《医疗机构管理条例》以及原卫生部（现国家卫计委）颁布的《医疗机构实施细则》、《医疗机构基本标准（试行）》（《医疗机构基本标准（试行）》的部分内容已被修订的《医疗机构管理条例》及《医疗机构管理条例实施细则》所修改）、《医疗机构临床心理科门诊基本标准（试行）》、《医疗机构戒毒治疗科基本标准（试行）》和《戒毒医院基本标准（试行）》、《美容医疗机构、医疗美容科（室）基本标准（试行）》等法律法规中均规定了各级各类医疗执业机构必须达到的最低标准，这些对于各级各类医疗机构基本设备配备的规定保障了医师执业的基本条件。

五、进行医学研究、学术交流，参加专业学术团体的权利

医师执业过程中，有权从事医学研究、学术交流，参加专业学术团体，有权参加专业培训，接受继续医学教育，有学者将其称为科学研究权。现代医学的发展大大提升了人类对疾病的抵御和征服力，但是仍然有大量疾病至今无法进行根本性治疗或者无法找到原因。医师的科学研究权不仅有利于自身医学素养和业务能力的提升，也是不断推动人类医学进步的有效途径。

六、参加专业培训，接受继续医学教育的权利

医学科学是一门不断发展的科学，医学知识的更新随时在进行。因此，医师必须拥有参与专业培训和接受继续教育的权利，才能不断优化知识结构，提高专业水平。我国《执业医师法》第三十四条规定，县级以上人民政府卫生行政部门应当制定医师培训计划，为医师接受继续医学教育提供条件，并应当对在农村和少数民族地区从事医疗、预防、保健业务的医务人员实施培训。

七、人格尊严、人身安全不受侵犯的权利

人身安全与人格尊严的保障是自然人的基本民事权利。《执业医师法》对医师此项基本权利的重申，旨在于强调医师在医疗执业活动中，人格尊严、

人身安全不受侵犯。

医师基本人身权利的保障是医师执业和人类健康保障的前提与基础。当前由于医学科学自身发展的局限，有很多疾病目前人类并没有清晰的认知或者对其束手无策。同时，现代先进的医疗仪器的介入，医患关系产生一定的物化现象，加之医患沟通不及时等因素的影响，医患纠纷就不可避免地产生了。面对医患争议，双方一定要理智、积极沟通，合理合法处理。医疗机构应当让律师、公证或者其他第三方及早介入，将病因及诊疗状况与患者有效沟通，避免争议升级。患者一方则应当依照法律程序解决争议，不得扰乱正常的医疗秩序，更不得殴打医务人员。

医疗机构是救死扶伤的公共场所，为了维护正常的医疗秩序，保障医师的人格尊严、人身安全不受侵犯，《侵权责任法》规定，医疗机构及其医务人员的合法权益受法律保护。干扰医疗秩序，妨害医务人员工作、生活的，应当依法承担法律责任。《治安管理处罚法》也规定，扰乱机关、团体、企业、事业单位秩序，致使工作、生产、营业、医疗、教学、科研不能正常进行，尚未造成严重损失的；处警告或者二百元以下罚款；情节较重的，处五日以上十日以下拘留，可以并处五百元以下罚款。聚众实施的，对首要分子处十日以上十五日以下拘留，可以并处一千元以下罚款；构成犯罪的，依法承担刑事责任。

为了维护医疗机构的正常秩序和医务人员的合法权利，2014年4月22日，最高人民法院、最高人民检察院、公安部、司法部、国家卫生和计划生育委员会联合公布了《关于依法惩处涉医违法犯罪维护正常医疗秩序的意见》，明确对六类涉医违法犯罪行为将依法惩处。2016年6月30日国家卫生计生委、中央综治办、中宣部、中央网信办、最高人民法院、最高人民检察院、公安部、司法部、中国保监会等9部门再次联合发布《关于严厉打击涉医违法犯罪专项行动方案》，严厉打击涉医违法犯罪，促进医疗秩序根本好转，保护医务人员和患者合法权益。

侵害医师人格尊严、人身安全的违法犯罪行为在刑法上可能涉及多项罪名。2017年2月最高人民法院依法发布五起涉医犯罪案件的典型案例，分别涉及故意杀人、故意伤害、聚众扰乱社会秩序等三项罪名。以下列举其中三起以资参考。

案例分析 4-1　卢某某故意杀人案

2011 年 1 月，被告人卢某某因面肌痉挛先后三次到广东省东莞市某医院就诊。同月 30 日，卢某某再次到某医院就诊，该医院医生刘某（被害人，殁年 53 岁）为卢某某诊断开药。卢某某服药后自认为病情恶化，又到北京等地多家医院就诊。卢某某主观认为，系刘某的诊治错误导致其花费数万元，且妻子为此与其离婚，遂决定报复刘某。同年 8 月 16 日 14 时许，卢某某携带菜刀来到某医院三楼，趁刘某在诊室为他人看病不备之机，拿出菜刀猛砍刘某的头部、颈部等处。在旁边诊室接诊的医生伊某（被害人，时年 55 岁）听到声响出来查看，卢某某又持菜刀追砍伊某头部、躯干等处数刀，后被闻讯赶到的医院保安人员控制。刘某因被锐器砍劈头部致颅脑损伤合并全身多处创口失血性休克死亡；伊某的损伤程度构成重伤，七级伤残。

本案由广东省东莞市中级人民法院一审，广东省高级人民法院二审。最高人民法院对本案进行了死刑复核。法院认为，被告人卢某某故意非法剥夺他人生命，其行为已构成故意杀人罪。卢某某仅凭个人主观臆测，认为系医生的诊治错误加重其病情，导致其花费数万元且妻子与其离婚，经预谋在医院公然持刀砍击两名医生，致一人死亡、一人重伤，犯罪手段特别残忍，情节特别恶劣，后果和罪行极其严重，应依法惩处。据此，依法对被告人卢某某判处并核准死刑，剥夺政治权利终身。罪犯卢某某已于 2017 年 1 月 10 日被依法执行死刑。

案例分析 4-2　向某某等故意伤害案

2016 年 5 月 10 日凌晨，被告人向某某与他人发生纠纷，恼怒之下用手砸玻璃致手指受伤。当日 2 时许，被告人曹某、刘某陪同向某某到重庆市石柱土家族自治县某医院诊治。医生汪某查看后告诉向某某伤口需缝合，向某某要求仅包扎伤口，不同意缝合，双方为此发生口角。向某某、曹某、刘某遂上前殴打汪某，向某某持跳刀捅刺汪某背部，曹某持跳刀划刺汪某面部，刘某用拳脚踢打汪某，后三人逃离现场。汪某面部损伤程度构成轻伤一级，背部刺伤导致开放性血胸、胸腔贯通伤，损伤程度为轻伤二级，肋骨骨折，损伤程度为轻微伤。

本案由重庆市石柱土家族自治县人民法院审理。法院认为，被告人向某某、曹某、刘某故意伤害他人身体致轻伤，其行为均已构成故意伤害罪。在共同犯罪中，向某某、曹某起主要作用，系主犯，依法应当按照其所参与的全部犯罪处罚；刘某起次要作用，系从犯，依法应当从轻处罚。曹某作案时不满十八周岁，依法应当从轻处罚。向某某、曹某、刘某归案后如实供述自己罪行，依法可以从轻处罚。据此，依法对被告人向某某判处有期徒刑二年；对被告人曹某判处有期徒刑一年零九个月；对被告人刘某判处有期徒刑一年零三个月。宣判后，在法定期限内没有上诉、抗诉，上述判决已于 2016 年 12 月 6 日发生法律效力。

案例分析 4-3　宋某某等聚众扰乱社会秩序案

被告人宋某某的女儿宋甲自 2016 年 1 月 6 日起先后在山西省洪洞县某医院等多家医院住院治疗，同年 3 月 31 日再次住入洪洞县某医院时，已处于昏迷状态。同年 4 月 1 日 17 时许，宋甲经抢救无效死亡。该院急诊科主任立即向医务科主任汇报情况，该院副院长、医务科主任、办公室主任及时去病房了解情况，并与宋某某等死者亲属见面，建议先将死者尸体放置在太平间，之后根据规定协商相关事宜，宋某某等人不同意。该院立即将情况通报山西省医疗纠纷人民调解委员会。当日 19 时 50 分许，该调解委员会临汾工作站副主任到现场了解情况，并告知宋某某等人先将死者尸体妥善安置，尽快恢复医院正常工作秩序，之后根据相关规定通过司法程序解决纠纷，被宋某某等人拒绝。随后，宋某某及其子被告人宋乙纠集亲属将死者尸体从病房推出，停放在医院急诊大厅内，又带领亲属将租赁的冷冻棺搬放到急诊大厅，将尸体放入冷冻棺内并设置灵堂，宋某某还将候诊座椅搬至冷冻棺旁摆放遗像、香案、祭品等物，造成急诊大厅秩序严重混乱。次日 10 时许，调解委员会临汾工作站主任再次与宋某某等人调解，仍无果。下午，公安人员接到洪洞县人民医院报警后当即赶到医院劝解宋某某等人，宋某某等不听劝阻。20 时许，宋某某指使宋乙与其一起将死者尸体从冷冻棺内抱出放在急诊大厅分诊台上，后又将尸体抱回冷冻棺内。同月 5 日 10 时许，公安人员将宋某某、宋乙等人带离急诊大厅。

本案由山西省洪洞县人民法院审理。法院认为，被告人宋某某、宋乙纠集多人在医院急诊大厅停放尸体、私设灵堂，烧香祭拜数日，还将死者尸体摆放于分诊台，扰乱医院正常医疗秩序，造成恶劣社会影响，情节严重，其行为均已构成聚众扰乱社会秩序罪。宋某某、宋乙归案后能如实供述罪行，依法可以从轻处罚。宋乙作用相对较小，可以酌情从轻处罚。据此，对被告人宋某某判处有期徒刑三年零六个月；对被告人宋乙判处有期徒刑三年，缓刑三年。宣判后，在法定期限内没有上诉、抗诉，上述判决已于 2016 年 11 月 22 日发生法律效力。

八、获取工资报酬和津贴，享受国家规定的福利待遇的权利

医师是医疗服务的直接提供者，应当依法享受工资、津贴及其他劳动报酬。医师是人类生命和健康的守护者，也是拥有丰富医学知识和专业技能的专业技术人员，必须获得与其付出相当的工资、津贴和其他福利待遇保障。医师的付出与所得平衡，才能消除医患关系中可能出现的物化现象，并在一定程度上改善医患关系。

九、参与所在机构的民主管理的权利

我国宪法规定，公民对任何国家机关和国家工作人员都有提出批评和建议的权利。医师在执业过程中，依法享有对所在机构的医疗、预防、保健工作和卫生行政部门的工作提出意见和建议、依法参与所在机构的民主管理的权利。医师长期在医疗机构的一线工作，对医疗、预防、保健工作中的现实问题更容易知悉和体会，对卫生行政工作中的薄弱环节也更能够发现，其批评和建议对医疗工作的规范化、科学化都具有重要意义。

第三节　医师的义务

医师的义务是医师在执业活动中必须为一定行为或者不为一定行为以维护患者的合法权益的法定责任。根据《执业医师法》的规定，医师负有诊疗义务、依法执业的义务、保健指导的义务、说明与取得同意的义务等法定义务。

一、诊疗义务

正确诊断、适当治疗的诊疗义务是医师的首要义务。医师应当根据患者的要求，运用医学知识和技术对患者的疾病进行正确的诊断和施以合理的治疗。《执业医师法》规定，医师应当遵守法律、法规、医师职业道德和技术操作规范，履行医师职责，尽职尽责为患者服务。同时，医师实施医疗、预防、保健措施，签署有关医学证明文件，必须亲自诊查、调查，并按照规定及时填写医学文书，不得隐匿、伪造或者销毁医学文书及有关资料。《医疗机构管

理条例》第32条也规定，未经医师（士）亲自诊查病人，医疗机构不得出具疾病诊断书、健康证明书或者死亡证明书等证明文件；未经医师（士）、助产人员亲自接产，医疗机构不得出具出生证明书或者死产报告书。对医师未经亲自诊查、调查，签署诊断、治疗、流行病学等证明文件或者有关出生、死亡等证明文件的由县级以上人民政府卫生行政部门给予警告或者责令暂停六个月以上一年以下执业活动；情节严重的，吊销其执业证书；构成犯罪的，依法追究刑事责任。

由于现代医学的局限性和医疗活动的不确定性，一方面，医师在医疗服务合同中的诊疗义务是一种提供妥当医疗行为的"手段债务"而不是必须达到某种治愈患者结果的"结果债务"。另一方面，医疗服务合同中医患双方的缔约自由均受到限制。对于医师而言，只要患者提出就医的要约，医师无正当理由不得拒绝，也不能因为患者不支付医疗费用而解除医疗服务合同免除诊疗义务。对于急危患者还必须采取一切必要措施予以救治。

二、说明与取得同意义务

在现代医患关系中，患者对其疾病与诊疗的认知被视为医疗活动的必须。为了充分保障患者知情同意权的实现，医师应当对患者病症、治疗方法、伴随治疗的危险以及其他关系患者直接利益的事项进行说明。对于说明义务履行的范围，学者一般认为应当包含有关疾病的状况、可选择的治疗方案以及相应治疗方案的利弊三方面的信息。其具体可以表现为以下内容：

（1）医疗机构的名称、诊疗科目、诊疗时间、挂号程序、候诊、就诊、检验、领药与办理住院出院等诊疗规则；

（2）医师的姓名、职称、诊疗科目等信息；

（3）医药收费的标准与明细；

（4）病症诊察的结果包括所患疾病的名称、病症轻重、痊愈之可能性等，以及病症的治疗方案、预后情况等；

（5）手术原因及手术可能发生的并发症和危险；

（6）药品的用药方法、疗效、副作用、不良反应及其应对、用药禁忌等；

（7）患者接受人体试验时，应当说明试验的目的、方法、可能产生的副作用、预期试验效果，其他治疗方法，接受试验者有权撤销同意等事项。

对于说明义务的履行要求，中国医师协会于2014年6月发布的《中国医师道德准则》明确规定，医师应当以患者可以理解的语言或方式与之进行交流，并尽可能回答患者提出的问题；不能以不实的宣传或不正当的手段误导、吸引患者；不应将手术、特殊检查和治疗前的知情同意视为免责或自我保护的举措，更不应流于形式或视为负担，而应重视与患者的沟通和宣教。

医疗行为本身具有一定的侵袭性，说明与取得同意阻却了医疗行为的违法性，使得医疗行为本身所带来的伤害合法化（比如为了挽救患者生命经患者同意而进行截肢手术并不构成对患者身体权的侵害）。我国《医疗机构管理条例》第三十三条规定，医疗机构施行手术、特殊检查或者特殊治疗时，必须征得患者同意，并应当取得其家属或者关系人同意并签字。这里的特殊检查、治疗是指有一定危险性、可能产生不良后果的检查治疗，主要包括：（1）由于患者体质特殊或病情危重，可能产生不良后果和危险的检查、治疗；（2）临床试验性检查与治疗；（3）收费可能对患者造成办大经济负担的检查、治疗；（4）构成对躯体侵袭性伤害之治疗方法与手段；（5）从事医学科研与教学活动的；（6）需对患者实施特殊行为限制的。

三、制作、保存病历的义务

按照规定及时填写医学文书是医师的法定义务。对于病历的书写要求，《病历书写基本规范》《中医病历书写规范》《电子病历基本规范（试行）》《中医电子病历基本规范（试行）》《电子病历应用管理规范（试行）》《处方管理办法》《医院工作制度》等行政规章均作出了详细的规定。对于病历的保存，《医疗机构管理条例实施细则》及《医疗机构病历管理规定（2013年版）》则规定，医疗机构的门诊病历的保存期不得少于十五年；住院病历的保存期不得少于三十年。由此可见制作与保存病历是医师和医疗机构的法定义务，法律法规对其有清晰的要求。

四、转诊义务

《医疗机构管理条例》第三十一条规定，对限于设备或者技术不能诊治的患者，应当及时转诊。转诊包括院内转科室治疗和转院治疗。根据《医院工作制度》的规定，医疗机构因限于技术和设备条件，对不能诊治的病患，由科内讨论或由科主任提出，经医务科报请院长或主管业务的副院长批准，提前与转入医院联系，征得同意后方可转院。省、市、自治区级医院病患需转外地医院治疗时，应由所在医院科主任提出，经院长或业务副院长同意，报请省、市、自治区卫生厅批准办理手续。急性传染病、麻风病、精神病、截瘫病人，不得转外省市治疗。对于估计转院途中可能加重病情或死亡者，应留院处置，待病情稳定或危险过后，再行转院。较重病人转院时应派医护人员护送。病员转科须经转入科会诊同意。

五、医疗注意义务

法律上的注意义务抽象地说是指不使有害结果发生而使意识集中谨慎行事的义务。《牛津法律大辞典》对注意义务的解释是，一个人造成损害后，只有法院判定其在当时的情况下，负有不为加害行为或者不让加害行为发生的法律义务，而被告未达到法律所要求的注意标准，或未采取法律所要求的预防措施而违反此种义务时，他才在法律上对受害人承担过失责任。刑法与民法上对于注意义务的内容与标准有不同的具体规定，但是其都包含了"结果预见"与"结果回避"两项基本义务。医疗注意义务也包含"医疗结果预见义务"与"有害结果回避义务"两个方面，它是确保医疗行为合法性的重要依据。医疗结果预见义务通常是指医师集中注意力、保持足够的谨慎，认识到自己的医疗行为可能产生的后果。医师在术前通过《知情同意书》告知患者手术可能产生的风险和结果就是"结果预见义务的体现"。没有履行医疗注意义务则容易导致医疗过失行为进而引起医疗损害。医师应当秉承对患者生命健康利益的责任心，在敬业、忠诚地履行医疗职责的同时又必须对医疗环节的每一步所具有的危险性加以注意，谨慎地预见与防范可能的医疗风险。

如何认定注意义务的标准即如何判定医师的医疗行为已经尽到合理的注意是问题的关键。《侵权责任法》第六十条规定医务人员在抢救生命垂危的患者等紧急情况下已经尽到合理诊疗义务或者限于当时的医疗水平难以诊疗的，即使患者存在损害，医疗机构也不承担责任。由此可见，医疗注意义务应当以根据医学文献和当时的医学科学水平确定。需要指出的是，医学上的医学水准在经验法则上可区分为若干阶段，大致可分学术理论研究阶段、动物实验阶段、临床实验阶段、推广阶段。在通常的医疗活动中应当以推广阶段的医学科学水平为判断基础且应当考虑相应医疗机构等级状况如其医疗设施、设备状况等。

六、保密义务

医师在医疗过程中,由于医疗需要会接近和了解患者的隐私。在医师对患者的病情进行询问的过程中往往会涉及患者的个人信息、家庭信息等私人秘密,在对患者进行检查的过程中又会知悉其个人或家庭生理、遗传等方面的秘密。《执业医师法》规定,医师应当关心、爱护、尊重患者,保护患者的隐私。因此,对于患者的诊疗记录、检查报告、手术记录等病历资料医师不得出于治疗之外的目的向非诊疗人员泄露。

七、遵从指挥救灾、防灾的义务

根据《执业医师法》的规定,遇有自然灾害、传染病流行、突发重大伤亡事故及其他严重威胁人民生命健康的紧急情况时,医师应当服从县级以上人民政府卫生行政部门的调遣。

八、警戒义务

《执业医师法》规定,医师发生医疗事故或者发现传染病疫情时,应当按照有关规定及时向所在机构或者卫生行政部门报告;发现患者涉嫌伤害事件或者非正常死亡时,应当按照有关规定向有关部门报告。

同时,《医疗事故处理条例》第十三条也规定医务人员在医疗活动中发生或者发现医疗事故、可能引起医疗事故的医疗过失行为或者发生医疗事故争议的,应当立即向所在科室负责人报告,科室负责人应当及时向本医疗机构负责医疗服务质量监控的部门或者专(兼)职人员报告;负责医疗服务质量监控的部门或者专(兼)职人员接到报告后,应当立即进行调查、核实,将有关情况如实向本医疗机构的负责人报告,并向患者通报、解释。

第四节 患者的权利

患者是医疗行为的对象,也是医师必须对其承担法律责任的人。患者的生命健康权是无价的。现实的医疗关系中,患者将生命安危和疾病治愈的期待交付医师,双方享有对等的权利与义务。

通常认为，现代患者权利保护的宣言肇始于《纽伦堡纲领》。审判德国纳粹的纽伦堡军事裁判，明确了第二次世界大战中纳粹进行人体试验是非人道的，具有犯罪性，并于 1947 年制定了《纽伦堡纲领》。此后，世界医师协会就患者权利发表了许多宣言，包括 1948 年的《日内瓦宣言》，1949 年的《医疗伦理的国际纲领》，该纲领在 1964 年第 18 次赫尔辛基总会上最终发展成为《关于从事医学、生物学研究的医师的赫尔辛基宣言》。后来，世界医师大会对《赫尔辛基宣言》进行了数次修改。1981 年世界医师大会总会通过的《里斯本宣言》首次将"为保障和恢复患者的权利，医师必须采取适当手段"作为医疗的行动指针并且确立了患者享有的基本权利：（1）患者有自由选择医师的权利；（2）患者对医师照护之外的压力有排除的权利；（3）患者有得到医师告知后同意的权利；（4）患者享有隐私权；（5）患者有尊严死的权利；（6）患者有拒绝接受神职人员安慰的权利。到 20 世纪 90 年代及 21 世纪初期，关于患者权利的讨论逐渐活跃，世界卫生组织（WTO）在多次医疗改革的会议中进一步发展了《里斯本宣言》的宗旨，进一步明确了患者权利的内容。世界各国也不断通过立法形式确立患者权利的内容。比如 1972 年美国医师协会制定了《患者权利法》；法国分别于 1974 年和 1979 年制定了《病人宪章》和《患者宪章》；新西兰于 1978 年制定了《患者权利义务守则》；芬兰于 1983 年公布了《芬兰患者权利条约》；日本 1984 年制定了《患者权利宣言》；此外，20 世纪 90 年代荷兰、以色列、立陶宛、冰岛、挪威、匈牙利等国均制定了与患者权利相关的法律。

我国关于患者权利的立法比较分散，尚无形式上统一的患者权利保护法，关于患者权利保护的规定，除《宪法》概括患者享有的医疗权，《民法通则》《民法总则》规定自然人享有的人身权利外，主要散见于各类医疗法律、法规、规章之中。虽然，在形式上，我国患者权利保护的立法比较落后，但是在内容上却比较全面。不仅《宪法》《民法通则》《民法总则》《执业医师法》《侵权责任法》等宪法法律概括规定了患者权利，《医疗机构管理条例》《医疗事故处理条例》《医院工作制度》《医疗机构管理条例实施细则》等法规规章对患者权利也均做出了相应规定。总体来说，我国法律法规对患者权利的规定主要有以下内容。

一、患者的生命权

人身权利是自然人的基本权利，包括人格权和身份权两个方面，其中人格权又是自然人的最基本的权利。患者的人格权主要有生命权、健康权、身体权、隐私权。

《民法总则》第一百一十条规定自然人享有生命权、身体权、健康权、隐私权等权利。患者当然享有平等的生命权。生命权是指自然人的生命安全不受侵犯的权利，自然人的生命非经司法程序任何人不得随意剥夺。

关于自然人有无权利决定自己生命权的讨论已经成为现代法学、医学讨论的热点。与此相关的自然死、安乐死、尊严死等问题将在本书第八章进行讨论。这里需要讨论的是关于"胎儿"的生命权益问题。目前法律明确对于"胎儿"权益的规定主要是新颁布的《民法总则》第十六条，"涉及遗产继承、接受赠与等胎儿利益保护的，胎儿视为具有民事权利能力。但是胎儿娩出时为死体的，其民事权利能力自始不存在"。从本条规定可以看出，立法者对于胎儿享有民事权利能力进而享有民事权利的领域限于对其将来遗产继承、接受赠与等财产权利的领域。对于"胎儿"的人身权利并未涉及。那么对于"胎儿"在孕育过程中受到损害产生疾病或畸形，甚至死亡时的权利如何保障呢？对于"胎儿"的出生缺陷问题，"胎儿"一旦出生即享有合法的民事权利能力，可以通过法律途径主张其权利。如果其出生缺陷确系侵权行为造成，当然可以依据《侵权责任法》的相关规定获得权利保障。但是在"胎儿"因为侵害行为而死亡（即出生即死胎或胎死腹中）的情况下，由于《民法总则》已经规定其自始不具备民事权利能力，因此只能从胎儿母亲的健康权受损的角度进行保护。如2002年前卫生部（现国家卫生与计划生育委员会）颁行的《医疗事故分级标准（试行）》就将"剖宫产术引起胎儿损伤"列入四级医疗事故的评价标准中，由此"胎儿"的母亲可以根据《侵权责任法》《医疗事故处理条例》之规定进行权利保护。

"胎儿"权益保护的另一个问题是关于人工流产或引产的问题。在我国受重男轻女传统陋习的影响，一些非法胎儿性别鉴定和有选择性的人工终止妊娠行为确实存在。虽然《关于禁止非医学需要的胎儿性别鉴定和选择性别的人工终止妊娠的规定》第七条对于已领取生育服务证拟实行妊娠14周以上非医学需要终止妊娠手术的，需要获得县级以上计划生育部门或乡镇、街道办事处计划生育工作机构的批准并取得相应证明，但是规定对于计划生育部门把握的尺度尚不够明确，不利于执法。同时，从立法初衷考量，借鉴参考目前其他国家的理论与学说（美国布莱克蒙大法官就提出了按照不同的妊娠时周对"胎儿"权益进行不同程度的保护的理论),对于正在孕育为"人"的"胎儿"予以"生命权益"保护是否可能更有利于全面地杜绝非法胎儿性别鉴定及选择性人工终止妊娠、保护人的基本权益的问题应当被继续研究与探讨。

二、患者的健康权

世界卫生组织《世界保健大宪章》对于自然人健康的定义作了比较完善的概括,包括:(1)身体无病;(2)心理健康;(3)身体健康;(4)良好的适应社会的能力。法律上健康权的内涵也应当包含以上述内容。因此,健康权是指自然人以其器官乃至整体功能利益为内容的人格权,它的客体是人体器官及各系统乃至身心整体的安全运行,以及功能的正常发挥。健康权是自然人享有保持生理机能正常及其健康状况不受侵犯的权利,其内容主要包括健康保持权和特定情形下的健康利益支配权,是自然人享受其他身份权和财产权的基础。

医疗行为本身具有一定的人身创伤性,即医疗本身可能包含对于患者健康的损害。因此,在实施医疗行为前必须通过充分告知和按照诊疗护理常规规范严格进行使"创伤"能够排除违法性。

三、患者的身体权

2017年10月1日正式实施的《民法总则》首次明确规定了对自然人身体权的保护。身体权是自然人对其肢体、器官和其他组织的支配权。身体权与健康权既相互联系,又有严格的区别。二者区别在于:(1)身体权以身体为客体,健康权以健康为客体;(2)身体权侧重强调身体组织的完整性,健康权则侧重于身体功能的完整性;(3)身体权是自然人对自己身体组成部分的支配权,健康权则没有明显的支配性质。

身体权中一项需要讨论的问题是镶嵌、配置的人工制作的残缺身体部分的代替物的问题。患者移植的器官和其他组织成功移植后当然成为患者身体的组成部分获得法律保护。但是镶嵌、配置的人工制作的残缺身体部分的代替物原本不是人体的天然组成部分,经过加工与人体结合成为人体非天然的组成部分。这些器件一方面失去了民法上单纯的"物"的属性,同时又具有了一定的生物属性和社会属性。如果再以单纯的物权保护方式进行法律保护显然不妥。当然，这些器件与人体的天然器官还有本质区别，不能以其是否遭受损害作为衡量身体权受到侵害的标准，应当对于损害这些器件所造成人身整体的精神利益和身体利益的损害进行衡量，对其施以法律保护。镶嵌、配置的人工制作的残缺身体部分的代替物能否直接构成身体的组成部分，必须区别情况。通常认为判断的关键是该器件是否已经构成人体的组成部分。可以从该器件与人体结合的紧密程度考量，是否可以不依赖专业人员的技术而进行自由拆卸。比如心脏起搏器、需要专业人员的技术才能拆卸的假肢、已植入牙床的假牙、骨折后需要暂时固定骨头而使用的钉子或钢板、植入体内的人工关节等应当认定为身体的组成部分。而不需要专业技术就可以自由拆卸的假牙、假肢则不应当被视为其身体的组成部分。

在医疗领域侵害身体权的情形主要有：（1）尸体的损害；比如在尸体解剖过程中，未经过患者家属同意擅自留取死者尸体的毛发、牙齿等进行医学研究或资料积累。（2）对于身体组织的非法占有；比如对于分娩后的胎盘未按照《医疗废物处理条例》进行消毒处理而非法买卖的行为。（3）实施过度的外科手术；如产科医师为减小医疗风险在不具备剖腹产手术适应症的情况下自行扩大剖腹产的范围。

四、患者的隐私权

隐私权是人类文明发展的产物。此前，虽然《侵权责任法》中规定自然人的隐私权属于法律保护的民事权益，《执业医师法》也规定医师在执业活动中应当保护患者隐私，但是由于我国《民法通则》并没有明确将隐私权作为一项独立的民事权利做出规定，所以司法实践中均以隐私权作为名誉权的一项权益进行保护。2017年10月1日正式实施的《民法总则》首次明确规定了对自然人享有隐私权。自此，隐私权正式成为一项独立的民事权利存在。

隐私权是自然人享有的对其个人的、与公共利益无关的个人信息、私人活动和私有领域进行支配，不受非法干扰和侵犯的一种人格权。在医学领域，隐私是指在不妨碍他人与社会利益的前提下，患者个人内心与身体中存在的不愿让别人知晓之秘密。这些秘密包括：（1）患者身体存在的生理特点、生殖系统、生理缺陷或影响其社会形象、地位、从业的特殊疾病；（2）患者既往的疾病史、生活史、婚姻史；（3）患者的家族疾病史、生活史、情感史；（4）

患者的人际关系状况、财产及其他经济能力状况等。对上述患者的隐私，医师因为医疗行为而知悉，即使不再执业也不应当无故泄漏。但是在医疗过程中因治疗需要将患者信息告知经治其他医务人员并不违法。同时，下列情形，也不属于无故泄漏：（1）依法作证；（2）依法向有关机构报告，如医师依据《传染病防治法》的规定将法定传染病患者的信息报告卫生行政部门或疾病预防控制部门；（3）在开展医学教学或者学术研究时在不泄露患者个人身份信息的前提下引用病例信息。

五、平等的医疗保健权

平等的医疗保健权是指每位患者对医疗资源所享有的权利不分民族、种族、性别、职业、家庭出身、宗教信仰、教育程度、财产状况，都一律平等。任何医疗单位不得借故推辞前来就诊的患者，或拒绝向危重患者提供医疗服务，也不能无视患者的就医请求，武断确定患者就医的范围。我国《宪法》第四十五条规定，中华人民共和国公民在年老、疾病或者丧失劳动能力的情况下，有从国家和社会获得物质帮助的权利。国家发展为公民享受这些权利所需要的社会保险、社会救济和医疗卫生事业。由此可见，医疗服务的公平旨在保障每位国民在需要时均有相等的机会获得应有的医疗服务，达到基本生存标准，医疗服务产品在任何地区、任何人群中应当合理分配，人们可以合理地享受基本医疗服务。

六、知情同意权

知情同意权是指患者有权知晓自己的病情，并可以对医务人员所采取的防治医疗措施决定取舍。知情同意权是由知情、理解、同意三个要素所构成，也就是说知情同意权包括了解权、被告知权、选择权、拒绝权和同意权。而且理解是知情同意权实施的最重要的因素。患者在知情的基础上作出的同意，也是患者自己决定权的重要体现。现代法律对个体的保障除维护个人生命、身体的安全与健康外，也同时必须确保个人人格对幸福追求的自由，这种"人格尊严上的自觉"使得医疗中的自我决定具体地产生开来，知情同意也因此自然地确立起来。

患者的知情同意权与医师的说明与取得同意义务相对应。由于患者知情同意权的内容与医师说明与取得同意义务的内容一致，此处不再重复。患者知情的内容是通过医师说明义务的履行来完成的。患者的知情是被动的，医师的说明是主动的，只有医师充分履行说明义务患者的知情权才能获得保障。

患者知情同意权的例外也就是医师不必对患者进行说明与取得同意即可实施相应医疗行为而并不违法的情形。这类情形主要包括患者弃权（Waiver）和医师的治疗特权（Therapeutic Privilege）的行使。关于医师的治疗特权已在本章第二节进行了详细介绍，需要指出的是为了充分保障患者权益及避免医疗纠纷的隐患，患者主动放弃知情与取得同意权应当以书面形式为宜。

知情同意权的主体依据法律规定为患者及其家属或患者授权的关系人。需要明确的是患者的同意能力及知情同意书的法律效力问题。由于无民事行为能力人和限制民事行为能力人不具有独立行使同意权的行为能力，当患者系未成年人或无民事行为能力或者限制民事行为能力的成年人时，依法须由其监护人即法定代理人代理实施同意行为。

《民法总则》规定，父母是未成年子女的监护人，未成年人的父母已经死亡或者没有监护能力的，由下列有监护能力的人按顺序担任监护人：

（1）祖父母、外祖父母；

（2）兄、姐；

（3）其他愿意担任监护人的个人或者组织，但是须经未成年人住所地的居民委员会、村民委员会或者民政部门同意。

无民事行为能力或者限制民事行为能力的成年人，由下列有监护能力的人按顺序担任监护人：

（1）配偶；

（2）父母、子女；

（3）其他近亲属；

其他愿意担任监护人的个人或者组织，但是须经被监护人住所地的居民委员会、村民委员会或者民政部门同意。

一方面，知情同意书是医师履行说明与取得同意义务即患者实现知情同意权的主要证据。虽然法律并未限定医师说明与取得同意义务的履行方式必须为书面形式，而且医疗实践中医师也常常通过口头和行为意思的表示履行说明与取得同意义务（如医师要求进行体格检查，患者口头同意或者医师开具血常规检查单，患者以缴费的行为实际表示同意），但是对于手术、特殊检查和治疗则须取得患者书面同意以排除医疗纠纷的隐患。

另一方面，知情同意书并不具有当然免责的法律效果，不能误认为只要签署了知情同意书，对于任何医疗损害行为医师都可以免责。如上所述，知情同意书是医师履行说明与取得同意义务的关键证据，但是是否构成医疗损害除考量医师是否履行说明与取得同意义务以外还须考查其是否违反了其他法定义务，比如在剖腹产手术前虽已明确告知患者及家属可能发生的并发症，但是明知孕妇系高危妊娠、血型特殊，在条件许可的情况下却不提前备血，孕妇在手术过程中因大量失血而致害，医疗机构应当承担相应责任。

七、自主决定权

病人自主决定权是指具有行为能力并处于医疗法律关系中的患者，在寻求医疗服务的过程中，经过自主思考，就关于自己疾病和健康问题所作出的合乎理性和价值观的决定，并根据决定采取负责的行动。主要包括：

（1）有权自主选择医疗单位、医疗服务方式和医务人员；

（2）有权自主决定接受或不接受任何一项医疗服务，特殊情况下如病员生命危急、神志不清不能自主表达意见可由病员家属决定；

（3）有权拒绝非医疗性活动；

（4）有权决定出院时间。但病人只能在医疗终结前行使此权利，且必须签署一项声明或说明，说明病员的出院与医疗单位判断相悖；

（5）有权决定转院治疗，但在病情极不稳定或随时有危及生命的可能情况下，应签署一份书面文件，说明在临床医师的充分说明和理解基础上作出的决定；

（6）有权根据自主原则自付费用与其指定的专家讨论病情；

（7）有权拒绝或接受任何指定的药物、检查、处理或治疗，并有权知道相应的后果；

（8）有权自主决定其遗体或器官如何使用；

（9）有权享受来访及与外界联系，但应在遵守医院规章制度的基础之上；

（10）其他依法应当由病员自主决定的事项。

特别强调的是，病人的自主权并不是无限制性的自主权。首先，病人的自主权必须服从国家法律法规的特别规定。如烈性传染病、严重精神病发病期间等情况下，必须服从国家法律规定强行隔离治疗。其次，病人必须遵守医疗机构的规章制度，入院治疗、出院、转院等均须配合医务人员的管理和医嘱。最后，在医师合法行使治疗特权的情况下，患者的自主决定权也同被样阻却。

第五节　患者的义务

医疗服务活动需要医务人员与就医者相互配合才能顺利开展，达到就医者求医之目的。医师权利与患者义务的协调统一是实现医疗目标的重要保障。

一、积极配合诊疗的义务

患者应配合医师诊疗的需要，力求治疗效果之完美。患者的此项义务主要包括患者应当：（1）接受诊治；（2）接受医嘱；（3）接受检查；（4）诚实告知有关信息。当然，法律上的义务是法律加诸于当事人作为或者不作为的约束。不履行义务需要承担法定的不利后果即法律责任，履行义务并不需要询问当事人本人的选择意见。但是，除依法接受强制治疗外，患者不配合治疗并不需要承担法律"责任"，仅自行承担健康上的不利后果，因此学者通常将此义务称为一种"不真正的义务"或"诊疗协力"义务。

由于医疗的特殊性，患者须如实、全面地告知与疾病相关的各类信息并遵循医嘱，如按时服药或打针等。《侵权责任法》第六十条规定，因患者或者其近亲属不配合医疗机构进行符合诊疗规范的诊疗而致患者损害的，医疗机构不承担赔偿责任。

二、支付医疗费用的义务

医疗机构实行有偿服务，既是医疗活动能够有序开展的重要保障也是医疗服务合同的重要内容。医疗费用作为医师提供劳务后的报酬，遵循"报酬后付"的一般原则，同时由于医疗救护的时效性，医师依法也不得因为医疗费用问题拒绝救治急危患者，医疗费用的拖欠、脱逃问题便时有发生。这在实践中便产生了一个头痛的问题，医疗机构不能因为患者身无分文而将患者拒之门外，但是事后却很可能给医院留下巨大的费用包袱，影响医疗机构正常的工作秩序。走出这一困境，需要更多制度保障及社会诚信机制的全面建设。因为如果社会诚信遭受严重破坏，人们的合理预期不能理性地实现，社会的稳定和发展必将受到阻碍。

三、遵守医院规章制度和医疗秩序的义务

患者由于疾病原因或恢复健康需要而就医，而医疗机构通过维系正常的医疗秩序才能保证就医者的就医目标的实现，才能实现患者合法权益的充分保障。因此，遵守医疗机构的规章制度和医疗秩序不仅仅是社会公德的需要，也符合患者自身利益和法制的基本要求。

早在 2001 年原卫生部、公安部就联合发出《维护医疗机构正常秩序、保障人民群众就医安全》的通告。通告明确指出："医疗机构是履行救死扶伤、保障人民生命健康的重要社会公共场所。禁止任何单位和个人以任何理由、手段扰乱医疗机构正常诊疗秩序，侵害就诊者合法权益，危害医务人员人身安全，损坏医疗机构财产。"同时要求："患者及家属要遵守医疗机构的有关规章制度。患者及家属应依法按程序解决医疗纠纷，不得寻衅滋事。"对于"在医疗机构内寻衅滋事、故意损坏公私财物、侮辱、威胁、恐吓、殴打医务人员的；由公安机关依据《中华人民共和国治安管理处罚条例》予以处罚；构成犯罪的，依法追究刑事责任"。2016 年 6 月 30 日国家卫生计生委、中央综治办、中宣部、中央网信办、最高人民法院、最高人民检察院、公安部、司法部、中国保监会等 9 部门再次联合发布《关于严厉打击涉医违法犯罪专项行动方案》。方案指出，严厉打击、依法严惩各类伤害医务人员人身安全、扰乱医疗秩序等涉医违法犯罪行为，始终保持打击的高压态势，坚决打击犯罪分子的嚣张气焰。公安机关要严格按照《公安机关维护医疗机构治安秩序六条措施》要求，切实加大查处打击力度。对医疗机构的报警求助要快速反应，果断处置，坚决制止，特别是对正在实施伤害医务人员行为的，必须采取果断措施坚决制止，必要时依法使用武器、警械；对非法携带管制器具进入医疗机构的，一经发现一律依法予以行政拘留；对殴打医务人员、严重扰乱医疗机构秩序的，必须依法予以治安管理处罚或者追究刑事责任，不得拖延、降格处理。

当然，防止医患矛盾异化、遏制违法"医闹"的根本途径应当是继续构建与巩固和谐医患关系的长效机制。一方面需要完善法律法规和制度体系，推进医疗纠纷预防与处置地方立法工作，为医疗纠纷调处提供法治保障。同时，巩固"三调解一保险"（院内调解、人民调解、司法调解与医疗责任风险

分担机制）的长效工作机制，进一步规范医疗纠纷人民调解工作，拓展医疗纠纷人民调解组织的覆盖面，不断提升调解水平，推进医疗责任保险向县域延伸，积极推行医疗意外险，不断扩大医疗风险分担机制覆盖面。另一方面，医疗机构应当完善投诉管理制度，畅通投诉渠道，规范投诉处理程序并加强医疗服务与质量安全管理。医院应当加强医疗卫生行业行风建设和医务人员人文培训，提高医患沟通技能，对患者进行诊疗全过程的人文关怀。而卫生计生行政部门则应当指导医疗机构全面排查内部管理漏洞，完善医疗机构内部全链条管理，建立医疗质量管理与控制长效机制，提升患者安全管理水平。由此才能保障医务人员人身安全，营造安全、有序的诊疗环境。

四、接受强制治疗的义务

如前所述，国家基于社会集体防卫的目的，以行政强制措施，强制患者接受治疗时，患者必须接受强制治疗，主要适用于预防接种和对吸毒、性病、艾滋病及其他传染性疾病进行治疗和隔离以及对精神病人的强制治疗等。如我国《传染病防治法》规定，医疗机构发现甲类传染病时，应当对病人、病原携带者，予以隔离治疗，对疑似病人，确诊前在指定场所单独隔离治疗；对医疗机构内的病人、病原携带者、疑似病人的密切接触者，在指定场所进行医学观察和采取其他必要的预防措施。医疗机构发现乙类或者丙类传染病病人，应当根据病情采取必要的治疗和控制传播措施。

第五章 药品与医疗器械管理法律制度

第一节 药品与医疗器械管理法律制度概述

一、简述

药品是指依法用于预防、治疗、诊断人的疾病,有目的地调节人的生理功能并规定有适应症或功能主治、用法和用量的物质,包括中药材、中药饮片、中成药、化学原材料及其制剂、抗生素、生化药品、放射性药品、血清、疫苗、血液制品和诊断药品等。

进入消费市场的药品,具有商品的一般属性。同时由于药品直接关系到广大人民群众的生命健康安全,所以它又是一种特殊的商品,具有以下特性:

(1)药品功能的特定性。药品的用途与人的生命息息相关,具有很强的专属性。药品还具有双重作用,既有防病治病、康复保健的作用,同时多数药品又有不同程度的毒副作用。

(2)药品管理的法定性。国家依法行使其权力对药品的研制、生产、经营、使用实施监督管理。

(3)药品质量的重要性。只有符合国家标准的药品,才能保证疗效。因此国家制定了一系列的法律法规对药品的质量设置了强制性的标准,以保障药品的安全性和合格性。

(4)药品鉴定的科学性。药品质量的优劣、真伪,一般消费者难以识别。必须由专门的技术人员和机构,依据法定的标准,运用合乎要求的仪器设备和科学方法,才能做出鉴定和评价。

医疗器械是指直接或者间接用于人体的仪器、设备、器具、体外诊断试剂及校准物、材料以及其他类似或者相关的物品,包括所需要的计算机软件;其目的是:疾病的诊断、预防、监护、治疗或者缓解;损伤的诊断、监护、治疗、缓解或者功能补偿;生理结构或者生理过程的检验、替代、调节或者支持；生命的支持或者维持；妊娠控制；通过对来自人体的样本进行检查，为医疗或者诊断目的提供信息。

医疗器械的效用主要通过物理等方式获得，不是通过药理学、免疫学或者代谢的方式获得，或者虽然有这些方式参与但是只起辅助作用。

根据《医疗器械监督管理条例》规定，国家依据医疗器械的结构特征形式和医疗器械使用状况，对医疗器械实行分类管理。

第一类是风险程度低，实行常规管理可以保证其安全、有效的医疗器械。

第二类是具有中度风险，需要严格控制管理以保证其安全、有效的医疗器械。

第三类是具有较高风险，需要采取特别措施严格控制管理以保证其安全、有效的医疗器械。

第一类医疗器械实行产品备案管理，第二类、第三类医疗器械实行产品注册管理。第一类医疗器械由设区的市级人民政府食品药品监督管理部门管理；第二类医疗器械由省、自治区、直辖市食品药品监督管理部门管理；第三类医疗器械由国务院食品药品监督管理部门管理。

国务院食品药品监督管理部门负责制定医疗器械的分类规则和分类目录，并根据医疗器械生产、经营、使用情况，及时对医疗器械的风险变化进行分析、评价，对分类目录进行调整。制定、调整分类目录，应当充分听取医疗器械生产经营企业以及使用单位、行业组织的意见，并参考国际医疗器械分类实践。医疗器械分类目录应当向社会公布。一次性使用的医疗器械目录由国务院食品药品监督管理部门会同国务院卫生计生主管部门制定、调整并公布。

二、药品与医疗器械管理立法

（一）药品立法进展

药品的特殊性，要求国家必须强化对药品的法制管理。药品管理法是调整在药品监督管理，保证药品质量，保障人体用药安全，维护人民身体健康和用药的合法权益活动中产生的各种社会关系的法律规范的总和。

1950年11月经当时的政务院批准，卫生部颁发了《麻醉药品管理暂行条例》。这是我国药品管理的第一个行政法规。1963年经国务院批准，卫生部、化工部、商业部联合颁布了我国药品管理的第一个综合性法规《关于加强药政管理的若干规定（草案）》，对药品的生产、经营、使用和进出门管理起到了重要作用。

随着社会主义经济建设的发展和人民生活水平的日益提高，为了强化药品的监督管理，保证药品质量，增进药品疗效，保障公民的人身安全，维护公民的身体健康，1984年9月20日第六届全国人大常委会第七次会议通过了《中华人民共和国药品管理法》（以下简称《药品管理法》），并于1985年7月1日起施行。这是中华人民共和国成立以来我国第一部药品管理法律，它把党和国家有关药品监督的方针政策和原则用国家法律的形式确定下来，将药品质量与安全置于国家和广大人民群众的严格监督之下，为人民群众用药的合理有效提供了法律保证。2001年2月28日，第九届全国人大常委会第二十次会议根据社会的发展进行修订，并于2001年12月1日起施行。

为了保证《药品管理法》的贯彻实施，国务院先后颁布了《中华人民共和国药品管理法实施条例》（2001年修订）、《麻醉药品和精神药品管理条例》（2005年）、《医疗用毒性药品管理办法》（1988年）、《放射性药品管理办法》（1989年）等重要的行政法规。卫生部制定了多个配套规章。国家食品药品监督管理局相继发布了《新药审批办法》《新生物制品审批办法》《新药保护和技术转让的规定》《仿制药品审批办法》《进口药品管理办法》《药品生产质量管理规范（1998年修订）》《戒毒药品管理办法》《麻黄素管理办法》《处方药与非处方药分类管理办法》《药品流通监仔管理办法（暂行）》《药品经营许可证管理办法》《药品注册管理办法》《药物非临床研究质量管理规范》《药物临床试验质量管理规范》《药品术良反应报告和监测管理办法》和《药品监督行政处罚程序》等规章。各省、自治区、直辖市人民政府也相应制定了一系列地方法规。随着医疗法制不断的改革和完善，我国将进一步完善以《药品管理法》为主体，包括配套的行政法规、规章以及地方性法规在内的具有中国特色的药品监督管理法律体系。

凡在中华人民共和国境内从事药品的研制、生产、经营、使用和监督管理的单位和个人，都必须遵守《药品管理法》。在《药品管理法》的规定中：药品研制，主要确定各研究机构进行药品科研工作研制出的成果，能否成为药品管理法规定的药品，以及如何报批新药；药品生产，主要规范了从事药品生产活动的主体应当具备的条件和资格；药品经营，主要规范了从事药品经营活动的主体应当具备的条件和资格；药品使用，主要规范了医疗机构调配处方、购药、储存药品等；药品监督，主要包括药品监督管理部门对从事药品研制、生产、经营、使用等各项活动的监督管理工作,以及与药品有关的部门对与药品有关的事项进行监督管理的工作。

(二)医疗器械立法进展

为了加强对医疗器械的监督管理,保证医疗器械的安全、有效,保障人体健康和生命安全,2000年1月4日国务院发布了《医疗器械监督管理条例》,同年4月1日起施行,后经2014年2月12日国务院第39次常务会议修订,自2014年6月1日起施行。这是我国第一个关于医疗器械监督管理的行政法规,适用于在中华人民共和国境内从事医疗器械的研制、生产、经营、使用、监督管理的单位或者个人,标志着我国医疗器械的监督管理进入依法行政的新阶段。此后,国家食品药品监督管理局根据《医疗器械监督管理条例》相继发布了《医疗器械注册管理办法》《医疗器械分类规则》《医疗器械新产品审批规定》《医疗器械生产企业监督管理办法》《医疗器械经营企业监督管理办法》《医疗器械生产企业质量体系考核办法》等规章,使医疗器械监督管理法律制度逐步完善。

第二节 药品生产经营和医疗机构的药剂管理

一、药品生产的管理

加强药品生产的监督管理,是保证药品质量的关键。关于药品生产管理的法律,除《药品管理法》及其实施条例外,公布的部门规章有:《药品生产质量管理规范》(1999年8月1日起施行)、《药品生产监督管理办法》(2004年8月5日起施行)、《直接接触药品的包装材料和容器管理办法》(2004年7月20日起施行)、《药品说明书和标签管理规定》(2006年6月1日起施行)。

(一)设立药品生产企业的条件

药品生产企业是指生产药品的专营企业或者兼营企业。设立药品生产企业,要满足《中华人民共和国公司法》等企业法律所规定的设立条件,同时也必须满足下列条件和程序。

1. 省、自治区、直辖市人民政府药品监督管理部门审批制

对于药品生产企业的设立,我国实行的是审批制,不同于一般性企业的设立程序和条件,不是投资人自由设立。

开办药品生产企业,应由开办药品生产企业的申请人向企业所在地省、自治区、直辖市人民政府药品监督管理部门提出申请,经其批准并发给药品生产许可证。

无药品生产许可证的,不得生产药品。药品生产许可证有效期为5年。有效期届满,需要继续生产药品的,持证企业应当在许可证有效期届满前6个月,按照国务院药品监督管理部门的规定申请换发药品生产许可证。药品生产企业终止生产药品或者关闭的,药品生产许可证由原发证部门缴销。

药品监督管理部门批准开办药品生产企业,还应当符合国家制定的药品行业发展规划和产业政策,防止重复建设。

2. 其他条件

(1)具有依法经过资格认定的药学技术人员、工程技术人员及相应的技术工人;

(2)具有与其药品生产相适应的厂房、设施和卫生环境;

(3)具有能对所生产药品进行质量管理和质量检验的机构、人员以及必要的仪器设备;

(4)具有保证药品质量的规章制度。

3. 药品生产批准制

生产新药或者已有国家标准药品的,须经国务院药品监督管理部门批准,并发给药品批准文号。但是,生产没有实施批准文号管理的中药材和中药饮片的除外。实施批准文号管理的中药材、中药饮片品种目录由国务院药品监督管理部门会同国务院中医药管理部门制定。药品生产企业在取得药品批准文号后,方可生产该药品。

经省、自治区、直辖市人民政府药品监督管理部门批准,药品生产企业可以接受委托生产药品。接受委托生产药品的,受托方必须是持有与其受托生产的药品相适应的《药品生产质量管理规范》认证证书的药品生产企业。疫苗、血液制品和国务院药品监督管理部门规定的其他药品,不得委托生产。

4. 变更批准制

药品生产企业变更药品生产许可证许可事项的,应当在许可事项发生变

更 30 日前，向原发证机关申请药品生产许可证变更登记；未经批准，不得变更许可事项。原发证机关应当自收到申请之日起 15 个工作日内做出决定。申请人凭变更后的药品生产许可证到工商行政管理部门依法办理变更登记手续。

（二）药品生产企业的质量管理责任

药品生产企业必须遵守《中华人民共和国产品质量法》和药品管理法律法规中关于产品质量上的责任规定，维护药品的质量安全。

1. 药品生产质量管理认证责任

《药品生产质量管理规范》是 20 世纪 70 年代中期发达国家为保证药品生产质量而制定的保证药品质量和用药安全有效的可靠措施，是世界各国对药品生产全过程监督管理普遍采用的法定技术规范。GMP（Good Manufacturing Practice For Drugs）是指在药品生产全过程中，用科学、合理、规范化的条件和方法来保证生产优良药品的一套系统的、科学的管理规范，是药品生产和质量管理的基本准则。我国在 20 世纪 80 年代初引进了 GMP，并于 1988 年颁布了第一部《药品生产质量管理规范》，作为正式法规实行。

《药品管理法》规定，药品生产企业必须按照《药品生产质量管理规范》组织生产。药品监督管理部门按照规定，对药品生产企业是否符合《药品生产质量管理规范》的要求进行认证；对认证合格的，发给认证证书。

2. 生产环节的记录责任和审批制

除中药饮片的炮制外，药品必须按照国家药品标准和国务院药品监督管理部门批准的生产工艺进行生产，生产记录必须完整准确。药品生产企业改变影响药品质量的生产工艺的，必须报原批准部门审核批准。

3. 遵循标准生产的责任

中药饮片必须按照国家药品标准炮制；国家药品标准没有规定的，必须按照省级人民政府药品监督管理部门制定的炮制规范炮制。省级人民政府药品监督管理部门制定的炮制规范应当报国务院药品监督管理部门备案。生产药品所需的原料、辅料必须符合药用要求。辅料是指生产药品和调配处方时所用的赋形剂和附加剂。

4. 质量检验责任

为保证合格的药品进入市场，药品生产企业必须对其生产的药品进行质量检验；不符合国家药品标准或者不按照省级人民政府药品监督管理部门制定的中药饮片炮制规范炮制的，不得出厂。

二、药品经营的管理

加强药品经营流通的监督管理，也是保证药品质量的重要环节。除《药品管理法》及其实施条例，公布的部门规章有,《药品经营质量管理规范》(2000年7月1日起施行),《药品经营许可证管理办法》(2004年4月1日起施行),《处方药与非处方药分类管理办法》(试行)(2000年1月1日起施行),《互联网药品信息服务管理办法》(2004年7月8日起施行),《药品进口管理办法》(2004年1月1日起施行),《进口药材管理办法（试行）》(2006年2月1日起施行),《药品流通监督管理办法》(2007年5月1日起施行),《药品广告审查发布标准》(2007年5月1日起施行),《药品广告审查办法》(2007年5月1日起施行)。

（一）设立药品经营企业的条件

药品经营企业是投资人依法设立的以营利为目的的经营实体，是经销药品的专营企业或者兼营企业。药品经营企业的药品经营方式，包括药品批发和药品零售。企业的药品经营范围，是指经药品监督管理部门核准经营药品的品种类别。一般而言，企业应该在核准的经营范围内从事经营活动。药品经营企业可以区分为药品批发企业和药品零售企业。药品批发企业是指将购进的药品销售给药品生产企业、药品经营企业、医疗机构的药品经营企业。药品零售企业是指将购进的药品直接销售给消费者的药品经营企业。

1. 省、自治区、直辖市人民政府药品监督管理部门审批制

对于药品销售企业的设立，我国实行的是审批制，这点不同于一般的商品经营企业。《药品管理法》规定，开办药品批发业务的企业，须经企业所在地省级药品监督管理部门审核批准，并发给《药品经营许可证》。开办药品零售业务的企业，须经企业所在地县级以上地方药品监督管理部门批准并发给《药品经营许可证》。无《药品经营许可证》，不得经营药品。《药品经营许可证》有效期为5年。

药品监督管理部门批准药品经营企业的设立，要进行设立条件的真实性、合法性的实质性审查，要遵循合理布局和方便群众购药的原则。

药品经营许可证有效期为5年。《药品经营许可证》应当标明有效期和经营范围,到期重新审查发证。

2. 其他条件

（1）具有依法经过资格认定的药学技术人员；

（2）具有与所经营药品相适应的营业场所、设备、仓储设施、卫生环境；

（3）具有与所经营药品相适应的质量管理机构或者人员；

（4）具有保证所经营药品质量的规章制度。

城乡集市贸易市场可以出售中药材。交通不便的边远地区城乡集市贸易市场没有药品零售企业的，当地药品零售企业经所在地县（市）药品监督管理机构批准，并到工商行政管理部门办理登记注册后，可以在该城乡集市贸易市场内设点，并在批准经营的药品范围内销售非处方药品。

通过互联网进行药品交易的药品生产企业、药品经营企业、医疗机构及其交易的药品，必须符合《药品管理法》和《药品管理法实施条例》的规定。互联网药品交易服务的管理办法，由国务院药品监督管理部门会同国务院有关部门制定。

3. 新发现和从国外引种药材的销售批准制

新发现和从国外引种的药材，经国务院药品监督管理部门审核批准后，方可销售。地区性民间习用药材的管理办法，由国务院药品监督管理部门会同国务院中医药管理部门制定。

（二）药品经营企业的质量管理责任

药品销售企业必须遵守《中华人民共和国产品质量法》和药品管理法律法规关于产品质量上的责任规定，药品质量责任贯穿于药品进货、经销、保管、标识等各个环节。

1. 药品经营质量管理认证责任

GSP（Good Supplying Practice For Drugs）全称是《药品经营质量管理规范》。GSP是针对药品在流通环节中所有可能发生质量事故的因素，为保证药品质量，防止质量事故发生而制定的一套药品经营管理的质量保证规范，是药品经营质量管理的基本准则。药品经营企业必须按照国务院药品监督管理部门依据《药品管理法》制定的《药品经营质量管理规范》经营药品。药品监督管理部门按照规定，对药品经营企业是否符合《药品经营质量管理规范》

的要求进行认证；对认证合格的，发给认证证书。

2. 进货检查验收责任

药品经营企业购进药品，必须建立并执行进货检查验收制度，验明药品合格证明和其他标识；不符合规定要求的，不得购进。

3. 购销记录责任

药品经营企业购销药品，必须有真实完整的购销记录。购销记录必须注明药品的通用名称、剂型、规格、批号、有效期、生产厂商、购（销）货单位、购（销）货数量、购销价格、购（销）货日期及国务院药品监督管理部门规定的其他内容。

4. 药品准确标识说明责任

药品经营企业销售药品必须准确无误，并正确说明用法、用量和注意事项；调配处方必须经过核对，对处方所列药品不得擅自更改或者代用。对有配伍禁忌或者超剂量的处方，应当拒绝调配；必要时，经处方医师更正或者重新签字，方可调配。药品经营企业销售中药材，必须标明产地。

5. 药品保管责任

药品经营企业必须制定和执行药品保管制度，采取必要的冷藏、防冻、防潮、防虫、防鼠等措施，保证药品质量。药品入库和出库必须执行检查制度。

三、禁止生产、销售的药品

《药品管理法》规定，禁止生产（包括配置）、销售假药，禁止生产、销售劣药。

（一）假药

假药，是指药品所含成分与国家药品标准规定的成分不符，以及以非药品冒充药品或者以他种药品冒充此种药品的。《药品管理法》规定，有下列情形之一的药品按假药论处：国务院药品监督管理部门规定禁止使用的；依照《药品管理法》必须批准而未经批准生产、进口或者依法必须检验而未经检验即销售的；变质的；被污染的；使用依照《药品管理法》必须取得批准文号而未取得批准文号的原料药生产的；所标明的适应症或者功能主治超出规定。

（二）劣药

劣药，是指药品成分含量不符合国家药品标准规定的药品。《药品管理法》规定，有下列情形之一的药品按劣药论处：未标明有效期或者更改有效期的；不注明或者更改生产批号的；超过有效期的；直接接触药品的包装材料和容器未经批准的；擅自添加着色剂、防腐剂、香料、矫味剂及辅料的；其他不符合药品标准规定的。

四、药品包装

药品生产、销售企业必须遵守法律、行政法规关于药品包装的责任，因为药品包装涉及药品质量的维持、药品的合理使用、信息的披露责任等。

1. 包装材料和容器的合理使用性责任

药品生产企业使用的直接接触药品的包装材料和容器，必须符合药用要求和保障人体健康、安全的标准，并经国务院药品监督管理部门批准注册。药品生产企业不得使用未经批准的直接接触药品的包装材料和容器。对不合格的直接接触药品的包装材料和容器，由药品监督管理部门责令停止使用。

生产中药饮片，应当选用与药品性质相适应的包装材料和容器；包装不符合规定的中药饮片，不得销售。中药饮片包装必须印有或者贴有标签。中药饮片的标签必须注明品名、规格、产地、生产企业、产品批号、生产日期，实施批准文号管理的中药饮片还必须注明药品批准文号。

2. 药品包装的保质性责任

药品包装必须适合药品质量的要求，方便储存、运输和医疗使用。发运中药材必须有包装。

3. 药品包装的标识说明责任

药品包装必须按照规定印有或者贴有标签，并附有说明书。标签或者说明书上必须注明药品的通用名称、成分、规格、生产企业、批准文号、产品批号、生产日期、有效期、适应症或者功能主治、用法、用量、禁忌、不良反应和注意事项。发运的中药材必须有包装，在每件包装上，必须注明品名、产地、日期、调出单位，并附有质量合格的标志。

特殊药品必须具有特定的标识和说明，以显著地区别于一般性药品，避免混淆。麻醉药品、精神药品、医疗用毒性药品、放射性药品、外用药品和非处方药品的标签，必须印有规定的标志。

五、药品流通的管理

《药品流通监督管理办法（暂行）》规定，药品销售人员必须具有高中以上文化水平，接受相应专业知识和药事法规培训，并不得兼职进行药品销售活动。销售药品时，必须出示有关证件。城镇个体行医人员和个体诊所不许设置药房，不得从事药品购销活动。乡镇卫生院代乡村个体行医人员和诊所采购药品，不得进行经营性销售。严禁乡镇卫生院将药品采购委托或承包给个人。

药品生产企业设立的办事机构不得进行药品现货销售活动。未经批准，药品批发企业不得从事药品零售业务，药品零售单位不得从事药品批发业务。除国家批准设立的中药材专业市场外，严禁开办各种形式的药品集贸市场。进口药品国内销售代理商必须在国家药品监督管理部门备案并遵守相关法律规定。

六、药品召回

药品召回，是指药品生产企业（包括进口药品的境外制药厂商）按照规定的程序收回已上市销售的存在安全隐患的药品。安全隐患，是指由于研发、生产等原因可能使药品具有的危及人体健康和生命安全的不合理危险。为加强药品安全监管，保障公众用药安全，2007年12月国家食品药品监督管理局发布了《药品召回管理办法》。

（一）建立和完善药品召回制度

药品生产企业应当按照规定建立和完善药品召回制度，收集药品安全的相关信息，对可能具有安全隐患的药品进行调查、评估，召回存在安全隐患的药品。药品经营企业、使用单位应当协助药品生产企业履行召回义务，按照召回计划的要求及时传达、反馈药品召回信息，控制和收回存在安全隐患的药品。

药品经营企业、使用单位发现其经营、使用的药品存在安全隐患的，应当立即停止销售或者使用该药品，通知药品生产企业或者供货商，并向药品监督管理部门报告。药品生产企业、经营企业和使用单位应当建立和保存完整的购销记录，保证销售药品的可溯源性。

（二）药品召回分级和主体

根据药品安全隐患的严重程度，药品召回分为：① 一级召回：使用该药品可能引起严重健康危害的；② 二级召回：使用该药品可能引起暂时的或者可逆的健康危害的；③ 三级召回：使用该药品一般不会引起健康危害，但由于其他原因需要收回的。

根据召回主体不同，药品召回分为：① 主动召回：药品生产企业对收集的信息进行分析，对可能存在安全隐患的药品按照《药品召回管理办法》的要求进行调查评估，发现药品存在安全隐患的，进行召回；② 责令召回：药品监督管理部门经过调查评估，认为存在《药品召回管理办法》所称的安全隐患，药品生产企业应当召回药品而未主动召回的，责令药品生产企业召回药品。

（三）药品召回信息公开

国家食品药品监督管理局和省、自治区、直辖市药品监督管理部门应当建立药品召回信息公开制度，采用有效途径向社会公布存在安全隐患的药品信息和药品召回的情况。

七、药品价格和广告的管理

（一）药品价格管理

实行市场调节价的药品，药品的生产企业、经营企业和医疗机构应当按照公平、合理和诚实信用、质价相符的原则制定价格，为用药者提供价格合理的药品，遵守药价管理的规定，制定和标明药品零售价格，禁止暴利和损害用药者利益的价格欺诈行为，并应当依法向价格主管部门提供药品的实际购销价格和购销数量等资料。医疗机构应当向患者提供所用药品的价格清单。

《药品管理法》规定，禁止药品的生产、经营企业和医疗机构在药品购销中账外暗中给予、收受回扣或者其他利益；禁止药品的生产、经营企业或者其代理人以任何名义给予使用其药品的医疗机构的负责人、药品采购人员、医师等有关人员以财物或者其他利益。上述人员也不得以任何名义收受药品生产、经营企业或其代理人给予的财物或者其他利益。

(二)药品广告管理

1. 药品广告发布管理

药品广告须经企业所在地省级人民政府药品监督管理部门批准,并发给药品广告批准文号;未取得药品广告批准文号的,不得发布。

处方药可以在国务院卫生行政部门和国务院药品监督管理部门共同指定的医学、药学专业刊物上介绍,但不得在大众传播媒介发布广告或者以其他方式进行以公众为对象的广告宣传。

2. 药品广告内容管理

药品广告不规范行为的泛滥是现阶段我国比较普遍和严重的问题,其危害很大,必须予以规范和引导,坚决打击违法的药品广告行为:

(1)禁止发布虚假广告。药品广告的内容必须真实、合法,以国务院药品监督管理部门批准的说明书为准,不得含有虚假的内容。

(2)禁止发布片面误导性广告。药品广告不得含有不科学的表示功效的断言或者保证;不得利用国家机关、医药科研单位、学术机构或者专家、学者、医师、患者的名义和形象作证明。

(3)禁止界限模糊性的广告。非药品不得在其包装、标签、说明书及有关宣传资料上进行含有预防、治疗、诊断人体疾病等有关内容的宣传;但是,法律、行政法规另有规定的除外。

省级人民政府药品监督管理部门应当对其批准的药品广告进行检查,对于违反《药品管理法》和《中华人民共和国广告法》的广告,应当向广告监督管理机关通报并提出处理建议,广告监督管理机关应当依法作出处理。对药品价格和广告,《药品管理法》未规定的,适用《中华人民共和国价格法》《中华人民共和国广告法》的相关规定。

(三)非处方药和处方药广告的管理

《处方药与非处方药分类管理办法(试行)》规定,非处方药经过药品监督管理部门的审批,取得药品广告批准文号后,可以在大众媒介进行广告宣传。非处方药广告必须同时标明非处方药专用标识(OTC)。

《药品广告审查发布标准》规定,处方药可以在卫生部和国家食品药品监督管理局共同指定的医学、药学专业刊物上发布广告,但不得在大众传播媒介发布广告或者以其他方式进行以公众为对象的广告宣传。不得以赠送医学、药学专业刊物等形式向公众发布处方药广告。处方药名称与该药品的商标、生产企业字号相同的，不得使用该商标、企业字号在医学药学专业刊物以外的媒介变相发布广告，不得以处方药名称或者以处方药名称注册的商标以及企业字号为各种活动冠名。

八、医疗机构的药剂管理

为进一步科学、规范管理医疗机构药事工作，保证用药安全、有效、经济，保障人民身体健康，《药品管理法》第四章专门做出了"医疗机构的药剂管理"规定；2002年1月卫生部、国家中医药管理局联合发布了《医疗机构药事管理暂行规定》；为了加强医疗机构制剂配制的监督管理，国家药品监督管理局（现为国家食品药品监督管理局）于2001年3月颁布了《医疗机构制剂配制质量管理规范（试行）》，2005年4月14日颁布了《医疗机构制剂配制监督管理办法（试行）》，2005年6月22日颁布了《医疗机构制剂注册管理办法（试行）》。以上法律法规的颁布对于确保医疗机构制剂的安全性、有效性、经济性、合理性具有重要意义。

（一）医疗机构配置药剂的条件

1. 医疗机构配制制剂的注册审批制

医疗机构制剂是指医疗机构根据本单位临床需要经批准而配制、自用的固定处方制剂。根据国家食品药品监督管理发布的《医疗机构制剂注册管理办法》，医疗机构制剂的申请人，应当是持有《医疗机构执业许可证》并取得《医疗机构制剂许可证》的医疗机构。

医疗机构配制制剂必须经所在地省级人民政府卫生行政部门审核同意，由省级人民政府药品监督管理部门批准，发给医疗机构制剂许可证。无医疗机构制剂许可证的，不得配制制剂。医疗机构制剂许可证有效期为5年。有效期届满，需要继续配制制剂的，医疗机构应当在许可证有效期届满前6个月，按照国务院药品监督管理部门的规定，申请换发医疗机构制剂许可证。医疗机构终止配制制剂或者关闭的，医疗机构制剂许可证由原发证机关缴销。

有下列情形之一的，不得作为医疗机构制剂申报：市场上已有供应的品种；含有未经国家食品药品监督管理局批准的活性成分的品种；除变态反应原外的生物制品；中药注射剂；中药、化学药组成的复方制剂；麻醉药品、精神药品、医疗用毒性药品、放射性药品；其他不符合国家有关规定的制剂。

医疗机构配制制剂，必须按照国务院药品监督管理部门的规定报送有关资料和样品，经所在地省级人民政府药品监督管理部门批准，并发给制剂批准文号后，方可配制。

国家鼓励医疗机构根据本医疗机构临床用药需要配制和使用中药制剂，支持应用传统工艺配制中药制剂。《中华人民共和国中医药法》规定，医疗机构配制中药制剂，应当取得医疗机构制剂许可证，或者委托取得药品生产许可证的药品生产企业、取得医疗机构制剂许可证的其他医疗机构配制中药制剂。委托配制中药制剂，应当向委托方所在地省、自治区、直辖市人民政府药品监督管理部门备案。医疗机构炮制中药饮片，则只需向所在地设区的市级人民政府药品监督管理部门备案即可。

2. 医疗机构药剂配置的资格要件

医疗机构必须配备依法经过资格认定的药学技术人员。非药学技术人员不得直接从事药剂技术工作。

必须具有能够保证制剂质量的设施、管理制度、检验仪器和卫生条件。

（二）医疗机构制剂的使用

医疗机构配制制剂应当遵守《医疗机构制剂配制质量管理规范》。必须按照规定进行质量检验；合格的制剂，凭医师处方在本医疗机构使用。医疗机构配制的制剂，不得在市场销售。根据《医疗机构制剂注册管理办法》，医疗机构制剂一般不得调剂使用。特殊情况下，经国务院或者省、自治区、直辖市人民政府的药品监督管理部门批准，医疗机构配制的制剂可以在指定的医疗机构之间调剂使用。属省级辖区内医疗机构制剂调剂的，必须经所在地省、自治区、直辖市（食品）药品监督管理部门批准；属国家食品药品监督管理局规定的特殊制剂以及省、自治区、直辖市之间医疗机构制剂调剂的，必须经国家食品药品监督管理局批准。

国家保护中药饮片传统炮制技术和工艺，支持应用传统工艺炮制中药饮片，鼓励运用现代科学技术开展中药饮片炮制技术研究。《中华人民共和国中医药法》规定，对市场上没有供应的中药饮片，医疗机构可以根据本医疗机构医师处方的需要，在本医疗机构内炮制、使用。根据临床用药需要，医疗机构可以凭本医疗机构医师的处方对中药饮片进行再加工。

(三）医疗机构的药品管理

医疗机构购进药品，必须建立并执行进货检查验收制度，验明药品合格证明和其他标识。不符合规定要求的，不得购进和使用。医疗机构购进药品，必须有真实、完整的药品购进记录。药品购进记录必须注明药品的通用名称、剂型、规格、批号有效期、生产厂商、供货单位、购货数量、购进价格、购货日期以及国务院药品监督管理部门规定的其他内容。

医疗机构的药剂人员调配处方，必须经过核对，对处方所列药品不得擅自更改或者代用。对有配伍禁忌或者超剂量的处方，应拒绝调配，必要时经处方医师更正或者重新签字方可调配。

医疗机构必须制定和执行药品保管制度，采取必要的冷藏、防冻防潮、防虫、防鼠等措施，保证药品质量。

第三节 药品管理

一、药品标准

药品标准，是国家对药品质量规格及检验方法所作的技术性规定，是药品生产、销售、使用和检验单位共同遵守的法定依据，与国家药事管理法律体系中的其他法律规范具有相同的性质和法律效力，是药事管理法律体系不可分割的组成部分。

我国实行国家药品标准制度，根据《国家标准化法》规定，药品标准属于保障人体健康的强制性标准。《药品管理法》规定，药品必须符合国家的药品标准。只有符合国家药品标准的药品才是合格药品，才可以销售使用。国家药品标准由国家食品药品监督管理局批准颁行，并对其颁布的药品标准有解释、修订、废止的权力。

国家药品标准包括国家食品药品监督管理局颁布的《中华人民共和国药典》和药品标准。其中药品标准包括《中国生物制品规程》《药品卫生标准》，以及所有未载入药典的药品标准。原有的地方标准已被取消。国家药品标准还包括国家药品标准品、对照品。国家药品标准品、对照品，是作药品检验对照用的标准物质，是国家药品标准的物质基础，是控制药品质量必不可少的工具。《药品管理法》规定，国务院药品监督机构管理部门的药检机构即中国食品药品检定研究院负责标定国家药品标准、对照品。

《药品管理法》规定列入国家药品标准的药品名称为药品通用名称。已经作为药品通用名称的，该名称不得作为药品商标使用。

二、药品注册

药品注册是指国家食品药品监督管理局根据药品注册申请人的申请，依照法定程序，对拟上市销售药品的安全性、有效性、质量可控性等进行审查，并决定是否同意其申请的审批过程。为保证药品的安全有效和质量可控，规范药品注册行为，2007年7月，国家食品药品监督管理局发布了《药品注册管理办法》，2008年1月，又发布了《中药注册管理补充规定》。

药品注册申请包括新药申请、仿制药申请、进口药品申请、补充申请和再申请注册。境内申请人申请药品注册按照新药申请、仿制药申请的程序和要求办理，境外申请人申请药品注册，按照进口药品申请程序和要求办理。申请药品注册必须进行临床前研究和临床研究。

国家食品药品监督管理局主管全国药品注册工作，负责对药物临床试验、药品生产和进口进行审批。国家食品药品监督管理局对下列申请可以实行特殊审批：未在国内上市销售的从植物、动物、矿物等物质中提取的有效成分及其制剂；新发现的药材及其制剂；未在国内外获准上市的化学原料药及其制剂、生物制品；治疗艾滋病、恶性肿瘤、罕见病等疾病且具有明显临床治疗优势的新药；治疗尚无有效治疗手段的疾病的新药。

药品注册工作应当遵循公开、公平、公正的原则。药品监督管理部门、相关单位以及参与药品注册工作的人员，对申请人提交的技术秘密和实验数据负有保密的义务。国家鼓励研究创制新药，保护公民、法人和其他组织研究、开发新药的合法权益。

三、药物临床试验

（一）药物临床试验的概念

药物临床试验，是指任何在人体（病人和健康志愿者）进行药物的系统性研究，以证实或揭示试验药物的作用、不良反应及（或）实验药物的吸收、分布代谢和排泄，目的是确定试验药物的疗效与安全性。

《药品管理法》规定，研制新药，必须按照国务院药品监督管理部门的规定如实报送研制方法、质量指标、药理及毒理实验结果等有关资料和样品，经国务院药品监督管理部门批准后，方可进行临床实验。药物的非临床安全性评价研究机构和临床试验机构必须分别执行药物非临床研究质量管理规范、药物临床实验质量管理规范。

为保证药物临床试验过程规范，结果科学可靠，保护受试者的权益并保障其安全，2003年6月国家食品药品监督管理局发布《药物临床试验质量管理规范》。《药物临床试验质量管理规范》是对临床试验全过程的标准规定，包括方案设计、组织实施、监查、稽查、记录、分析总结和报告。凡进行各期临床试验、人体生物利用度或生物等效性试验，均须执行《药物临床试验质量管理规范》。

（二）药物临床试验的原则

《药物临床试验质量管理规范》规定，所有以人为对象的研究必须符合《世界医学大会赫尔辛基宣言》，即公正、尊重人格、力求使受试者最大程度受益和尽可能避免伤害。

（三）受试者权益保障

在药物临床实验的过程中，必须对受试者的个人权益给予充分的保障，并确保试验的科学性和可靠性。受试者的权益、安全和健康必须高于对科学和社会利益的考虑。伦理委员会与知情同意书是保障受试者权益的主要措施。

（四）试验用药物及制备要求

临床试验用药物应当在符合《药品生产质量管理规范》的车间制备。制备过程应当严格执行《药品生产质量管理规范》的要求。临床试验用药物检验合格后方可用于临床试验。申请人对临床试验用药物的质量负责。

（五）研究者的职责

研究者是具体在受试者身上进行临床试验的人员，是影响药物临床试验质量的主要因素。研究者在临床试验中担负着很大的责任，一方面要完成临床试验的任务，另一方面又要负责受试者的医疗和安全，因此研究者是临床试验取得成功的关键因素。在一定程度上临床试验是否能顺利而高质量地完成，主要取决于研究者。

（六）不良事件的报告和控制

临床试验过程中发生严重不良事件的，研究者应当在 24 小时内报告有关省、自治区、直辖市药品监督管理部门和国家食品药品监督管理局，通知申请人，并及时向伦理委员会报告。临床试验中出现大范围、非预期的不良反应或者严重不良事件，或者有证据证明临床试验用药物存在严重质量问题时，国家食品药品监督管理局或者省、自治区、直辖市药品监督管理部门可以采取紧急控制措施。

四、药品不良反应报告

药品不良反应主要指合格药品在正常用法用量下出现的与用药目的无关的或意外的有害反应。为了更科学地指导合理用药，保障上市药品的安全有效，根据《药品管理法》规定，国家实行药品不良反应报告制度。2004 年 3 月 4 日，由卫生部、国家食品药品监督管理局审议通过并由国家食品药品监督管理局颁布实施了《药品不良反应报告和监测管理办法》。

《药品不良反应报告和监测管理办法》规定，药品生产企业、药品经营企业和医疗机构必须经常考察本单位所生产、经营、使用的药品质量、疗效和反应。发现可能与用药有关的严重不良反应，必须及时向上级药品监督管理部门报告。

新药监测期内的药品应报告该药品发生的所有不良反应；新药监测期已满的药品应报告该药品引起的新的和严重的不良反应。药品生产企业还应进行年度汇总报告。进口药品自首次获准进口之日起 5 年内，报告该进口药品发生的所有不良反应；满 5 年的，报告该进口药品发生的新的和严重的不良反应。此外，对进口药品发生的不良反应还应进行年度汇总报告。进口药品在其他国家和地区发生新的或严重的不良反应，代理经营该进口药品的单位应于不良反应发现之日起 1 个月内报告国家药品不良反应监测中心。药品不良反应实行逐级、定期报告制度，必要时可以越级报告。新的或严重的药品不良反应应于发现之日起 15 日内报告，死亡病例须及时报告。药品生产、经营企业和医疗卫生机构发现群体不良反应，应立即报告。其他按季度报告。

药品生产企业对已确认发生严重不良反应的药品，应当通过各种有效途径将药品不良反应、合理用药信息及时告知医务人员、患者和公众；采取修改标签和说明书，暂停生产、销售、使用和召回等措施，减少和防止药品不良反应的重复发生。对不良反应大的药品，应当主动申请注销其批准证明文件。

对已确认发生不良反应的药品，国务院或者省级药品监督管理部门可以采取停止生产、销售、使用的紧急控制措施。

药品经营企业和医疗机构应当对收集到的药品不良反应报告和监测资料进行分析和评价，并采取有效措施减少和防止药品不良反应的重复发生。

五、药品储备管理

《药品管理法》规定，国家实行药品储备制度。国内发生重大灾情、疫情及其他突发事件时，国务院规定的部门可以紧急调用企业药品。在中央统一政策、统一规划、统一组织实施的原则下，建立中央与地方（省、自治区、直辖市）两级医药储备制度，实行统一领导、分级负责的管理体制。中央医药储备主要负责储备重大灾情、疫情及重大突发事故和战略储备所需的特种药品、专项药品及医疗器械；地方医药储备主要负责储备地区性或一般灾情、疫情及突发事故和地方常见病防治所需的药品和医疗器械。

六、药品分类管理

《药品管理法》规定，国家对药品实行处方药和非处方药分类管理制度。药品分类管理是国际通行的药品管理模式，始于20世纪50年代的美国，西方主要发达国家都相继建立了这一制度。为了严格处方药、规范非处方药的管理，保证人民用药安全、有效，国家食品药品监督管理局于1999年6月18日颁布，并于2000年1月1日起实施《处方药与非处方药分类管理办法（试行）》。

（一）处方药与非处方药的概念

处方药是指必须凭执业医师或执业助理医师处方才可调配、购买和使用的药品。非处方药（OTC）是指不需要凭执业医师和执业助理医师处方，消费者可以依据自己所掌握的医药知识自行判断、购买和使用的药品。

（二）处方药与非处方药分类管理的主要内容

对处方药与非处方药进行分类管理，有助于保护药品消费者的权利和义务。《处方药与非处方药分类管理办法（试行）》规定：国家食品药品监督管理局负责非处方药目录的遴选、审批、发布和调整工作；非处方药的标签和说明书必须经国家食品药品监督管理局批准;乙类非处方药可以在除药品专营企业以外的、经省级药品监督管理部门或其授权的药品监督管理部门批准的商业企业零售;医疗机构根据医疗需要可以决定或推荐使用非处方药;处方药只准在批准指定的专业性医药报刊进行广告宣传,非处方药经审批可以在大众传播媒介进行广告宣传;处方药可以在零售药店中销售,但必须凭医生处方才能购买使用。

七、进出口药品管理

(一)进口药品管理

进口药品,是指原料药、制剂,包括制剂半成品和药用辅料等。《药品管理法》规定,药品进口,须经国家药品监督管理部门组织审查,一经审查确认符合质量标准、安全有效的方可批准进口,并发给进口药品注册证书。国家禁止进口疗效不确切、不良反应大或者因其他原因危害人体健康的药品。进口麻醉药品和国家规定范围内的精神药品,必须持有国家食品药品监督管理局发给的《进口许可证》。医疗单位临床急需或者个人自用进口的少量药品,按照国家有关规定办理进口手续。

国家药品监督管理部门对下列药品在销售前或者进口时,指定药品检验机构进行检验,检验不合格的,不得销售或者进口:国务院药品监督管理部门规定的生物制品;首次在中国销售的药品;国务院规定的其他药品。

药品必须从允许药品进口的口岸进口,并由进口药品的企业向口岸所在地药品监督管理部门登记备案。海关凭药品监督管理部门出具的进口药品通关单放行。已被撤销进口药品注册证书的药品不得进口、销售和使用,已经进口的由当地药品监督管理部门销毁或者处理。

(二)出口药品管理

出口药品必须保证质量。凡我国制造销售的药品,经省级药品监督管理部门审核批准后,根据国外药商需要出具有关证明办理相关出口手续。未经批准不得组织药品出口。对国内供应不足的药品,国务院有权限制或禁止出口。

八、特殊药品管理

《药品管理法》规定,国家对麻醉药品、精神药品、医疗用毒性药品、放射性药品实行特殊管理。管理的核心是对这几类药品的研制、生产、经营、使用、运输、进出口各环节实行严格审批制度，严格控制滥用和流入非法渠道。

（一）麻醉药品和精神药品的管理

麻醉药品和精神药品，是指列入麻醉药品目录、精神药品目录的药品和其他物质。精神药品分为第一类精神药品和第二类精神药品。目录由国务院药品监督管理部门会同国务院公安部门、国务院卫生主管部门制定、调整并公布。

国家根据麻醉药品和精神药品的医疗、国家储备和企业生产所需原料的需要确定需求总量，对麻醉药品药用原植物的种植、麻醉药品和精神药品的生产实行总量控制。麻醉药品药用原植物种植企业由国务院药品监督管理部门和国务院农业主管部门共同确定，根据国家药品监督管理部门会同有关部门审查批准并联合下达的年度种植计划，种植麻醉药品药用原植物，定期报告种植情况。其他单位和个人不得种植麻醉药品药用原植物。国家对麻醉药品和精神药品实行定点生产制度。定点生产企业生产麻醉药品和精神药品，应当依照药品管理法的规定取得药品批准文号。未取得药品批准文号的，不得生产麻醉药品和精神药品。

国家对麻醉药品和精神药品实行定点经营制度。麻醉药品和第一类精神药品不得零售。禁止使用现金进行麻醉药品和精神药品交易，但是个人合法购买麻醉药品和精神药品的除外。专门从事第二类精神药品批发业务的企业，应当经所在地省、自治区、直辖市人民政府药品监督管理部门批准。第二类精神药品零售企业应当凭执业医师出具的处方，按规定剂量销售第二类精神药品，并将处方保存2年备查；禁止超剂量或者无处方销售第二类精神药品；不得向未成年人销售第二类精神药品。

医疗机构需要使用麻醉药品和第一类精神药品的，应当经所在地设区的市级人民政府卫生主管部门批准，取得麻醉药品、第一类精神药品购用印鉴卡。医疗机构应当按照国务院卫生主管部门的规定对本单位执业医师进行有关麻醉药品和精神药品使用知识的培训考核，经考核合格的，授予麻醉药品和第一类精神药品处方资格。医疗机构应当对麻醉药品和精神药品处方进行专册登记，加强管理。麻醉药品处方至少保存3年，精神药品处方至少保存2年。

开展麻醉药品和精神药品实验研究活动应当具备相应条件，并经国务院药品监督管理部门批准才能进行。麻醉药品和第一类精神药品的临床试验，不得以健康人为受试对象。

进口、出口麻醉药品和国家规定范围内的精神药品，必须持有国务院药品监督管理部门发给的进口准许证、出口准许证。

（二）医疗用毒性药品的管理

医疗用毒性药品，是指毒性剧烈，治疗量与中毒剂量相近，使用不当会致人中毒或死亡的药品。特殊管理的毒性药品分为中、西药品两大类。国家管理的毒性中药品种共27种，西药品种共11种。

《医疗用毒性药品管理办法》规定，医疗用毒性药品年度生产、收购、供应和配置计划，由省、自治区、直辖市医药管理部门根据医疗需要制定。医疗用毒性药品的收购、经营由各级医药管理部门指定的药品经营单位负责。医疗单位供应和调配毒性药品，凭医生签名的正式处方。药店供应和调配毒性药品，凭盖有医生所在的医疗单位公章的正式处方。每次处方剂量不得超过两日剂量，医疗用毒性药品的收购、经营、加工使用单位必须建立健全保管、验收、领发、核对等制度，严防收假、发错、与其他药品混杂。医疗用毒性药品的包装容器上必须印有规定的毒药标志，在运输毒性药品的过程中，应当采取有效措施防止发生事故。

（三）放射性药品的管理

放射性药品，是指用于临床诊断或者治疗的放射性核素制剂或者其标记药物，包括裂变制品、加速器制品、放射性同位素发生器及配套药盒、放射性免疫分析药盒等。放射性药品与其他特殊药品的不同之处就在于其含有的放射性核素，能放射出 α、β 和 γ 射线。

放射性药品的监督检查包括：物理检查（查性状、放射性纯度及强度）；化学检查（包括 pH 值、放射化学纯度、载体含量等）；生物检查（要求无菌、无热原、进行生物学特殊实验）。

放射性药品的保管制度包括：放射性药品应由专人负责保管；做好放射性药品使用登记；放射性药品丢失，应立即追查去向，并报告上级机关。

放射性药品用于病人前，应对其品种和用量进行严格的核对，特别是在同一时间给几个病人服药时，应仔细核对病人姓名及给药剂量。

（四）戒毒药品的管理

戒毒药品，是指控制并消除滥用阿片类药物成瘾者的急剧戒断症状与体征的戒毒治疗药品和能减轻消除戒断性症状的戒毒治疗辅助药品。

《戒毒药品管理办法》规定，国家对戒毒药品的研究、生产、供应、使用和宣传实行严格监督，并禁止利用电视、广播、报纸、杂志等大众传播媒介进行广告宣传。

生产戒毒药品须由国家药品监督管理局指定的已取得药品 GMP 证书的药品生产企业进行生产，戒毒药品由国家药品监督管理局审核批准的指定单位供给。戒毒机构应按有关规定向药品经营单位购买戒毒药品。

戒毒治疗药品按处方一药管理，戒毒治疗辅助药品按非处方药管理。医生应根据阿片类成瘾者戒毒临床使用指导原则合理使用戒毒药品，严禁滥用。戒毒用美沙酮处方要留存 2 年备查。戒毒医疗机构购买戒毒用美沙酮只准在本单位使用，不得转售。

（五）药品类易制毒化学品的管理

药品类易制毒化学品，是指《易制毒化学品管理条例》中所确定的麦角酸、麻黄素等物质。

《药品类易制毒化学品管理办法》规定，生产、经营药品类易制毒化学品，应当依照规定取得药品类易制毒化学品生产、经营许可。生产药品类易制毒化学品中属于药品的品种，还应当依照《药品管理法》和相关规定取得药品批准文号。

国家对药品类易制毒化学品实行购买许可制度。购买药品类易制毒化学品的，应当办理药品类易制毒化学品购用证明。购用证明由国家食品药品监督管理局统一印制，有效期为 3 个月。

药品类易制毒化学品生产企业、经营企业，使用药品类易制毒化学品的药品生产企业和教学科研单位，应当配备保障药品类易制毒化学品安全管理的设施和建立管理制度。药品类易制毒化学品生产企业、经营企业和使用药品类易制毒化学品的药品生产企业，应当建立药品类易制毒化学品专用账册。专用账册保存期限应当自药品类易制毒化学品有效期期满之日起不少于 2 年。

九、国家基本药物制度

国家基本药物，是国家为了使本国公众获得基本医疗保障，本着既要满足公众用药需求，又能从整体上控制医药费用、减少药品浪费和不合理用药的目的，由国家主管部门从目前应用的各类药物中经过科学评价而遴选出具有代表性的、可供临床选择的药物。其特点是疗效确切、质量稳定、不良反应小、价格合理、使用方便等，是能够负担得起的最好、最适用的药物。

国家基本药物政策是国家药物政策的一项重要内容，其目的是加强国家对药品生产、经营、应用环节的科学管理和宏观指导，合理配置药品资源，保证满足人民群众用药的基本要求，提高基本药物的可获得性，提高居民药品的可支付性。国家基本药物制度的基础是，按照临床必需、安全有效、价格合理、使用方便的原则，制定适宜全民基本卫生保健需要的基本药物目录。国家基本药物的确定，对我国药品资源的合理配置发挥了积极的作用。国家将通过坚持基本药物制度，提高公众的药品可获得性，促进"看病难、看病贵"问题的解决。

第四节 药品监督管理机构

一、药品监督管理机构及其职责

《药品管理法》规定，国家食品药品监督管理局主管全国药品监督管理工作。国务院有关部门在各自的职责范围内负责与药品有关的监督管理工作。省、自治区、直辖市人民政府药品监督管理部门负责本行政区域内的药品监督管理工作。省、自治区、直辖市人民政府有关部门在各自的职责范围内负责与药品有关的监督管理工作。

药品监督管理部门有权按照法律、行政法规的规定，对报经其审批的药品研制和生产、经营以及医疗机构使用药品的事项进行监督检查，有关单位和个人不得拒绝和隐瞒。

药品监督管理部门的主要职责包括，对开办药品生产、经营企业进行审批、发放许可证；拟订药品非临床研究质量管理规范（GLP）、药物临床试验质量管理规范（GCP）并监督实施；制定并监督实施药品生产质量管理规范（GMP）和药品经营质量管理规范（GSP）；审批新药、仿制药、进口药，并分别发放新药证书、生产批准文号、进口药品注册证；审批医疗机构的制剂室并发放许可证和审批医疗机构制剂的品种；对直接接触药品的包装材料实施监督管理；负责药品广告的审批并发放批准文号；负责对药品质量的监督检查，发布药品质量公告；对可能危害人体健康的药品依法采取行政强制控制措施；对违反《药品管理法》有关规定的行为依法实施行政处罚；等等。

二、药品检验机构及其职责

药品检验机构是执行国家对药品监督检验的法定专业机构。《药品管理法》规定，药品监督管理部门设置或者确定药品检验机构。

药品检验机构的主要职责是依法实施药品审批和药品质量监督检查所需的药品检验工作，包括药品审批时的药品检验、药品质量监督检查过程中的药品检验。如对药品监督管理部门抽查药品质量的检验，对生物制品、首次在中国销售的药品和国务院规定的其他药品在销售前或进口时进行的检验。

《药品管理法》规定，药品检验机构和确定的专业从事药品检验的机构不得参与药品生产经营活动，不得以其名义推荐或者监制、监测药品。

第五节　医疗器械管理的法律规定

一、医疗器械的产品管理

（一）国家鼓励研制医疗器械新产品的批准制

国家鼓励医疗器械的研究与创新，发挥市场机制的作用，促进医疗器械新技术的推广和应用，推动医疗器械产业的发展。

医疗器械新产品，是指国内市场尚未出现过的或者安全性、有效性及产品机理未得到国内认可的全新的品种。国家对创新医疗器械实行特别审批。对新研制的尚未列入分类目录的医疗器械，申请人可以依照本条例有关第三类医疗器械产品注册的规定直接申请产品注册，也可以依据分类规则判断产品类别并向国务院食品药品监督管理部门申请类别确认后依照本条例的规定申请注册或者进行产品备案。

（二）医疗器械注册或备案制

为了控制医疗器械产品的质量，确保医疗器械生产、使用的安全性和有效性，《医疗器械监督管理条例》规定，国家对医疗器械实行注册或备案制度。

《医疗器械注册管理办法》规定，在中华人民共和国境内销售、使用的医疗器械均应当按照规定申请注册或者办理备案，否则不得销售、使用。

医疗器械注册是食品药品监督管理部门根据医疗器械注册申请人的申请，依照法定程序，对其拟上市医疗器械的安全性、有效性研究及其结果进行系统评价，以决定是否同意其申请的过程。

医疗器械备案是医疗器械备案人向食品药品监督管理部门提交备案资料，食品药品监督管理部门对提交的备案资料存档备查。

《医疗器械监督管理条例》规定，对第一类医疗器械实行产品备案管理，对第二类、第三类医疗器械实行产品注册管理。第一类医疗器械产品的备案，由备案人向所在地设区的市级人民政府食品药品监督管理部门提交备案资料。备案资料载明的事项发生变化的，应当向原备案部门变更备案。

申请第二类医疗器械产品注册，注册申请人应当向所在地省、自治区、直辖市人民政府食品药品监督管理部门提交注册申请资料。申请第三类医疗器械产品注册，注册申请人应当向国务院食品药品监督管理部门提交注册申请资料。已注册的第二类、第三类医疗器械产品，其设计、原材料、生产工艺、适用范围、使用方法等发生实质性变化，有可能影响该医疗器械安全、有效的，注册人应当向原注册部门申请办理变更注册手续；发生非实质性变化，不影响该医疗器械安全、有效的，应当将变化情况向原注册部门备案。

医疗器械产品注册证书有效期为5年。持证单位应当在产品注册证书有效期届满前6个月内，申请重新注册。《医疗器械监督管理条例》规定，注册人未在规定期限内提出延续注册申请的；医疗器械强制性标准已经修订，申请延续注册的医疗器械不能达到新要求的；对用于治疗罕见疾病以及应对突发公共卫生事件急需的医疗器械，未在规定期限内完成医疗器械注册证载明事项的，不予延续注册。

省级以上人民政府食品药品监督管理部门有权对已注册的医疗器械组织开展再评价，再评价结果表明已注册的医疗器械不能保证安全、有效的，由原发证部门注销医疗器械注册证，并向社会公布。

（三）临床试用或者临床验证制

临床试用或者临床验证，是保证医疗器械对人体安全、有效的重要环节。《医疗器械监督管理条例》规定，第一类医疗器械产品备案，不需要进行临床试验。申请第二类、第三类医疗器械产品注册，应当进行临床试验。

但是,有下列情形之一的,可以免于进行临床试验:

(1)工作机理明确、设计定型,生产工艺成熟,已上市的同品种医疗器械临床应用多年且无严重不良事件记录,不改变常规用途的;

(2)通过非临床评价能够证明该医疗器械安全、有效的;

(3)通过对同品种医疗器械临床试验或者临床使用获得的数据进行分析评价,能够证明该医疗器械安全、有效的。

免于进行临床试验的医疗器械目录由国务院食品药品监督管理部门制定、调整并公布。

开展医疗器械临床试验,应当按照医疗器械临床试验质量管理规范的要求,在有资质的临床试验机构进行,并向临床试验提出者所在地省、自治区、直辖市人民政府食品药品监督管理部门备案。接受临床试验备案的食品药品监督管理部门应当将备案情况通报临床试验机构所在地的同级食品药品监督管理部门和卫生计生主管部门。

第三类医疗器械进行临床试验对人体具有较高风险的,应当经国务院食品药品监督管理部门批准。准予开展临床试验的,应当通报临床试验提出者以及临床试验机构所在地省、自治区、直辖市人民政府食品药品监督管理部门和卫生计生主管部门。临床试验对人体具有较高风险的第三类医疗器械目录由国务院食品药品监督管理部门制定、调整并公布。

医疗器械临床试验机构资质认定条件和临床试验质量管理规范,由国务院食品药品监督管理部门会同国务院卫生计生主管部门制定并公布;医疗器械临床试验机构由国务院食品药品监督管理部门会同国务院卫生计生主管部门认定并公布。

(四)医疗器械标准制

《医疗器械监督管理条例》规定,生产医疗器械应当符合国家有关法律、法规,应当符合医疗器械强制性国家标准,没有国家标准的,应当符合医疗器械强制性行业标准。医疗器械强制性国家标准由国务院标准化行政主管部门会同国务院食品药品监督管理部门制定。医疗器械强制性行业标准由国务院食品药品监督管理部门制定。

医疗器械应当有说明书、标签。说明书、标签的内容应当与经注册或者备案的相关内容一致。医疗器械及其外包装上应当按规定标明产品注册证书编号和医疗器械注册人的名称、地址及联系方式。由消费者个人自行使用的医疗器械还应当具有安全使用的特别说明。

二、医疗器械生产、经营和使用的管理

（一）医疗器械生产企业的管理

1. 医疗器械生产企业的设立条件

设立医疗器械生产企业，必须满足有关企业法律规定的设立条件，同时还应当符合下列条件：

（1）有与生产的医疗器械相适应的生产场地、环境条件、生产设备以及专业技术人员；

（2）有对生产的医疗器械进行质量检验的机构或者专职检验人员以及检验设备；

（3）有保证医疗器械质量的管理制度；

（4）有与生产的医疗器械相适应的售后服务能力；

（5）产品研制、生产工艺文件规定的要求。

2. 医疗器械生产企业的设立程序

从事第一类医疗器械生产的，由生产企业向所在地设区的市级人民政府食品药品监督管理部门备案并提交有关的证明资料。从事第二类、第三类医疗器械生产的，生产企业应当向所在地省、自治区、直辖市人民政府食品药品监督管理部门申请生产许可并提交有关的证明资料以及所生产医疗器械的注册证。受理生产许可申请的食品药品监督管理部门应当自受理之日起 30 个工作日内对申请资料进行审核，按照国务院食品药品监督管理部门制定的医疗器械生产质量管理规范的要求进行核查。对符合规定条件的，准予许可并发给医疗器械生产许可证；对不符合规定条件的，不予许可并书面说明理由。

医疗器械生产许可证有效期为 5 年。有效期届满需要延续的，依照有关行政许可的法律规定办理延续手续。

3. 医疗器械生产企业的管理

医疗器械生产企业应当按照医疗器械生产质量管理规范的要求，建立健全与所生产医疗器械相适应的质量管理体系并保证其有效运行；严格按照经注册或者备案的产品技术要求组织生产，保证出厂的医疗器械符合强制性标准以及经注册或者备案的产品技术要求。

医疗器械生产企业应当定期对质量管理体系的运行情况进行自查,并向所在地省、自治区、直辖市人民政府食品药品监督管理部门提交自查报告。

医疗器械生产企业的生产条件发生变化,不再符合医疗器械质量管理体系要求的,医疗器械生产企业应当立即采取整改措施;可能影响医疗器械安全、有效的,应当立即停止生产活动,并向所在地县级人民政府食品药品监督管理部门报告。

委托生产医疗器械,由委托方对所委托生产的医疗器械质量负责。具有高风险的植入性医疗器械不得委托生产,具体目录由国务院食品药品监督管理部门制定、调整并公布。

(二)医疗器械经营企业和使用单位的管理

1. 医疗器械经营企业的设立条件

设立医疗器械经营企业,应当符合企业法律规定的设立条件,应当有与经营规模和经营范围相适应的经营场所和贮存条件,以及与经营的医疗器械相适应的质量管理制度和质量管理机构或者人员。

2. 医疗器械经营企业的设立程序

从事第二类医疗器械经营的,由经营企业向所在地设区的市级人民政府食品药品监督管理部门备案并提交有关的证明资料。从事第三类医疗器械经营的,经营企业应当向所在地设区的市级人民政府食品药品监督管理部门申请经营许可并提交有关的证明资料。

受理经营许可申请的食品药品监督管理部门应当自受理之日起30个工作日内进行审查,必要时组织核查。对符合规定条件的,准予许可并发给医疗器械经营许可证;对不符合规定条件的,不予许可并书面说明理由。

医疗器械经营许可证有效期为5年。有效期届满需要延续的,依照有关行政许可的法律规定办理延续手续。

3. 医疗器械经营企业的管理

医疗器械经营企业不得经营未依法注册、无合格证明文件以及过期、失效、淘汰的医疗器械。医疗器械经营企业购进医疗器械,应当查验供货者的资质和医疗器械的合格证明文件,建立进货查验记录制度。从事第二类、第三类医疗器械批发业务以及第三类医疗器械零售业务的经营企业,还应当建立销售记录制度。进货查验记录和销售记录应当真实,并按照国务院食品药品监督管理部门规定的期限予以保存。

运输、贮存医疗器械，应当符合医疗器械说明书和标签标示的要求；对温度、湿度等环境条件有特殊要求的，应当采取相应措施，保证医疗器械的安全、有效。

4. 医疗器械使用单位的管理

医疗器械使用单位，是指使用医疗器械为他人提供医疗等技术服务的机构，包括取得医疗机构执业许可证的医疗机构，取得计划生育技术服务机构执业许可证的计划生育技术服务机构，以及依法不需要取得医疗机构执业许可证的血站、单采血浆站、康复辅助器具适配机构等。

医疗器械使用单位购进医疗器械，应当查验供货者的资质和医疗器械的合格证明文件，建立及保存进货查验记录制度。医疗器械使用单位必须按照医疗器械说明书、标签标示的要求及对环境条件的特殊要求，运输、贮存医疗器械，并采取相应措施，保证医疗器械的安全、有效。

医疗器械使用单位应当有与在用医疗器械品种、数量相适应的贮存场所和条件，加强对工作人员的技术培训，并按照产品说明书、技术操作规范等要求使用医疗器械。医疗器械使用单位要定期检查、检验、校准、保养、维护医疗器械，并予以记录，保障使用质量。发现使用的医疗器械存在安全隐患，医疗器械使用单位应当立即停止使用。使用大型医疗器械以及植入和介入类医疗器械的，应当将医疗器械的名称、关键性技术参数等信息以及与使用质量安全密切相关的必要信息记载到病历等相关记录中。一次性使用的医疗器械不得重复使用，对使用过的应当按照国家有关规定销毁并记录。

医疗器械使用单位不得使用未依法注册、无合格证明文件以及过期、失效、淘汰的医疗器械。医疗器械使用单位之间转让在用医疗器械，转让方应当确保所转让的医疗器械安全、有效，不得转让过期、失效、淘汰以及检验不合格的医疗器械。

三、进出口医疗器械的管理

向我国境内出口第一类医疗器械的境外生产企业，由其在我国境内设立的代表机构或者指定我国境内的企业法人作为代理人，向国务院食品药品监督管理部门提交备案资料和备案人所在国（地区）主管部门准许该医疗器械上市销售的证明文件。向我国境内出口第二类、第三类医疗器械的境外生产企业，应当由其在我国境内设立的代表机构或者指定我国境内的企业法人作为代理人，向国务院食品药品监督管理部门提交注册申请资料和注册申请人所在国（地区）主管部门准许该医疗器械上市销售的证明文件。

香港、澳门、台湾地区医疗器械的注册、备案，参照进口医疗器械办理。

进口的医疗器械应当有中文说明书、中文标签。说明书、标签应当符合本条例规定以及相关强制性标准的要求，并在说明书中载明医疗器械的原产地以及代理人的名称、地址、联系方式。没有中文说明书、中文标签或者说明书、标签不符合本条规定的，不得进口。

出入境检验检疫机构依法对进口的医疗器械实施检验；检验不合格的，不得进口。

出口医疗器械的企业应当保证其出口的医疗器械符合进口国（地区）的要求。

四、医疗器械广告的管理

省、自治区、直辖市药品监督管理部门是医疗器械广告审查机关，负责本行政区域内医疗器械广告审查工作。县级以上工商行政管理部门是医疗器械广告监督管理机关。国家食品药品监督管理局对医疗器械广告审查机关的医疗器械广告审查工作进行指导和监督，对医疗器械广告审查机关违反规定的行为，依法予以处理。

医疗器械广告应当真实合法，不得含有虚假、夸大、误导性的内容。广告发布者发布医疗器械广告，应当事先核查广告的批准文件及其真实性；不得发布未取得批准文件、批准文件的真实性未经核实或者广告内容与批准文件不一致的医疗器械广告。

省级以上人民政府食品药品监督管理部门责令暂停生产、销售、进口和使用的医疗器械，在暂停期间不得发布涉及该医疗器械的广告。

设区的市级和县级人民政府食品药品监督管理部门应当加强对医疗器械广告的监督检查；发现未经批准、篡改经批准的广告内容的医疗器械广告，应当向所在地省、自治区、直辖市人民政府食品药品监督管理部门报告，由其向社会公告。

食品药品监督管理部门发现医疗器械广告违法发布行为，应当提出处理建议并按照有关程序移交所在地同级工商行政管理部门。

五、医疗器械不良事件的处理与医疗器械的召回

（一）医疗器械不良事件的处理

医疗器械不良事件，是指获准上市的质量合格的医疗器械在正常使用情况下发生的，导致或者可能导致人体伤害的各种有害事件。国家建立医疗器械不良事件监测制度，对医疗器械不良事件及时进行收集、分析、评价、控制。医疗器械生产经营企业、使用单位应当对所生产经营或者使用的医疗器械开展不良事件监测；发现医疗器械不良事件或者可疑不良事件，应当按照国务院食品药品监督管理部门的规定，向医疗器械不良事件监测技术机构报告。任何单位和个人发现医疗器械不良事件或者可疑不良事件，有权向食品药品监督管理部门或者医疗器械不良事件监测技术机构报告。

食品药品监督管理部门应当根据医疗器械不良事件评估结果及时采取发布警示信息以及责令暂停生产、销售、进口和使用等控制措施。

医疗器械生产经营企业、使用单位应当对医疗器械不良事件监测技术机构、食品药品监督管理部门开展的医疗器械不良事件调查予以配合。

（二）医疗器械的召回

医疗器械召回，是指医疗器械生产企业按照规定的程序对其已上市销售的某一类别、型号或者批次的存在缺陷的医疗器械产品，采取警示、检查、修理、重新标签、修改并完善说明书、软件更新、替换、收回、销毁等方式进行处理的行为。为加强医疗器械监督管理，控制存在缺陷的医疗器械产品，消除医疗器械安全隐患，保证医疗器械的安全、有效，保障人体健康和生命安全，国家建立医疗器械召回制度。

医疗器械生产企业是控制与消除产品缺陷的责任主体。医疗器械生产企业应当按规定建立健全医疗器械召回管理制度，收集医疗器械安全相关信息，对可能的缺陷产品进行调查、评估，通知相关生产经营企业、使用单位和消费者停止经营和使用，及时召回缺陷产品，并将医疗器械召回和处理情况向食品药品监督管理部门和卫生计生主管部门报告。

进口医疗器械的境外制造厂商在中国境内指定的代理人应当将仅在境外实施医疗器械召回的有关信息及时报告国家食品药品监督管理总局；凡涉及在境内实施召回的，中国境内指定的代理人应当按照本办法的规定组织实施。

医疗器械经营企业、使用单位应当积极协助医疗器械生产企业履行召回

义务。医疗器械经营企业、使用单位发现其经营、使用的医疗器械可能为缺陷产品的，应当立即暂停销售或者使用该医疗器械，及时通知医疗器械生产企业或者供货商，并向所在地省、自治区、直辖市食品药品监督管理部门报告；使用单位为医疗机构的，还应当同时向所在地省、自治区、直辖市卫生行政部门报告。

医疗器械生产经营企业未依照本条规定实施召回或者停止经营的，食品药品监督管理部门可以责令其召回或者停止经营。

六、医疗器械的监督

（一）医疗器械的监督管理机构

加强对医疗器械的监督管理，是保证医疗器械安全、有效的需要，是保障人体健康和生命安全的基本要求。国务院食品药品监督管理部门负责全国的医疗器械监督管理工作。县级以上人民政府食品药品监督管理部门负责本行政区域内的医疗器械监督管理工作。

食品药品监督管理部门的主要职责有：对医疗器械的注册、备案、生产、经营、使用活动加强监督检查；对人体造成伤害或者有证据证明可能危害人体健康的医疗器械，可以采取暂停生产、进口、经营、使用的紧急控制措施；通过医疗器械监督管理信息平台依法及时公布医疗器械许可、备案、抽查检验、违法行为查处情况等日常监督管理信息；对医疗器械注册人和备案人、生产经营企业、使用单位建立信用档案，对有不良信用记录的增加监督检查频次；公布本单位的联系方式，接受咨询、投诉、举报；国务院食品药品监督管理部门制定、调整、修改有关目录以及与医疗器械监督管理有关的规范，应当公开征求意见。

（二）医疗器械质量监督抽检

国家医疗器械质量监督抽检，是指食品药品监督管理部门依法定程序抽取、确认样品，并指定具有资质的医疗器械检验机构进行标准符合性检验，根据抽验结果进行公告和监督管理的活动。国家食品药品监督管理总局负责全国监督抽验工作的管理。地方各级食品药品监督管理部门负责组织实施行政区域内的监督抽验工作。国家食品药品监督管理总局、省级食品药品监督管理部门根据监督抽检结果及时发布医疗器械质量公告。

(三)医疗器械检测机构

医疗器械检测机构是对医疗器械的质量进行检验和监测业务的专门机构。《医疗器械监督管理条例》规定,国家对医疗器械检测机构实行资质认定制度,并实行统一管理。经国务院认证认可的监督管理部门会同国务院食品药品监督管理部门认定的检验机构,方可对医疗器械实施检验。

医疗器械检测机构及其人员对被检测单位的技术资料负有保密义务,并不得从事或者参与同检测有关的医疗器械的研制、生产、经营和技术咨询等活动。

第六节 法律责任

药品和医疗器械都是特殊商品,直接关系人体健康和生命安全,为了保证药品和医疗器械的质量安全,保障人民身体健康,世界各国对药品和医疗器械的生产、经营均采取了严格的管理制度。违反这些管理制度,对公民人体健康和社会秩序造成损害的行为,都必须承担相应的法律责任。

一、行政责任

行政责任是指个人或者单位违反行政管理方面的法律规定所应当承担的法律责任。行政责任包括行政处分和行政处罚。行政处分是行政机关内部,上级对有隶属关系的下级违反纪律的行为或者是尚未构成犯罪的轻微违法行为给予的纪律制裁。其种类有:警告、记过、记大过、降级、降职、撤职、开除留用察看、开除。行政处罚的种类有:警告、罚款、行政拘留、没收违法所得、没收非法财物、责令停产停业、暂扣或者吊销许可证、暂扣或者吊销执照等。

(一)药品监督管理领域的行政责任

在药品监督管理过程中,追究行政责任的主要形式是行政处罚。药品监督管理部门依法定的职责分工,对单位、个人违反药品法规所进行的处罚。

行政处罚主要规定有:

(1)未取得药品生产、经营许可证,医疗机构制剂许可证而生产、经营药品的予以取缔,没收药品和违法所得并处罚款。

(2)生产、销售假药的,没收假药和违法所得并处罚款;有药品批准证明文件的予以撤销，并责令停产、停业整顿。情节严重的，吊销卫生许可证。

（3）生产、销售劣药的，没收劣药和违法所得并处罚款。情节严重的，责令停产、停业整顿或者撤销药品批准证明文件、吊销卫生许可证。

（4）从事生产、销售假药及劣药情节严重的企业或其他单位，其直接负责的主管人员和其他直接责任人员10年内不得从事药品生产、经营活动。对专门用于生产假药、劣药的原辅材料、包装材料、生产设备予以没收。

（5）知道或者应当知道用于假劣药品而为其提供运输、保管、仓储等便利条件的，没收全部收入并处罚款。

（6）药品生产、经营企业，药物非临床安全性评价研究机构，药物临床试验机构未按照规定实施质量管理规范的给予警告，责令限期改正。逾期不改正的，责令停产、停业整顿并处罚款。情节严重的，吊销药品许可证和药物临床试验机构的资格。

（7）药品的生产、经营企业或者医疗机构违反规定，从无许可证的单位购进药品的，责令改正，没收药品并处罚款。有违法所得的，没收违法所得。情节严重的，吊销药品生产、经营许可证或者医疗机构执业许可证。

（8）进口已获得药品进口注册证书的药品，未按照规定向允许药品进口的口岸所在地的药品监督管理部门备案的给予警告，责令限期改正。逾期不改正的，撤销进口药品注册证书。

（9）伪造、变造、买卖、出租、出借许可证或者药品批准证明文件的，没收违法所得并处罚款。情节严重的，并吊销卖方、出租方、出借方的许可证或者撤销药品批准证明文件。

（10）违反规定，提供虚假的证明、文件资料、样品或者采取其他欺骗手段取得许可证或者药品批准证明文件的，吊销许可证或者撤销药品批准证明文件，5年内不受理其申请并处罚款。

（11）医疗机构将其配制的制剂在市场上销售的，责令改正，没收违法销售的制剂并处罚款。有违法所得的，没收违法所得。

（12）药品经营企业违反药品管理法有关药品销售的规定的，责令改正，给予警告。情节严重的，吊销许可证。

（13）药品标识不符合规定的，除依法应当按假药、劣药论处的外，责令改正，给予警告。情节严重的，撤销该药品批准证明文件。

（14）药品检验机构出具虚假证明文件，不构成犯罪的，责令改正，给予警告，对单位并处罚款。有违法所得的，没收违法所得。情节严重的，撤销其检验资格。

（15）药品生产经营企业、医疗机构在药品购销中暗中给予、收受回扣或者其他利益的，药品的生产企业、经营企业或者其代理人给予使用其药品的医疗机构的负责人、药品采购人员、医师等有关人员以财物或者其他利益的，由工商行政管理部门处以罚款，有违法所得的，予以没收。情节严重的，由工商行政管理部门吊销营业执照，并通知药品监督管理部门吊销其许可证。

（16）违反有关药品广告管理规定的，依照广告法的规定处罚，并由发给广告批准文号的药品监督管理部门撤销广告批准文号，1年内不受理该品种的广告审批申请。

（17）药品监督管理部门违反本法规定，有下列行为之一的，由其上级主管机关或者监察机关责令收回违法发给的证书，撤销药品批准证明文件，对直接负责的主管人员和其他直接责任人员依法给予行政处分：① 对不符合有关管理规范的企业发给符合有关规范的认证证书的，或者对取得认证证书的企业未按照规定履行跟踪检查的职责，对不符合认证条件的企业未依法责令其改正或者撤销其认证证书的；② 对不符合法定条件的单位发给许可证的；③ 对不符合进口条件的药品发给进口药品注册证书的；④ 对不具备临床试验条件或者生产条件而批准进行临床试验、发给新药证书、发给药品批准文号的。

（18）药品监督管理部门或者其设置的药品检验机构或者其确定的专业从事药品检验的机构参与药品生产经营活动的，由其上级机关或者监察机关责令改正，有违法收入的予以没收。情节严重的，对直接负责的主管人员和其他直接责任人员依法给予行政处分。

（19）药品监督管理部门或者其设置、确定的药品检验机构在药品监督检验中违法收取检验费用的，由政府有关部门责令退还，对直接负责的主管人员和其他直接责任人员依法给予行政处分。对违法收取检验费用情节严重的药品检验机构，撤销其检验资格。

（20）药品监督管理部门对下级药品监督管理部门违反本法的行政行为，责令限期改正。逾期不改正的，有权予以改变或者撤销。

对上述有违法行为的单位、个人处罚应出具书面处罚通知书。对假药、劣药的处罚通知书应当载明药品检验所的质量检验结果。当事人对行政处罚决定不服的，可以在接到处罚通知书之日起3个月内向人民法院起诉。但是，对药品监督管理部门做出的药品控制的决定，当事人必须立即执行。对处罚决定不履行逾期又不起诉的，由做出行政处罚决定的机关申请人民法院强制执行。

(二)医疗器械监督管理领域的行政责任

(1)生产、经营未取得医疗器械注册证的第二类、第三类医疗器械的;未经许可从事第二类、第三类医疗器械生产活动的;未经许可从事第三类医疗器械经营活动的,由县级以上人民政府食品药品监督管理部门没收违法所得、违法生产经营的医疗器械和用于违法生产经营的工具、设备、原材料等物品;违法生产经营的医疗器械货值金额不足1万元的,并处5万元以上10万元以下罚款;货值金额1万元以上的,并处货值金额10倍以上20倍以下罚款;情节严重的,5年内不受理相关责任人及企业提出的医疗器械许可申请。第一项情形、情节严重的,由原发证部门吊销医疗器械生产许可证或者医疗器械经营许可证。

(2)提供虚假资料或者采取其他欺骗手段取得医疗器械注册证、医疗器械生产许可证、医疗器械经营许可证、广告批准文件等许可证件的,由原发证部门撤销已经取得的许可证件,并处5万元以上10万元以下罚款,5年内不受理相关责任人及企业提出的医疗器械许可申请。

伪造、变造、买卖、出租、出借相关医疗器械许可证件的,由原发证部门予以收缴或者吊销,没收违法所得;违法所得不足1万元的,处1万元以上3万元以下罚款;违法所得1万元以上的,处违法所得3倍以上5倍以下罚款;构成违反治安管理行为的,由公安机关依法予以治安管理处罚。

(3)未照规定备案的,由县级以上人民政府食品药品监督管理部门责令限期改正;逾期不改正的,向社会公告未备案单位和产品名称,可以处1万元以下罚款。

备案时提供虚假资料的,由县级以上人民政府食品药品监督管理部门向社会公告备案单位和产品名称;情节严重的,直接责任人员5年内不得从事医疗器械生产经营活动。

(4)生产、经营、使用不符合强制性标准或者不符合经注册或者备案的产品技术要求的医疗器械的;医疗器械生产企业未按照经注册或者备案的产品技术要求组织生产,或者未条例规定建立质量管理体系并保持有效运行的;经营、使用无合格证明文件、过期、失效、淘汰的医疗器械,或者使用未依法注册的医疗器械的;食品药品监督管理部门责令实施召回或者停止经营后,仍拒不召回或者停止经营医疗器械的;委托不具备规定条件的企业生产医疗器械,或者未对受托方的生产行为进行管理的,由县级以上人民政府食品药品监督管理部门责令改正,没收违法生产、经营或者使用的医疗器械;违法生产、经营或者使用的医疗器械货值金额不足1万元的,并处2万元以上5

万元以下罚款；货值金额1万元以上的，并处货值金额5倍以上10倍以下罚款；情节严重的，责令停产停业，直至由原发证部门吊销医疗器械注册证、医疗器械生产许可证、医疗器械经营许可证。

（5）医疗器械生产企业的生产条件发生变化、不再符合医疗器械质量管理体系要求，未依照本条例规定整改、停止生产、报告的；生产、经营说明书、标签不符合规定的医疗器械的；未按照医疗器械说明书和标签标示要求运输、贮存医疗器械的；转让过期、失效、淘汰或者检验不合格的在用医疗器械的，由县级以上人民政府食品药品监督管理部门责令改正，处1万元以上3万元以下罚款；情节严重的，责令停产停业，直至由原发证部门吊销医疗器械生产许可证、医疗器械经营许可证。

（6）医疗器械生产企业、医疗器械经营企业和医疗器械使用单位未按规定对医疗器械进行有效管理的，由县级以上人民政府食品药品监督管理部门和卫生计生主管部门依据各自职责责令改正，给予警告；拒不改正的，处5000元以上2万元以下罚款；情节严重的，责令停产停业，直至由原发证部门吊销医疗器械生产许可证、医疗器械经营许可证。

（7）违反规定开展医疗器械临床试验的，由县级以上人民政府食品药品监督管理部门责令改正或者立即停止临床试验，可以处5万元以下罚款；造成严重后果的，依法对直接负责的主管人员和其他直接责任人员给予降级、撤职或者开除的处分；有医疗器械临床试验机构资质的，由授予其资质的主管部门撤销医疗器械临床试验机构资质，5年内不受理其资质认定申请。

医疗器械临床试验机构出具虚假报告的，由授予其资质的主管部门撤销医疗器械临床试验机构资质，10年内不受理其资质认定申请；由县级以上人民政府食品药品监督管理部门处5万元以上10万元以下罚款；有违法所得的，没收违法所得；对直接负责的主管人员和其他直接责任人员，依法给予撤职或者开除的处分。

（8）医疗器械检验机构出具虚假检验报告的，由授予其资质的主管部门撤销检验资质，10年内不受理其资质认定申请；处5万元以上10万元以下罚款；有违法所得的，没收违法所得；对直接负责的主管人员和其他直接责任人员，依法给予撤职或者开除的处分；受到开除处分的，自处分决定作出之日起10年内不得从事医疗器械检验工作。

（9）违反规定，发布未取得批准文件的医疗器械广告，未事先核实批准文件的真实性即发布医疗器械广告，或者发布广告内容与批准文件不一致的医疗器械广告的，由工商行政管理部门依照有关广告管理的法律、行政法规的规定给予处罚。

篡改经批准的医疗器械广告内容的，由原发证部门撤销该医疗器械的广告批准文件，2年内不受理其广告审批申请。

发布虚假医疗器械广告的，由省级以上人民政府食品药品监督管理部门决定暂停销售该医疗器械，并向社会公布；仍然销售该医疗器械的，由县级以上人民政府食品药品监督管理部门没收违法销售的医疗器械，并处2万元以上5万元以下罚款。

（10）医疗器械技术审评机构、医疗器械不良事件监测技术机构未依照本条例规定履行职责，致使审评、监测工作出现重大失误的，由县级以上人民政府食品药品监督管理部门责令改正，通报批评，给予警告；造成严重后果的，对直接负责的主管人员和其他直接责任人员，依法给予降级、撤职或者开除的处分。

（11）县级以上人民政府食品药品监督管理部门或者其他有关部门不履行医疗器械监督管理职责或者滥用职权、玩忽职守、徇私舞弊的，由监察机关或者任免机关对直接负责的主管人员和其他直接责任人员依法给予警告、记过或者记大过的处分；造成严重后果的，给予降级、撤职或者开除的处分。

二、民事责任

民事责任是指民事主体在民事活动中，因实施了民事违法行为，根据民法所承担的对其不利的民事法律后果或者基于法律特别规定而应承担的民事法律责任。药品、医疗器械管理法律上的民事责任，是基于药品、医疗器械违法而给他人造成损害时，药品、医疗器械的生产者、销售者以及医疗机构应当承担的损害赔偿责任。药品、医疗器械的生产企业、经营企业、医疗机构违法给药品使用者造成损害的，依法承担赔偿责任。药品检验机构出具的检验结果不实，造成损失的，应当承担相应的赔偿责任。损害赔偿范围，可适用《民法通则》；侵害公民身体造成伤害的，应当赔偿医疗费、因误工减少的收入、残废者生活补助费等费用；造成死亡的，并应当支付丧葬费、死者生前抚养的人必要的生活费等费用。原则上赔偿直接损失，不包括间接损失。

三、刑事责任

刑事责任指的是：依据国家刑事法律规定，对犯罪分子依照刑事法律的规定追究的法律责任。药品和医疗器械监督管理领域的刑事责任是指在药品和医疗器械监督管理过程中,行为人违反刑法关于药品、医疗器械管理秩序的法律规定,依法应当承担的刑事法律后果。

(一)药品监督管理领域的刑事责任

违反《药品管理法》的有关规定,构成犯罪的,依法追究刑事责任。

(1)《中华人民共和国刑法》(下文称《刑法》)第一百四十一条规定,生产、销售假药,处三年以下有期徒刑或者拘役,并处罚金;对人体健康造成严重危害或者有其他严重情节的,处三年以上十年以下有期徒刑,并处罚金;致人死亡或者有其他特别严重情节的,处十年以上有期徒刑、无期徒刑或者死刑,并处罚金或者没收财产。

(2)《刑法》第一百四十二条规定,生产、销售劣药,对人体健康造成严重危害的,处三年以上十年以下有期徒刑,并处销售金额百分之五十以上二倍以下罚金;后果特别严重的,处十年以上有期徒刑或者无期徒刑,并处销售金额百分之五十以上二倍以下罚金或者没收财产。

(3)《刑法》第三百五十五条规定,依法从事生产、运输、管理、使用国家管制的麻醉药品、精神药品的人员,违反国家规定,向吸食、注射毒品的人提供国家规定管制的能够使人形成瘾癖的麻醉药品、精神药品的,处三年以下有期徒刑或者拘役,并处罚金;情节严重的,处三年以上七年以下有期徒刑,并处罚金。向走私、贩卖毒品的犯罪分子或者以牟利为目的,向吸食、注射毒品的人提供国家规定管制的能够使人形成瘾癖的麻醉药品、精神药品的,依照本法第三百四十七条的规定定罪处罚。单位犯前款罪的,对单位判处罚金,并对其直接负责的主管人员和其他直接责任人员,依照上述的规定处罚。

(二)医疗器械监督管理领域的刑事责任

《医疗器械监督管理条例》规定,违反医疗器械监督管理条例有关规定,构成犯罪的,依法追究刑事责任。

《刑法》第一百四十五条规定,生产不符合保障人体健康的国家标准、行业标准的医疗器械、医用卫生材料,或者销售明知是不符合保障人体健康的国家标准、行业标准的医疗器械、医用卫生材料,足以严重危害人体健康的,处三年以下有期徒刑或者拘役,并处销售金额百分之五十以上二倍以下罚金;对人体健康造成严重危害的,处三年以上十年以下有期徒刑,并处销售金额百分之五十以上二倍以下罚金;后果特别严重的,处十年以上有期徒刑或者无期徒刑,并处销售金额百分之五十以上二倍以下罚金或者没收财产。

第六章 中医药法律制度

第一节 概 述

一、中医药的法律概念

中医药是包括汉族和少数民族医药在内的我国各民族医药的统称，是反映中华民族对生命、健康和疾病的认识，具有悠久历史传统和独特理论及技术方法的医药学体系。在上下五千年的华夏文明长河中，中医药一直被视为传统的强身健体、治病祛病的良方。作为我国传统医药，中医药自古以来就在中国各族人民生产生活以及与疾病抗争的过程中发挥着举足轻重的作用。发展演变到今天，中医药作为一项举世瞩目的民族瑰宝，海纳百川，兼容并蓄，对世界医学的进步与发展产生了积极影响。

二、中医药法制事业的发展

伴随着科技的进步，经济的发展，人类文明进入了全球化进程最为突飞猛进的一个时期。现代化的生活方式使得人们需要更科学、人性、高效的治病手段及体系。这也极大地促进了现代医学的发展。在这样的时代背景下，我国传统中医药需要面对和解决更多的新情况、新问题以实现自身的发展、突破以及更好地适应人们的需求。

中华人民共和国成立尤其是改革开放 30 多年来，我国医疗卫生事业经历了几个阶段的改革与发展。与此同时，新时代中医药事业也在党和国家制定的一系列方针政策、法律法规指引下逐步前进，走上了科学化、法制化管理的道路，取得了显著的成就。主要表现如下：

（一）明确了中医药相关政策

中华人民共和国成立初期，"团结中西医"就被列为三大卫生工作方针之一,赋予了中医药应有的地位和作用。1978年,中共中央转发卫生部《关于认真贯彻党的中医政策,解决中医队伍后继乏人问题的报告》,并在人、财、物等方面给予大力支持,有力地推动了中医药事业发展。1986年,国务院成立中医药管理部门。各省、自治区、直辖市也相继成立中医药管理机构,为中医药发展提供了组织保障。第七届全国人民代表大会第四次会议将"中西医并重"列为新时期中国卫生工作五大方针之一。2009年,国务院颁布实施《关于扶持和促进中医药事业发展的若干意见》,逐步形成了相对完善的中医药政策体系。

中国共产党第十八次全国代表大会以来,党和政府把发展中医药摆上更加重要的位置,作出一系列重大决策部署。在全国卫生与健康大会上,习近平总书记强调,要"着力推动中医药振兴发展"。中国共产党第十八次全国代表大会和十八届五中全会提出"坚持中西医并重""扶持中医药和民族医药事业发展"。

同样是在2016年,中共中央、国务院印发《"健康中国2030"规划纲要》。作为今后15年推进健康中国建设的行动纲领,文件中提出了一系列振兴中医药发展、服务健康中国建设的任务和举措。另外,国务院还印发《中医药发展战略规划纲要(2016—2030年)》,把中医药发展上升为国家战略,对新时期推进中医药事业发展作出系统部署。这些决策部署,描绘了全面振兴中医药、加快医药卫生体制改革、构建中国特色医药卫生体系、推进健康中国建设的宏伟蓝图,中医药事业进入新的历史发展时期。

纵观党和国家有关中医药政策的演变,我们可以看到,这些政策都是在中国社会存在着中医和西医两种医学的特殊历史条件下,在中国国情的特定环境下逐步形成和发展的。这些政策以马克思主义科学世界观和方法论成功地解决了中西医共同发展及传统医药文化与现代化的问题。同时,这些政策也一以贯之地遵循着以下九大基本要点:(1)努力继承、发掘、整理、提高祖国医药学;(2)团结和依靠中医,发展和提高中医,更好地发挥中医的作用;(3)坚持中西医结合,组织西医学习和研究中医;(4)积极为中医发展与提高创造良好的物质条件;(5)中医中药要逐步实现现代化;(6)保护和利用中药资源,促进中医药可持续发展;(7)坚持"中西医并重",把中医和西医摆在同等重要的地位,互相补充,共同发展;(8)坚持中医中药结合,医药并重,促进中医中药同步发展与振兴;(9)正确处理好继承与发展的关系,保持特色,发挥优势,积极利用先进科学技术,促进中医药学发展。

经过多年的努力,中医药总体规模不断扩大,发展水平和服务能力不断提升，形成了医药、医疗、科研循环发展新格局。其社会认可度及为健康事业的贡献度明显提升。

在城市，形成了以中医（民族医、中西医结合）医院、中医类门诊部和诊所以及综合医院中医类临床科室、社区卫生服务机构为主的城市中医医疗服务网络。在农村，形成了由县级中医医院、综合医院（专科医院、妇幼保健院）中医临床科室、乡镇卫生院中医科和村卫生室为主的农村中医医疗服务网络，提供基本中医医疗预防保健服务。截至2015年年底，全国有中医类医院3966所，其中民族医医院253所，中西医结合医院446所。中医类别执业（助理）医师45.2万人（含民族医医师、中西医结合医师）。中医类门诊部、诊所42 528个，其中民族医门诊部、诊所550个，中西医结合门诊部、诊所7706个。2015年，全国中医类医疗卫生机构总诊疗人次达9.1亿，全国中医类医疗卫生机构出院人数2691.5万人。中医药除在常见病、多发病、疑难杂症的防治中贡献力量外，在重大疫情防治和突发公共事件医疗救治中也发挥了重要作用。中医、中西医结合治疗传染性非典型肺炎，疗效得到世界卫生组织肯定。中医治疗甲型H1N1流感，取得良好效果，成果引起国际社会关注。同时，中医药在防治艾滋病、手足口病、人感染H7N9禽流感等传染病，以及四川汶川特大地震、甘肃舟曲特大泥石流等突发公共事件医疗救治中，都发挥了独特作用。

（二）制定了有关中医药的法律法规

除了相关的政策支持外，我们也注重相关法律法规的完善。其中，最重要的法律规定当属《中华人民共和国宪法》第二十一条。这是我们第一次在宪法这个层面明确规定："国家发展医药卫生事业，发展现代医药和我国传统医药。"这个规定为中医药发展和法律制度建设提供了根本的法律依据，是后续系列法律法规的法律根源。为了贯彻宪法的规定，根据社会经济的发展状况，我国先后制定了一系列有关中医药的法律法规：主要有《中华人民共和国药品管理法》（1984年），《中华人民共和国执业医师法》（1998年），《野生药材资源保护管理条例》（1987年），《中药品种保护条例》（1992年），《医疗机构管理条例》（1994年），《中华人民共和国中医药条例》（2003年）和《乡村医生从业管理条例》（2003年）等。这些法律法规的颁布，使中医药事业从医疗机构以及人员的管理、药品的准入与监督、中药品种和资源的保护等方面实现了法制化管理。

（三）其他部门规章、规范性文件和技术标准

据国家中医药管理局2015年12月发布的公告，截止到2015年6月30日，国家中医药管理局现行有效的规范性文件有93件，涉及综合（3件）、新闻宣传（4件）、人事教育（12件）、医政管理（55件）、科研管理（11件）、外事管理（1件）、法制标准化建设与监督（7件）等七个方面。这些部门规章及规范性文件，关系到中医机构、医疗保健、人才培养、科学技术、对外交流与合作等多个方面，对于加强行业管理、规范行政行为、推进依法行政以及完善中医药发展法制化建设发挥了巨大的积极作用。

（四）《中医药法》的制定

2003年颁布实施的《中华人民共和国中医药条例》在相当长的一段时期内规范着中医药行业的发展。但是随着我国中医药事业的发展进入新的阶段，一部专门的法律成为时代的需求。

为给中医药事业发展提供良好的政策环境和法制保障。2015年，国务院常务会议通过《中华人民共和国中医药法（草案）》，并提请全国人大常委会审议。2016年12月25日，十二届全国人大常委会第二十五次会议审议通过了《中华人民共和国中医药法》(下文称《中医药法》)。该法是不仅是对以前中医药法治经验的总结，更是前瞻性的为其后续发展保驾护航。该法的颁布实施必将在中医药发展史上书写下浓重的一笔，并将产生深远的国内国际影响。这部法律涵盖了中医药服务、保护与发展、人才培养、科学研究、传承与文化传播以及保障措施、法律责任等多个方面，并就建立健全中医药管理体系、保护中医药知识产权，以及社会力量举办中医医疗机构、中药材质量全程监管等做出明确规定。

正如习近平总书记所指出的那样："中医药振兴发展迎来天时、地利、人和的大好时机。"《中医药法》的出台是我们民族自信的表现，是在保障人民健康方面贡献了中国智慧，为世界提供了中国方案。相信随着相关法律及配套文件的出台和落实，中医药必将走出更加稳健的发展步伐，在健康卫生事业中找到自己的一席之地。

三、发展中医药事业的基本原则

（一）坚持以人为本，实现中医药成果人民共享

《中医药法》第一条指出："为了继承和弘扬中医药，保障和促进中医药

事业发展，保护人民健康，制定本法。"任何一种形式医疗手段都是为人类健康服务的。长期植根于中国传统文化理念中的中医药，更是一直以来以满足人民群众健康需求为出发点和落脚点，无论是在与社区服务还是养老事业（旅游等）发展中的融合，还是日常对于老百姓治未病、保健、养生理念的传播，都是本着保护人民健康、以人为本的宗旨。

（二）坚持中西医并重，把中医药与西医药摆在同等重要的位置

《中医药法》第三条指出："中医药事业是我国医药卫生事业的重要组成部分。国家大力发展中医药事业，实行中西医并重的方针，建立符合中医药特点的管理制度，充分发挥中医药在我国医药卫生事业中的作用。"第四条规定："县级以上人民政府应当将中医药事业纳入国民经济和社会发展规划，建立健全中医药管理体系，统筹推进中医药事业发展。"无论是从起源来讲，还是从发展的特点以及理论基础等各方面来看，中医药是与西医药完全不同的医药体系，在漫长的华夏历史长河中，其一直发挥着不可或缺的作用。从传统医药事业的发展角度来看，中医药应当具有与西医药完全平等的地位，得到社会各界各方面的充分认可与支持。应进一步建立健全管理体制，加大财政投入，让中医药与西医药协调发展，共同维护和增进人民群众的健康。

（三）坚持中医与西医相互取长补短、发挥各自优势

这一点同样在《中医药法》第三条中得到充分体现："国家鼓励中医西医相互学习，相互补充，协调发展，发挥各自优势，促进中西医结合。"很长一段时间以来，我国的中医药院校都非常重视现代医学课程以及中西医结合课程（专业）的设立与学习。很多中医医院除了完善中医诊疗基础功能，开设中医专科科室以外，还大力推进综合医院以及现代诊疗科室和手段的建设，在建立健全中医药参与社会突发公共事件医疗救助和重大传染病防治过程中，发挥着独特的优势。

（四）坚持继承与创新的辩证统一，既保持特色优势又积极利用现代科学技术

《中医药法》第三条："发展中医药事业应当遵循中医药发展规律，坚持继承和创新相结合，保持和发挥中医药特色和优势，运用现代科学技术，促进中医药理论和实践的发展。"

任何一门古老的科技或者文化，在面临现代文明以及新兴科技时，都需要解决继承与创新协调统一的问题。中医药传统、独特的诊疗理论与思路，传统的经验传承制度，需要适应时代变革，与时俱进：建立一套符合中医药特点的科技创新体系以及评价体系，组织重大疑难疾病、重大传染病防治的联合攻关和对常见病、多发病、慢性病的中医药防治研究，推动中药新药和中医诊疗仪器、设备研制开发。

（五）坚持统筹兼顾，推进中医药全面协调可持续发展

把中医药医疗、保健、科研、教育、产业、文化作为一个有机整体，统筹规划、协调发展。《中医药法》以及《中医药发展战略规划纲要（2016—2030年）》等一系列法律和政策文件都明确指出了提升中医药基层服务能力、健全中医医疗服务体系的重要性。一直以来，国家都非常重视中医药"治未病"的推广与发展，将其作为国家的健康工程的一部分来支持。这些构想与工作的开展，都与国家中医临床研究基地建设、中医药防治重大疾病协同创新体系的构建、高水平人才的培养密不可分。

（六）坚持政府扶持、各方参与，共同促进中医药事业发展

《中医药法》第六条："国家支持社会力量投资中医药事业，支持组织和个人捐赠、资助中医药事业。"把中医药作为经济社会发展的重要内容，纳入相关规划、给予资金支持。在《中医药法》中，明确提出实施中医执业医师、医疗机构和中成药准入制度，健全中医药服务和质量安全标准体系。力图建立平等、公平的中医药市场竞争环境，不断激发中医药发展的潜力和活力。鼓励社会捐资支持中医药事业，推动社会力量开办中医药服务机构。

第二节　中医医疗机构及从业人员相关法律规定

一、中医医疗机构

（一）中医医疗机构及其开办的法律规定

很长一段时间以来，我们习惯用中医医疗机构来定义那些以中医中药为主，体现中医特点，取得医疗机构执业许可证的中医、中西医结合的医院、

门诊部和诊所等从事中医药医疗服务工作的机构。虽然我国中医药事业取得了很大的发展，但是在社会日益进步的今天，由于中医药本身作为传统医疗方式存在着和西医完全不同的生存与发展模式，目前，我国中医药资源总量仍然不足，中医药服务领域出现萎缩现象，基层中医药服务能力薄弱，发展规模和水平还不能满足人民群众的健康需求。

《中医药法》第十一条、第十二条、第十三条规定："县级以上人民政府应当将中医医疗机构建设纳入医疗机构设置规划，举办规模适宜的中医医疗机构，扶持有中医药特色和优势的医疗机构发展。合并、撤销政府举办的中医医疗机构或者改变其中医医疗性质，应当征求上一级人民政府中医药主管部门的意见"；"政府举办的综合医院、妇幼保健机构和有条件的专科医院、社区卫生服务中心、乡镇卫生院，应当设置中医药科室。县级以上人民政府应当采取措施，增强社区卫生服务站和村卫生室提供中医药服务的能力"；"国家支持社会力量举办中医医疗机构。社会力量举办的中医医疗机构在准入、执业、基本医疗保险、科研教学、医务人员职称评定等方面享有与政府举办的中医医疗机构同等的权利"。

由此我们可以看到，法律给予了非公立中医医疗机构和公立中医医疗机构同等的法律地位，至此，我们应当从广义的角度出发，界定中医医疗机构，它是一个包括公立与非公立医疗机构的服务体系，包括由政府举办的综合医院、妇幼保健机构和专科医院、社区卫生服务中心、乡镇卫生院以及国家认可的社会力量举办的中医医疗机构。

《中医药法》第十四条对于中医医疗机构的开办做了明确的规定："举办中医医疗机构应当按照国家有关医疗机构管理的规定办理审批手续，并遵守医疗机构管理的有关规定。举办中医诊所的，将诊所的名称、地址、诊疗范围、人员配备情况等报所在地县级人民政府中医药主管部门备案后即可开展执业活动。中医诊所应当将本诊所的诊疗范围、中医医师的姓名及其执业范围在诊所的明显位置公示，不得超出备案范围开展医疗活动。具体办法由国务院中医药主管部门拟订，报国务院卫生行政部门审核、发布。"这里提到的"按照国家有关医疗机构管理的规定"是指 1994 年出台并实施的《医疗机构管理条例》，也就是说，我国法律规定，开办中医医疗机构，应当符合国务院卫生行政部门相关医疗机构设置标准和当地的区域卫生规划，并且按照《医疗机构管理条例》办理审批手续，取得医疗机构执业许可证后，方可从事中医医疗活动。

（二）中医医疗机构的管理

我国对于中医医疗机构的管理是本着充分合理利用医疗卫生资源，充分发挥中医药优势，最大限度满足人民群众对医疗、卫生、保健的需求的原则提出来的。

中医药在长期的生产生活和临床实践中，形成了独特的理论思维和辨证施治方法，具有临床疗效确切、干预手段多样、服务方式灵活等特点，对于保障和提高人民群众健康水平发挥了重要作用。其特有的药物与非药物结合的综合治疗手段，以及对于整体观的把握、辨证施治的理念是与西医西药最大的不同之处。中医药特有的治疗手段与其对各方面环境与条件的需求，决定着对于中医药医院的管理方式与体系是与西医医院截然不同的。

《中医药法》出台之前，《医疗机构管理条例》《国务院关于扶持和促进中医药事业发展的若干意见》《综合医院中医临床科室基本标准》《国家中医药管理局关于中医医院发挥中医药特色优势加强人员配备的通知》《国家中医药管理局关于中医医院加强中医综合治疗的通知》《关于推进社会办医发展中医药服务的通知》《关于加强医疗机构中药制剂管理的意见》《中医坐堂医诊所管理办法（试行）》《互联网医疗保健信息服务管理办法》《关于切实加强民族医药事业发展的指导意见》等法律法规、政策性文件从操作的层面对中医医疗机构的建立、经营以及发展等方面做了较为详实的规定。

（1）建立符合中医药特点的管理制度。中医医院要办成以中医中药为主，体现中医特点的医疗单位。医疗工作必须以四诊八纲、理法方药、辨证论治为指导，在诊断、治疗、急救、护理、营养、病房管理等一系列问题上，都必须本着"能中不西"的原则，充分发挥中医特长，同时积极利用先进的科学技术和现代化手段，促进中医事业的发展。

（2）中医药疗机构职业必须进行登记，领取医疗机构执业许可证。医疗机构执业许可证及其副本由卫生部统一印制。对于社会力量办医，《中医药法》第十四条单独做了规定："举办中医诊所的，将诊所的名称、地址、诊疗范围、人员配备情况等报所在地县级人民政府中医药主管部门备案后即可开展执业活动。中医诊所应当将本诊所的诊疗范围、中医医师的姓名及其执业范围在诊所的明显位置公示，不得超出备案范围开展医疗活动。具体办法由国务院中医药主管部门拟订，报国务院卫生行政部门审核、发布。"

（3）各地方政府必须认真规划与充分发挥中医医疗机构及中医药在社会

公共事件中的卫生防治及应急功能。《中医药法》第十八条："县级以上人民政府应当发展中医药预防、保健服务，并按照国家有关规定将其纳入基本公共卫生服务项目统筹实施。县级以上人民政府应当发挥中医药在突发公共卫生事件应急工作中的作用，加强中医药应急物资、设备、设施、技术与人才资源储备。医疗卫生机构应当在疾病预防与控制中积极运用中医药理论和技术方法。"

（4）在《中医药法》中，有一个部分是特别单独提出来强调的，第十九条："医疗机构发布中医医疗广告，应当经所在地省、自治区、直辖市人民政府中医药主管部门审查批准；未经审查批准，不得发布。发布的中医医疗广告内容应当与经审查批准的内容相符合，并符合《中华人民共和国广告法》的有关规定。"

二、中医疗机构专业技术人员的管理

对于中医医疗机构从业人员的准入，《中医药法》第十五条规定："从事中医医疗活动的人员应当依照《中华人民共和国执业医师法》的规定，通过中医医师资格考试取得中医医师资格，并进行执业注册。中医医师资格考试的内容应当体现中医药特点。"中医执业人员应当依照有关卫生管理的法律、行政法规、部门规章的规定通过相应的资格考试，并经注册取得执业证书后，方可从事中医服务活动。有关中医医师、中医护士、中药师的执业资格、考试办法、执业注册等规定，依据《中华人民共和国执业医师法》《护士条例》《执业药师资格制度暂行规定》《传统医学师承和确有专长人员医师资格考核考试暂行办法》的相应条款执行。

鉴于中医药传统的师承这一传授与继承方式，中医诊所主要是医师坐堂望闻问切，服务简便，不像西医医疗机构需要配备相应的仪器设备。《中医药法》第十五条对于以师承方式学习中医或者经多年实践，医术确有专长的人员的行业准入条件，作了另行规定："由至少两名中医医师推荐，经省、自治区、直辖市人民政府中医药主管部门组织实践技能和效果考核合格后，即可取得中医医师资格；按照考核内容进行执业注册后，即可在注册的执业范围内，以个人开业的方式或者在医疗机构内从事中医医疗活动。国务院中医药主管部门应当根据中医药技术方法的安全风险拟订本款规定人员的分类考核办法，报国务院卫生行政部门审核、发布。"

对于中医医疗机构内部人员的构成,从专业的角度出发,《中医药法》第十六条指出:"中医医疗机构配备医务人员应当以中医药专业技术人员为主,主要提供中医药服务;经考试取得医师资格的中医医师按照国家有关规定,经培训、考核合格后,可以在执业活动中采用与其专业相关的现代科学技术方法。"

除此以外,《中医药法》对于中医医疗机构中从业人员的医疗活动也做了相应的规定,也体现了中医药的专业特色:"在医疗活动中采用现代科学技术方法的,应当有利于保持和发挥中医药特色和优势。社区卫生服务中心、乡镇卫生院、社区卫生服务站以及有条件的村卫生室应当合理配备中医药专业技术人员,并运用和推广适宜的中医药技术方法。"这样的一些规定,都是与国家发展和传承中医药及中医药文化,培养中医药专业技术人才的基本原则相符合的,充分体现了"中西医并重"的立法思想。

三、中医医疗机构的监督管理

近年来,中医药行业存在着一些不规范现象,中药材质量也存在着下滑的问题。这些现象和问题严重地影响了中医药在老百姓心目中地位。为了进一步规范中医药从业行为,保障安全,提升中医药治疗效果和质量,《中医药法》坚持扶持与规范并重,特别就中医药行业的监督问题,做了明确的规定。其在第二十条中,就明确规定:"县级以上人民政府中医药主管部门应当加强对中医药服务的监督检查,并将下列事项作为监督检查的重点:

(一)中医医疗机构、中医医师是否超出规定的范围开展医疗活动;

(二)开展中医药服务是否符合国务院中医药主管部门制定的中医药服务基本要求;

(三)中医医疗广告发布行为是否符合本法的规定。

中医药主管部门依法开展监督检查,有关单位和个人应当予以配合,不得拒绝或者阻挠。"

第三节 中药保护与发展

随着社会经济的发展,科技的进步以及大规模、集成化生产方式的发展、盛行，传统中药的种植、生产、加工方式也都出现了重大的变革。这样的变化，一方面在中药的大规模产出、普及和便利大众的中（成）药的使用上发挥着积极的作用；另一方面，也从一定程度上影响着传统中药的品质与疗效，比如农药等在种植等环节上的应用，直接影响了道地药材的品质。《中医药法》第二十一条指出："国家制定中药材种植养殖、采集、贮存和初加工的技术规范、标准，加强对中药材生产流通全过程的质量监督管理，保障中药材质量安全。"

《中医药法》、《国家基本药物目录》（2012年版）、《医疗机构药事管理规定》、《中药类制药工业水污染物排放标准》（GB 21906-2008）、《医院中药饮片管理规范》、《小包装中药饮片医疗机构应用指南》、《医疗机构中药煎药室管理规范》等法律法规、政策性文件对于中药的生产、经营、研发环节均具有指导性作用。

一、推进中药材规范化种植养殖及生产

中药材，是指在中医理论指导下，运用独特的传统方法进行加工炮制并用于疾病预防、诊断和治疗，有明确适应症和用法、用量的植物、动物和矿物质及其天然加工品等。

道地中药材，是指经过中医临床长期应用优选出来的，产在特定地域，与其他地区所产同种中药材相比，品质和疗效更好，且质量稳定，具有较高知名度的中药材。

《中医药法》第二十二条、第二十三条规定："国家鼓励发展中药材规范化种植养殖，严格管理农药、肥料等农业投入品的使用，禁止在中药材种植过程中使用剧毒、高毒农药，支持中药材良种繁育，提高中药材质量；国家建立道地中药材评价体系，支持道地中药材品种选育，扶持道地中药材生产基地建设，加强道地中药材生产基地生态环境保护，鼓励采取地理标志产品保护等措施保护道地中药材。"《中医药法》第二十四条规定："采集、贮存中药材以及对中药材进行初加工，应当符合国家有关技术规范、标准和管理规定。国家鼓励发展中药材现代流通体系，提高中药材包装、仓储等技术水平，建立中药材流通追溯体系。药品生产企业购进中药材应当建立进货查验记录制度。中药材经营者应当建立进货查验和购销记录制度，并标明中药材产地。"

这些法律条文旨在严格把控道地中药材的质量关。通过对于道地药材生

产基地的扶持与建设，加强道地药材良种繁育基地和规范化种植养殖基地建设，鼓励道地中药材的选育及使用，制定中药材主产区种植区域规划制度。推进制定国家道地药材目录，促进中药材种植养殖业绿色发展；制定包括中药材种植养殖、采集、储藏技术标准，中药材原产地标记制度等在内的科学的评价体系，提高中药材种植、生产的规模化、规范化水平。

二、提高中药质量

（一）相关法律规定

《中医药法》第二十七条、第二十八条规定："国家保护中药饮片传统炮制技术和工艺，支持应用传统工艺炮制中药饮片，鼓励运用现代科学技术开展中药饮片炮制技术研究。对市场上没有供应的中药饮片，医疗机构可以根据本医疗机构医师处方的需要，在本医疗机构内炮制、使用。医疗机构应当遵守中药饮片炮制的有关规定，对其炮制的中药饮片的质量负责，保证药品安全。医疗机构炮制中药饮片，应当向所在地设区的市级人民政府药品监督管理部门备案。根据临床用药需要，医疗机构可以凭本医疗机构医师的处方对中药饮片进行再加工。"

（二）加强医疗机构中药制剂的管理

这一部分在《中医药法》第三十一条、第三十二条中做了明确的规定：首先，国家对于中医医疗机构根据本医疗机构临床用药需要配制和使用中药制剂是允许的，同时也鼓励中医医疗机构应用传统工艺配制中药制剂，并在此基础上研制中药新药。其次，对于医疗机构配制中药制剂许可问题，《中医药法》做了明确，指出应当依照《中华人民共和国药品管理法》的规定取得医疗机构制剂许可证，或者委托取得药品生产许可证的药品生产企业、取得医疗机构制剂许可证的其他医疗机构配制中药制剂。对于委托配制中药制剂这种情况，委托方应当向自己所在地省、自治区、直辖市人民政府药品监督管理部门备案。医疗机构应当对其自己配制的中药制剂的质量负责；委托配制中药制剂的，委托方和受托方对所配制的中药制剂的质量分别承担相应责任。第三，医疗机构配制的中药制剂品种，应当依法取得制剂批准文号。但是，仅应用传统工艺配制的中药制剂品种，向医疗机构所在地省、自治区、直辖市人民政府药品监督管理部门备案后即可配制，不需要取得制剂批准文号。医疗机构应当加强对备案的中药制剂品种的不良反应监测,并按照国家有关规定进行报告。药品监督管理部门应当加强对备案的中药制剂品种配制、使用的监督检查。

(三)重视古代经典名方的保护

古代经典名方,是指至今仍广泛应用、疗效确切、具有明显特色与优势的古代中医典籍所记载的方剂。具体目录由国务院中医药主管部门会同药品监督管理部门制定。

中西医是完全不同的医学体系,中医是经验医学,辨证施治,讲究从整体观来治疗;而西医是辨病施治,讲究循证医学,通过临床试验验证药物的疗效。最近几十年,为了获得西方主流社会的认可,以及与传统文化中迷信色彩的部分区分开来,中医药在评价和验证体系上都试图与国际接轨。20世纪八九十年代,中国就开始推广中药临床试验。如今,现代中医普遍接受了西医学关于新药研发上市的科学体系。申报中药新药的流程几乎和西药一样,需要提供大量的临床研究资料。审批繁琐的直接结果是,中药新药上市数量逐年下滑。国家食药监总局药品审评中心发布的《2014年度药品审评报告》显示,2014年149个获批上市的新药中,中药只有11个,仅占7.38%,相比于2013年的12.7%,呈严重下降趋势。2015年获批上市的新药中,中药仅有7个。与此同时,国际医药巨头纷纷从中国经典名方中寻找新药线索,加剧了中药材种质资源危机和中药材资源研发利用的国际竞争。

《中医药法》第三十条规定:"生产符合国家规定条件的来源于古代经典名方的中药复方制剂,在申请药品批准文号时,可以仅提供非临床安全性研究资料。具体管理办法由国务院药品监督管理部门会同中医药主管部门制定。"这样的规定是在遵循中医药研究规律基础上,本着体现中药注册特点的原则提出的,对于古代经典名方的传承与保护,具有相当的积极意义。

(四)对于药用野生动植物资源的保护

《中医药法》第二十五条:"国家保护药用野生动植物资源,对药用野生动植物资源实行动态监测和定期普查,建立药用野生动植物资源种质基因库,鼓励发展人工种植养殖,支持依法开展珍贵、濒危药用野生动植物的保护、繁育及其相关研究。"

三、中药经营的管理

《医疗机构药事管理规定》二十三条、二十四条、二十五条明确指出，医疗机构应当根据《国家基本药物目录》《处方管理办法》《国家处方集》《药品采购供应质量管理规范》等制订本机构《药品处方集》和《基本用药供应目录》，编制药品采购计划，按规定购入药品；医疗机构应当制订本机构药品采购工作流程；建立健全药品成本核算和账务管理制度；严格执行药品购入检查、验收制度；不得购入和使用不符合规定的药品；医疗机构临床使用的药品应当由药学部门统一采购供应。经药事管理与药物治疗学委员会（组）审核同意，核医学科可以购用、调剂本专业所需的放射性药品。其他科室或者部门不得从事药品的采购、调剂活动，不得在临床使用非药学部门采购供应的药品。

结合前期颁布实施的一系列加强野生中药资源保护的法律法规，目前，我国已建立起一批国家级或地方性的自然保护区，开展珍稀濒危中药资源保护研究，部分紧缺或濒危资源已实现人工生产或野生抚育。基本建立了以中医药理论为指导、突出中医药特色、强调临床实践基础、鼓励创新的中药注册管理制度。目前，国产中药民族药约有6万个药品批准文号。全国有2088家通过药品生产质量管理规范（GMP）认证的制药企业生产中成药，中药已从丸、散、膏、丹等传统剂型，发展到现在的胶囊、滴丸、片剂、膜剂等40多种剂型，中药产品生产工艺水平有了很大提高，基本建立了以药材生产为基础、工业为主体、商业为纽带的现代中药产业体系。2015年中药工业总产值7866亿元，占医药产业规模的28.55%，成为新的经济增长点；中药材种植成为农村优化产业结构、创收增收的重要举措；中药产品贸易额保持较快增长，2015年中药出口额达37.2亿美元，显示出巨大的海外市场发展潜力。中药产业逐渐成为国民经济与社会发展中具有独特优势和广阔市场前景的战略性产业。

四、中药研发的管理

（一）人员管理

《医疗机构药事管理规定》第三十二条、第三十三条、第三十四条、第三十五条中所涉及的医疗机构药学专业技术人员人数、学历、职称、培养、考核和管理等方面的规定，都为中药的研发工作提供了基本的人才储备要求。

医疗机构药学专业技术人员不得少于本机构卫生专业技术人员的8%。建立静脉用药调配中心（室）的，医疗机构应当根据实际需要另行增加药学专业技术人员数量。医疗机构应当根据本机构性质、任务、规模，配备适当数量临床药师，三级医院临床药师不少于5名，二级医院临床药师不少于3名。医疗机构应当加强对药学专业技术人员的培养、考核和管理，制订培训计划，组织药学专业技术人员参加毕业后规范化培训和继续医学教育，将完成培训及取得继续医学教育学分情况，作为药学专业技术人员考核、晋升专业技术职务任职资格和专业岗位聘任的条件之一。

（二）中药研发技术管理

作为我国医药事业重要组成部分的中药研发，是提高中医药整体疗效的基础。《中医药法》第二十九条明确指出：国家鼓励和支持中药新药的研制和生产。国家保护传统中药加工技术和工艺，支持传统剂型中成药的生产，鼓励运用现代科学技术研究开发传统中成药。

第四节　中医药的传承与发展

中医药是我国具有原创优势的科技资源，改革开放以来，中医药继承创新工作不断推进，取得了长足的进步。但也面临着一些突出的问题，比如一方面有的老专家的技术和方法得不到传承，濒临失传，另一方面中医药理论与创新不足，科技资源缺乏有效整合，相关配套机制不健全，临床研究的主体地位不突出。因此，必须加快和促进中医药科技的进步，推动中医药继承与创新。《中医药法》第四章、第五章、第六章分别从中医药人才培养、中医药科学研究、中医药传承与文化传播三个方面进行了细致的规定与阐述。

一、建立独具特色的中医药人才培养体系

首先，把人才培养作为中医药事业发展的根本，大力发展中医药教育。建立起一套符合中医药学科发展规律的中医药学校教育的培养目标、修业年限、教学形式、教学内容、教学评价及学术水平评价标准等。

在人才培养方面，我们已经取得了一些成果。截至2015年年底，全国有高等中医药院校42所（其中独立设置的本科中医药院校25所），200余所高等西医药院校或非医药院校设置中医药专业，在校学生总数达75.2万人。

其次，强化中医药师承教育。《中医药法》第三十五条指出："国家发展中医药师承教育，支持有丰富临床经验和技术专长的中医医师、中药专业技术人员在执业、业务活动中带徒授业，传授中医药理论和技术方法，培养中医药专业技术人员。"需要注意的是，在当前语境下谈中医药人才培养，应当注意将师承教育全面融入院校教育、毕业后教育和继续教育。目前，我国已经开展的师承教育工作主要体现为：鼓励医疗机构发展师承教育，实现师承教育常态化和制度化。

最后，重视基层中医药专业技术人员的继续教育工作。医疗事业关乎病人生死，无论中医西医，都应当处于学习与临床实践相辅相成、共同进步的状态中。对于面对广大人民群众最多的基层中医药专业技术人员来说，继续教育是一个非常紧要的问题。《中医药法》第三十六条指出："国家加强对中医医师和城乡基层中医药专业技术人员的培养和培训。国家发展中西医结合教育，培养高层次的中西医结合人才。"第三十七条指出："县级以上地方人民政府中医药主管部门应当组织开展中医药继续教育，加强对医务人员，特别是城乡基层医务人员中医药基本知识和技能的培训。中医药专业技术人员应当按照规定参加继续教育，所在机构应当为其接受继续教育创造条件。"

二、积极推进中医药科学研究工作

《中医药法》第三十九条："国家采取措施支持对中医药古籍文献、著名中医药专家的学术思想和诊疗经验以及民间中医药技术方法的整理、研究和利用。国家鼓励组织和个人捐献有科学研究和临床应用价值的中医药文献、秘方、验方、诊疗方法和技术。"

中医药知识与文化源远流长，博大精深。我国古代有很多有关中医药的举世闻名的著作，这些经典作品对于后人全面系统继承历代各家学术理论、流派及学说，全面系统继承名老中医药专家学术思想和临床诊疗经验，总结中医优势病种临床基本诊疗规律具有极为重要的意义。我国已将中医古籍文献的整理纳入国家中华典籍整理工程，开展中医古籍文献资源普查，抢救濒临失传的珍稀与珍贵古籍文献，推动中医古籍数字化，加强海外中医古籍影印和回归工作。

《中医药法》第四十一条就中医药的科学研究与现代科技手段的结合，也做了明确的规定："加强对中医药基础理论和辨证论治方法，常见病、多发病、慢性病和重大疑难疾病、重大传染病的中医药防治，以及其他对中医药理论和实践发展有重大促进作用的项目的科学研究。综合运用现代科技手段，开发一批基于中医理论的诊疗仪器与设备。探索适合中药特点的新药开发新模式，推动重大新药创制。鼓励基于经典名方、医疗机构中药制剂等的中药新药研发。针对疾病新的药物靶标，在中药资源中寻找新的候选药物。"

三、中医药传承与文化传播

重视中医药人才，尤其是中医药学术传承项目和传承人的保护工作。省级以上人民政府中医药主管部门应当定期组织遴选具有重要学术价值的中医药理论和技术方法，并为其传承活动提供必要的条件。传承人的学术活动，除了要做好相应的组织与记录工作外，属于非物质文化遗产代表性项目的，依照《中华人民共和国非物质文化遗产法》的有关规定开展传承活动。

繁荣发展中医药文化。大力倡导"大医精诚"理念，强化职业道德建设，形成良好行业风尚。实施中医药健康文化素养提升工程，加强中医药文物设施保护和非物质文化遗产传承，推动更多非药物中医诊疗技术列入联合国教科文组织非物质文化遗产名录和国家级非物质文化遗产目录。推动中医药文化国际传播，展示中华文化独特魅力，提升我国文化软实力。

发展中医药文化产业。推动中医药与文化产业融合发展，探索将中医药文化纳入文化产业发展规划。创作一批承载中医药文化的创意产品和文化精品。促进中医药与广播影视、新闻出版、数字出版、动漫游戏、旅游餐饮、体育演艺等有效融合，发展新型文化产品和服务。培育一批知名品牌和企业，提升中医药与文化产业融合发展水平。

加强中医药对外交流合作。深化与各国政府和世界卫生组织、国际标准化组织等的交流与合作，积极参与国际规则、标准的研究与制订，营造有利于中医药海外发展的国际环境。实施中医药海外发展工程，推动中医药技术、药物、标准和服务走出去，促进国际社会广泛接受中医药。本着政府支持、民间运作、服务当地、互利共赢的原则，探索建设一批中医药海外中心。支持中医药机构全面参与全球中医药各领域合作与竞争，发挥中医药社会组织的作用。在国家援外医疗中进一步增加中医药服务内容。推进多层次的中医药国际教育交流合作，吸引更多的海外留学生来华接受学历教育、非学历教育、短期培训和临床实习，把中医药打造成中外人文交流、民心相通的亮丽名片。

第五节　法律责任

一、中医药管理部门及人员的法律责任

中医药管理部门更多的是指各级政府的中医药主管部门。法律规定县级以上人民政府中医药主管部门及其他有关部门未履行法律规定的职责的，由本级人民政府或者上级人民政府有关部门责令改正；情节严重的，对直接负责的主管人员和其他直接责任人员，依法给予处分。

二、中医医疗、生产机构及人员的法律责任

违反《中医药法》规定，中医诊所超出备案范围开展医疗活动的，由所在地县级人民政府中医药主管部门责令改正，没收违法所得，并处一万元以上三万元以下罚款；情节严重的，责令停止执业活动。

中医诊所被责令停止执业活动的，其直接负责的主管人员自处罚决定作出之日起五年内不得在医疗机构内从事管理工作。医疗机构聘用上述不得从事管理工作的人员从事管理工作的，由原发证部门吊销执业许可证或者由原备案部门责令停止执业活动。

违反《中医药法》规定，经考核取得医师资格的中医医师超出注册的执业范围从事医疗活动的，由县级以上人民政府中医药主管部门责令暂停六个月以上一年以下执业活动，并处一万元以上三万元以下罚款；情节严重的，吊销执业证书。

违反《中医药法》规定，举办中医诊所、炮制中药饮片、委托配制中药制剂应当备案而未备案，或者备案时提供虚假材料的，由中医药主管部门和药品监督管理部门按照各自职责分工责令改正，没收违法所得，并处三万元以下罚款，向社会公告相关信息；拒不改正的，责令停止执业活动或者责令

停止炮制中药饮片、委托配制中药制剂活动，其直接责任人员五年内不得从事中医药相关活动。医疗机构应用传统工艺配制中药制剂未依照本法规定备案，或者未按照备案材料载明的要求配制中药制剂的，按生产假药给予处罚。

违反《中医药法》规定，发布的中医医疗广告内容与经审查批准的内容不相符的，由原审查部门撤销该广告的审查批准文件，一年内不受理该医疗机构的广告审查申请。发布中医医疗广告有前款规定以外违法行为的，依照《中华人民共和国广告法》的规定给予处罚。

违反《中医药法》规定，在中药材种植过程中使用剧毒、高毒农药的，依照有关法律、法规规定给予处罚；情节严重的，可以由公安机关对其直接负责的主管人员和其他直接责任人员处五日以上十五日以下拘留。

第七章　医疗争议处理

第一节　概　述

在医疗实践里我们经常会遇到医疗纠纷和医疗事故纠纷的问题。医疗纠纷与医疗事故是两个不同的概念，二者既存在区别又互相联系。简而言之，医疗纠纷是医疗事故的上位概念。但什么样的情形属于医疗纠纷，什么样的情形属于医疗事故，需要明确理解和把握，不同的认定会关系到医疗活动的行政监督和医疗损害赔偿的法律适用及案件裁判的差异。本章将围绕医疗纠纷的定义、特点和种类，非医疗纠纷的情形，医疗事故的内涵、特征、等级和不属于医疗事故的情形进行介绍。

一、医疗纠纷概述

（一）医疗纠纷的概念

纠纷的发生都是由于当事各方对同一事实存在认识上的分歧与争议，医疗纠纷的发生同样是源于医患双方就医疗过程中的某一事实存在认识不一致的情况。从广义的角度来说，凡是患者或其家属对患者诊疗护理过程中存在不满意或认为医务人员在诊疗护理过程中存在失误，并对患者造成不良后果进行责任追究等情形；在医疗过程中，医患双方发生的所有争议，都统称为医疗纠纷。譬如，在诊疗过程中因医方不规范操作等违规行为加剧了患者痛苦的情形下，患者或其家属要求卫生行政部门以及司法机关追究相关责任人的责任而发生的纠纷。就医疗纠纷的法律性质来看，广义的医疗纠纷包括医患双方发生的民事纠纷（民事赔偿等）、行政纠纷（行政处罚等）、刑事纠纷（医疗事故罪等）。如当事人双方对是否构成医疗事故发生的争议、医疗机构因为患方拖欠相关的医疗费用而发生冲突等。从狭义的角度说，医疗纠纷指的是医方和患方对诊疗护理过程中出现的不良后果以及出现缘由的认知存一定的差异而导致的纠纷。医疗机构及其医务人员在诊断、治疗、护理的过程中，因诊疗护理原因，患者及其家属与医方发生争执，属于狭义上的医疗纠纷。狭义上的医疗纠纷，不包括诊疗护理之外的原因而发生的医患冲突，如拖欠医疗费用而发生的纠纷。

（二）医疗纠纷的特征

医疗纠纷既有其法律性特征也有其社会性特点，以下将主要从这两个方面对对医疗纠纷的特点展开介绍。

1. 医疗纠纷的法律特征

首先，医疗纠纷的主体是医患双方。其中医方包括综合医院、专科医院、单位内设的职工医院、门诊部、诊所、卫生所、卫生室等医疗机构及其医务人员，特殊情况下还包括医疗机构的后勤人员等；患方主要指因患病而就医的自然人，既包括中国人、外国人也包括无国籍人，以及患者家属等。医患双方在法律上的地位是平等的，因此从根本上来说医方和患方之间的关系是民事意义上的医疗服务关系，具备民事法律关系的相关特点。

其次，医疗纠纷的客体是患者的身体权、生命权和健康权。医疗纠纷的发生多源于患者或其家属认为病患的人身权利、生命权利以及健康权利由于诊疗护理行为而遭受侵害。由于医疗纠纷通常是基于诊疗护理所产生的不良后果而提出，所以医疗纠纷的原因一般发生在诊疗护理过程中。

最后，医疗纠纷可归类为医疗服务合同纠纷或医疗侵权纠纷。医疗活动也是一种合同关系，医患双方就履行医疗服务合同，对医疗服务质量既包括技术方面也包括服务态度等方面发生争议而形成的医疗服务合同纠纷。因为调整医疗活动的法律竞合原因，医疗活动中医疗行为也可能构成侵权法律关系，形成医疗侵权纠纷。违约行为与侵权行为可能同时并存，违约责任与侵权责任发生竞合。根据《合同法》第一百二十二条的规定，可由当事人选择其中一种方式来实现权利救济。

2. 医疗纠纷的社会特征

随着医疗卫生制度改革的不断深入，医疗服务的水平和能力逐渐提升，医疗相关的法律法规逐渐健全，病患的自我保护意识增强，医疗纠纷也表现出很多新型的社会性特征。

其一，医疗纠纷的数量呈上升趋势。根据相关统计信息，近年来，我国不同级别和种类的医疗机构发生的医疗纠纷都在不断地增加,而经人民法院审理的医疗纠纷案件的数量也呈普遍上升趋势。

其二,医疗纠纷日益复杂化。随着科学技术的发展和人民生活水平的提高,人们的健康需求更加突出。医疗资源的有限性及其分布的非均衡性,一定程度上加剧了医患关系的紧张。多种社会矛盾反映在医患关系之中,医患纠纷成为社会关注的热点、焦点和难点,医疗纠纷发生的原因更加多元化,医疗纠纷处理的复杂度增加。

其三,医疗纠纷索赔金额加大。通过对三级医院和二级医院发生医疗纠纷的案件统计显示,近年来患方要求赔偿金额较过去有大幅度提高。

其四,医疗纠纷处理的法律适用亟待规范。目前医疗纠纷的适用法律法规多样,相互衔接和配套上还不够完善。在医疗损害鉴定、医疗侵权赔偿标准等方面相关规定不统一。处理医疗纠纷适用的法律法规甚多,如《医疗事故处理条例》《医疗机构管理条例》《民法总则》《侵权责任法》《合同法》等。虽然《医疗事故处理条例》的应用较多,但它与其他诸多法律法规间还存在尚不能完全协调及法律效力的差异,导致处理结果的不确定性增加。

(三)医疗纠纷的分类

按照医方发生的过失行为,我们将医疗纠纷划分为医疗过失纠纷和非医疗过失纠纷。医疗过失纠纷也被叫做是医源性医疗纠纷,指的是医疗机构及其医务人员因违反法律法规和相关操作规范等导致的医疗纠纷。医疗过失纠纷主要包括医疗事故和医疗差错。非医疗过失纠纷也称非医源性医疗纠纷,是指因为病患或者病患的家属,对医院的有关规章体系理解不到位、对医疗行为认知不够、医疗信息沟通不畅、病患和家属没有遵循医嘱等情形导致的医疗纠纷。医疗意外、并发症、病情自然转归以及医疗之外的缘由造成的纠纷就是我们所说的非医疗过失纠纷。

1. 医疗过失纠纷

依照《医疗事故处理条例》,医疗过失纠纷被划分成医疗事故纠纷和医疗差错纠纷两种不同的类型。医疗事故指的是医疗机构及其医务人员在医疗活动中,违反医疗卫生管理法律、行政法规、部门规章和诊疗规范、常规,过失造成患者人身损害的事故。医疗差错指的是在诊疗和护理的过程中,医务人员出现失误,但这种失误没有对病患造成严重损害后果的医疗过失。依照

《医疗事故处理条例》的相关规定，医疗事故的后果要达到一定的严重程度，导致死亡、残疾或者是组织器官受损造成功能障碍等，那些未达到事故程度的医疗过失我们称作医疗差错。换句话说，医疗差错和医疗事故大致是一样的，两者不同的地方就是损害后果程度上的不同。

2. 非医疗过失纠纷

非医疗过失纠纷常见的包括以下几种情形引发的纠纷：

其一，医疗意外。医疗意外是指医务人员在诊疗护理过程中，由于患者的病情或患者体质特殊而发生的难以预料和防范的，造成患者死亡、残疾或功能障碍的不良后果。医疗意外的发生是在当时的条件下，医务人员无法预见，不能防范的原因所引起的不良后果，且医务人员的医疗行为和损害后果之间并不存在因果关系。

其二，并发症。并发症，是指在医疗活动中，由于一种疾病合并发生另外一种或几种疾病，而后一种或几种疾病的发生是医务人员难以预料和防范的。一种疾病并发另一种疾病所导致的不良后果，并非医务人员的诊疗护理过失所致。并发症与医疗意外的区别就在于医疗意外是由本疾病所导致的不良后果，而并发症则是由本病引起的其他疾病导致的不良后果。

其三，病情自然归转。病情自然归转指的是患者的病情自然发展的结果。如脑溢血或脑血栓形成，医疗终结后肢体瘫痪等。患者人身损害的后果确实是病情自然转归造成的，在现有医学技术条件下还达不到有效治疗或治愈的程度或者医务人员在诊疗护理过程中没有过失，就不属于医疗事故。

二、非医疗纠纷概念和种类

（一）非医疗纠纷的概念

非医疗纠纷，即不在医疗过程中，尚在寻求救治的过程中或医疗终结之后，或在医疗活动中，医患双方因医疗行为之外的原因引起的纠纷。通常情况下指的是因为诊疗护理的服务态度、医疗费用、患者隐私保护等缘故导致的医患之间的矛盾和纠纷。在非医疗纠纷里，双方争议的问题不是诊疗护理本身，而是那些非诊疗护理原因引发的冲突。如患者在诊疗过程中，因医务人员的服务态度生硬、医疗机构不合理不合规的收费、医务人员违反了保密义务，没有取得患者同意而在公开发表的文章中使用患者的姓名及其病案信息等泄露患者隐私等，都可能引发医患之间的非医疗纠纷。

(二)非医疗纠纷的种类

1. 非法行医引发的非医疗纠纷

非法行医,是指未取得医疗机构执业许可证开展医疗活动以及未取得医生执业资格证的人从事医师执业活动的相关行为。根据医疗纠纷的定义可知,医疗纠纷的主体一方是医疗机构或个体开业医师,其都是经过行政许可,获得批准或备案,取得医疗机构执业许可证或执业资格才能从事医疗服务。医疗机构或个体执业医师在依法提供医疗服务过程中,与患者或其家属发生的争议才属于医疗纠纷。由于医疗活动主体一方不具备依法行医执业资格,不符合医疗纠纷的主体要求,因此而导致病患人身受到侵害的事件并不属于医疗纠纷,也不是医疗事故。那些采用不正当手段获取医师执业资格从事相关诊疗活动的,个人或者是单位还没有获得医疗机构执业许可证就私自进行医疗活动的,或者是按照法律规定被吊销了医师执业证书期间还进行医疗诊治活动的,没有取得乡村医师执业证书却进行乡村医疗诊治活动的,家庭接生员实施家庭接生之外的医疗行为的都属于非法行医。非法行医严重扰乱医疗秩序,危害公民健康,为国家法律严格禁止。实施非法行医行为,相关当事人因违反法律规定将面临民事责任、行政责任乃至刑事责任追究。

2. 非治疗疾病目的而引发的非医疗纠纷

近年来,医疗美容机构的数量快速增加,医疗美容行业规范管理不足,各美容机构及其从业人员的水平参差不齐,医疗美容行为引发的纠纷日益增多。但根据医疗纠纷的定义与特征,只有以诊疗疾病为目的的行为才能称之为医疗行为,也只有基于疾病诊疗以及与疾病诊疗相关的事项发生的纠纷才属于医疗纠纷。因此,单纯追求形体貌美而进行隆胸隆鼻、文眉绣眉等美容行为则不属于医疗行为,由此而引发的争议也不属于医疗纠纷。此外,民间常见的点痣、单纯的拔火罐、推拿按摩等并未以治疗疾病为目的的,因其引发的纠纷也不属于医疗纠纷。

3. 利用医疗行为实施犯罪而引发的非医疗纠纷

利用医疗行为实施犯罪的行为主体一般是医务人员,其假借医疗活动而实施犯罪行为。实施犯罪行为的医务人员与患者之间的纠纷不是医疗纠纷。如某医生为了报复负心前女友在为其实施阑尾手术时,将其双侧卵巢切除,其行为构成故意伤害罪。对于利用医疗行为而实施犯罪行为,对行为人将依法追究其刑事责任。

4. 因医疗服务态度引发的非医疗纠纷

在疾病发生发展的过程中,心理因素和社会因素在其中发挥的作用逐渐增加。患者与医务人员在医疗活动中的相互交流和有效沟通,对于疾病的诊疗护理具有积极作用。患者就医过程中的心理需求不容忽视,需要医务人员更耐心地倾听患者的心声,更加注重心理疏导和精神抚慰,从心理方面更多地帮助患者。但是在现实生活中部分医务人员对患者的心理需求重视不够,人文关怀不足,沟通的言语不恰当,医疗服务态度生硬等都会导致纠纷发生。如医务人员对病情估计过重,会使患者增加心理负担;但是预后评估过轻又会使患者及其家属期望值过高,一旦最后结果与预期不符,就可能引发纠纷。

5. 因隐私权、肖像权、知情同意权引发的非医疗纠纷

依据《执业医师法》《医疗机构管理条例》《医疗事故处理条例》等有关法律法规,患者享有知情同意权,医疗机构及其医务人员在医疗活动中要尊重患者的自主权利,要履行相应的告知义务。在医疗活动中不能泄露患者的隐私信息以及违规使用患者的肖像。侵害患者的隐私权、肖像权及知情同意权的行为并不属于医疗行为,和通常的民事侵权行为无异。侵犯患者隐私权、知情同意权以及肖像权的,当事人因为这些侵权行为而发生争议,不属于医疗纠纷。

三、医疗事故及其行政处理

1987年国务院发布了我国第一个处理医疗事故的专门法规《医疗事故处理办法》。在多年实践经验总结基础上,经过广泛的立法调研,对该办法进行了修订,国务院于2002年2月20日通过了《医疗事故处理条例》,其于2002年9月1日起生效。与《医疗事故处理条例》相配套,2002年8月,原卫生部先后颁布了《医疗机构病历管理规定》《医疗事故技术鉴定暂行办法》《医疗事故分级标准(试行)》《医疗事故争议中尸检机构及专业技术人员资格认定办法》、《重大医疗过失和医疗事故报告制度的规定》《医疗事故技术鉴定专家库学科专业组名录(试行)》等部门规章,对医疗事故争议处理提供了相应法律规制。2009年12月26日,第十一届全国人大常委会颁布了《侵权责任法》,其2010年7月1日生效实施。在《侵权责任法》第七章"医疗损害责任"规定的11条中,针对医疗损害民事责任作了较为详尽的规定。医疗损害

概念在外延上包含了医疗事故，但又不限于医疗事故。涉及医疗事故民事纠纷的处理将过渡到统一依据民法规定处理，但在医疗事故行政责任追究问题上，仍然按照《医疗事故处理条例》等相关法规、规章执行。

（一）医疗事故的概念

依据《医疗事故处理条例》第二条规定，医疗事故是指医疗机构及其医务人员在医疗活动中，违反医疗卫生管理法律、行政法规、部门规章和诊疗护理规范、常规，过失造成患者人身损害的事故。

（二）医疗事故的构成要件

从《医疗事故处理条例》对医疗事故的界定可以看出，构成医疗事故必须满足以下要件：

1. 医疗事故的责任主体是医疗机构及其医务人员

医疗活动的主体是医疗机构和医务人员，国家对从事医疗活动的医疗机构和医务人员规定了严格的许可制度。所谓医疗机构必须是取得设置医疗机构批准书，取得医疗机构执业许可证的合法机构；医务人员也必须是依法取得执业资格的人员。凡未经卫生行政部门批准（备案）而擅自开展医疗活动的，都是非法行医。非法行医造成患者人身损害的，不属于医疗事故。患者由于自己的过错造成不良后果的，也不能认定为医疗事故。

2. 造成医疗事故的行为具有违法性

国家为规范医疗活动，保障人民群众的生命健康，制定了大量的医疗卫生管理的法律、行政法规、部门规章，卫生行政部门、行业协会以及各级医疗机构依据法律、法规、规章制定了医务人员诊疗护理的规范、常规。遵守法律、法规、规范和常规是医疗机构及其医务人员开展医疗活动合法性、正当性的必要前提，违法违规不一定构成医疗事故，但造成医疗事故的行为必定违法违规。

3. 过失造成患者人身损害

造成患者人身损害，是医疗机构及医务人员在医疗活动中侵害患者身体，对患者的生命权、健康权所造成的损害。对患者人身损害的发生，医疗机构及医务人员具有主观上的过失。过失是行为人对其行为结果应当预见而没有预见，或者已经预见但轻信能够避免的主观心理状态。过失区别于故意，如果是主观上是故意而造成患者人身损害,则不属于医疗事故的范畴。

4. 过失行为与患者损害后果之间具有因果关系

因果关系是现象之间引起和被引起的特殊联系,引起某种现象的现象称之为原因,被某种现象所引起的现象称之为结果。在医疗活动中,医疗机构及其医务人员是否对所发生的患者人身损害的后果负责,必须查明是否系医务人员的过失行为所致。只有查明患者人身损害后果与医务人员的过失行为之间具有因果关系,才能认定为医疗事故,医疗机构及其医务人员才承担相应的法律责任。实践中,过失行为与患者的损害之间往往存在多种情况,因果关系表现为一因一果、一因多果、多因一果、多因多果等复杂情况,在医疗事故纠纷案件处理中,因果关系认定起来比较困难,需要结合案情具体分析,准确把握。

按照医疗事故形成的原因,在实践过程中,我们可以把医疗事故分成以下几种:

(1)与管理有关的医疗事故。

与管理有关的医疗事故指由于医院管理存在漏洞、医务人员不负责任等造成患者人员损害的事故。如医疗机构对病患片面强调制度和相关的条件,借助相应的缘故互相推卸责任,丧失了抢救的时机,将病危的患者不当转院,导致不良后果发生;医务人员擅自离开自己的岗位,错过了治疗和抢救最好时间导致不良后果的;不遵循卫生管理的相关法律规定、违反诊疗护理规范、常规和临床相关操作规定的;没有进行严格的查对,没有清晰的交接班,没有遵循医嘱,护理不恰当导致不良后果出现;等等。医疗机构的领导人员以及后勤服务相关人员,要清晰自己的岗位职责,相互协调,彼此配合。由于没有做好相关的组织和配合工作导致不良后果出现的,也可能导致医疗事故的发生。

(2)与手术有关的医疗事故。

与手术有关的医疗事故指的是在手术过程中,由于医务人员过失引起患者人身损害的医疗事故,常见的引起事故的原因有误切除患者组织器官;麻醉药物使用超标,麻醉操作流程不当等引发不良后果。

(3)与输血、输液有关的医疗事故。

常见的包括:输血的类型不匹配导致的溶血反应,在血型检验和交叉配血检验过程中出现了失误,配血错误;违反临床输血技术规范,操作不当等导致不良后果；输液剂量较大，速度过快，导致了心脏衰竭，肺水肿等不良后果。

（4）其他诊疗护理中的医疗事故。

（三）医疗事故的分级

为正确处理医疗事故，合理确定法律责任，保护患者和医疗机构及其医务人员的合法权，《医疗事故分级标准（试行）》根据对患者人身造成的损害程度，把医疗事故分为四级十二等，每一等都列出了具体的损害情形，便于分级分等参照。

（1）一级医疗事故：造成患者死亡、重度残疾，分为甲、乙两等。

（2）二级医疗事故：造成患者中度残疾、器官组织损伤导致严重功能障碍，分为甲、乙、丙、丁四等。

（3）三级医疗事故：造成患者轻度残疾、器官组织损伤导致一般功能障碍，分为甲、乙、丙、丁、戊五等。

（4）四级医疗事故：造成患者明显人身损害的其他后果的医疗事故，未分等。

（四）不属于医疗事故的情形

由于人体的特异性和复杂性，即使现代医学科学有了很大发展，很多疾病依旧是很难准确诊断和有效治疗的。在诊疗护理的过程中，医务人员认真履行自己的职业职责，全力救治患者，仍不能确保诊治的效果。在医疗活动中发生的人身损害后果，并非都是医疗事故，只有符合医疗事故的构成要件的才能确认为医疗事故。《医疗事故处理条例》第三十三条规定了不属于医疗事故的几种情形：

1. 在紧急情况下为抢救垂危患者生命而采取紧急医学措施造成不良后果的

抢救行为指的是医务人员为挽救患者的生命，治愈疾病，在采取其他措施难以达到此目的时，不得不冒一定风险而采取的紧急救护措施。抢救行为在客观上看，这种行为虽然给患者造成了一定的损害，但它是为了保护患者的生命与健康权利，旨在救死扶伤；在主观方面，医务人员实施抢救行为，是万不得已才采取的紧急医疗措施，其目的在于使患者脱离危险，保护患者最重要的生命健康权益。当然，医务人员的抢救行为措施应得当，因采取救治措施不当，医疗机构及其医务人员明显存在过错给患者造成损害的，应承担相应的责任。对此，不宜苛求医务人员，否则，不利于医务人员积极采取措施抢救患者生命。只要医务人员在抢救过程没有明显的过错并加速患者死亡或造成不应有的损害，就不应当由医务人员承担责任。

2. 在医疗活动中由于患者病情异常或者患者体质特殊而发生医疗意外的

医疗意外的发生并不是医务人员的过失行为导致，而是患者自身体质变化或特殊病情发生的。每个人都是独特的生命体，个体的差异性客观存在。临床上同一种常见的疾病，在不同个体身上表现出来的症状也各有不同，在治疗中采取同样方法所获得的疗效也存在差异。加之医学技术发展的局限性，医疗行为总是一个不断探索的过程，医疗行为本身也具有一定的局限性和高风险性。为此，在防控医疗意外上，需要医务人员在诊疗护理中更加审慎，充分履行预见危险发生并防止危险结果发生的注意义务。

3. 在现有医学科学技术条件之下，发生无法预料或者不能防范的不良后果的

医学发展十分迅猛，人们对疾病的认知增多，诊治疾病的能力有所提高，但是目前医学研究中还存在许多未知因素，仍有一部分疾病难以查清病因并做明确诊断和有效治疗。在医疗活动中出现无法预料和不能防范的现象，虽然有患者人身损害的后果发生，但却是由于医学技术的局限而无法避免。对此，不能将其归咎于医务人员，不能按照医疗事故来处理。

4. 无过错输血感染造成不良后果的

输血感染一般是指因血液被细菌污染或含有病毒而使患者出现血液污染反应或感染其他疾病。通常情况下，输血感染是可以避免的。目前医疗机构所使用的血液是由血站提供的，血液的质量应由采集单位、制造单位负责，作为使用单位的医疗机构只是对血型是否符合，包装是否完整等方面进行检查。在输血时，如果医疗机构没有过错，输血感染不是由医疗行为所导致的，就不能按照医疗事故进行处理。

5. 因患者原因延误诊疗导致不良后果的

在医疗诊治护理过程中，除了需要医务人员的恪尽职守，还需要患者和

家属的有效配合。如果患者或患者家属没有积极响应医务人员的工作，如不如实陈述病情、症状、病史，或者不遵医嘱服药等，使得医务人员的诊疗护理工作无法正常进行，以致延误诊治或抢救时机，会给患者自身造成不良后果。针对这种情况，过错在于患者及其家属方面，不存在医务人员的诊疗护理过失的，将由患者及其家属承担相应的责任。

6. 因不可抗力造成不良后果的

不可抗力，是指"不能预见，不能避免并不能克服的客观情况"。不可抗力包括自然原因如地震、海啸、台风等，还包括社会原因如战争等。不可抗力独立于人的行为之外，并且不受当事人意志支配的现象，也是各国立法中通行的免责事由。如果患者人身损害是由不可抗力引起的，损害后果与医务人员的医疗行为之间没有因果关系，则不能按照医疗事故进行处理。需要关注的是，在医疗事故认定过程中，不可抗力不是针对医疗行为而言的，而是就医疗行为之外的客观情况，如因自然灾害导致手术不能实施从而延误手术时机等，医疗行为本身，在任何情况下都不属于不可抗力范畴。

（五）医疗事故的处置措施

在医疗活动中，医疗事故是可以避免的，医疗事故并不必然发生。重要的是要采取各种措施加强医疗事故的预防，尽可能减少医疗事故的发生。一旦发生或发现医疗事故，需要及时采取有效措施控制事态，防治损害的扩大，也为后续正确处理医疗事故创造条件。

1. 医疗事故的报告

医务人员在医疗活动中发生或者发现医疗事故，可能引起医疗事故的医疗过失行为或者发生医疗事故争议的，应当立即向所在科室负责人报告，科室负责人应当及时向本医疗机构负责医疗服务质量监控的部门或者专（兼）职人员报告；负责医疗服务质量监控的部门或者专（兼）职人员接到报告后，应当立即进行调查、核实，将有关情况如实地向本医疗机构的负责人报告，并向患者通报、解释。发生导致患者死亡或者可能为二级以上的医疗事故；导致3人以上人身损害后果的，医疗机构应当在12小时内向所在地卫生行政部门报告；发生导致3名以上患者死亡，10名以上患者出现人身损害的，医疗机构应当立即向所在地县级卫生行政部门报告，地方卫生行政部门应当立即逐级报告直至国家卫计委。

2. 补救措施

发生或者发现医疗过失行为，医疗机构及其医务人员应当立即采取有效措施，避免或者减轻对患者身体健康的损害，防治损害扩大。

3. 病历资料和实物封存措施

病历是对患者健康状况及其疾病发生、发展及转归过程、诊疗方法、治疗措施及其效果所做的全面记录。一般情况下，可以通过病历直接判断医疗过程中医务人员是否存在诊疗护理过失。病历对于正确处理医疗事故具有重要的证据意义。发生医疗事故争议时，死亡病例讨论记录、疑难病例讨论记录、上级医师查房记录、会诊意见、病程记录等主观病历资料应当在医患双方在场情况下封存和启封，封存的病历资料由医疗机构保管。疑似输液、输血、注射、药物等引起不良后果的，医患双方应当共同对现场实物进行封存和启封，封存的现场实物由医疗机构保管。

4. 尸检措施

患者死亡，医患双方当事人不能确定死因或者对死因有异议的，应当在患者死亡后 48 小时内进行尸检，具备冷冻条件的，可延长至 7 日进行尸检。尸检应当由按照国家有关规定取得相应资格的机构和病理解剖专业技术人员进行。拒绝或拖延尸检，超过规定时间，影响对死因判定的，由拒绝或拖延的一方承担责任。

（六）医疗事故的技术鉴定

1. 医疗事故技术鉴定体制

（1）组织机构：患者的人身损害除少数因为医疗机构及其医务人员存在明显过失而被医疗机构或卫生行政部门认定为医疗事故外，多数情况下表现为医疗事故争议。需要有一个医患双方之外的第三者进行客观、公正和科学的鉴定。目前法律赋予医学会组织医疗事故鉴定的职权。由市级医学会负责首次鉴定，省级医学会负责再次鉴定，中华医学会只在必要时组织疑难、复杂并在全国有重大影响的医疗事故鉴定工作。

（2）参与人员：负责医疗事故技术鉴定的医学会建立医疗事故技术鉴定专家库。专家来源于医疗机构、医学教学科研机构、法医。专家来源除本行政区域外，也可以来自外省市。鉴定专家应当具有良好的业务素质和执业品德，受聘于相关机构并担任相应专业高级技术职务 3 年以上。医疗事故技鉴定，通常是由医患双方在医学会主持下从鉴定专家库中随机抽取 5 名或 7 名专家组成鉴定组。

（3）鉴定方式：采取合议制，专家鉴定组人数为单数，涉及的主要学科的专家一般不得少于鉴定组成员的二分之一；鉴定结论需要由专家鉴定组成员过半数通过。

（4）回避制度：专家鉴定组成员如果是医疗事故争议当事人或者当事人的近亲属的；或者与医疗事故争议有利害关系的；或者与医疗事故争议当事人有其他关系，可能影响公正鉴定的，应当回避。当事人也可以以书面或口头方式申请其回避。

2. 医疗事故技术鉴定的程序

（1）鉴定的提起：一是医患双方共同委托医学会组织鉴定。二是卫生行政部门接到医疗机构发生医疗事故争议和重大医疗过失行为的报告，或者医疗事故争议当事人要求处理医疗事故争议的申请后，认为需要鉴定的，移交医学会组织鉴定。三是人民法院受理因医疗行为引起的侵权诉讼后，认为需要鉴定的，委托医学会组织鉴定。

（2）鉴定的受理：受理鉴定的医学会，自受理之日起 5 日内通知医患双方当事人提交鉴定所需要的病历资料原件、封存保管的输液、注射用品及血液、药物等实物，或者依法具有相应资格的检验机构对此类实物所作的检验报告。医患双方当事人自收到通知之日起 10 日内提交鉴定的材料、书面陈述及答辩等。

（3）实施鉴定：医学会自收到双方当事人提交的有关材料、书面陈述及答辩之日起，45 日内组织鉴定。医学会在实施鉴定 7 日前，应将鉴定的时间、地点、要求等书面通知双方当事人，双方当事人按照要求参加鉴定。

（4）鉴定结论：专家组应当在事实清楚、证据确凿的基础上，综合分析患者的病情和个体差异，作出鉴定结论，并制作医疗事故技术鉴定书。鉴定书应当列明双方当事人的基本情况及要求，当事人提交的材料及负责组织鉴定工作的医学会的调查材料，说明鉴定过程，确定医疗行为是否违反相应法规、规章及诊疗护理规范、常规，医疗过失行为与人身损害后果之间是否存在因果关系，医疗过失行为在医疗事故损害后果中的责任程度，医疗事故的等级，提出对医疗事故患者的医疗护理医学建议。

（5）再次鉴定：任何一方当事人对首次鉴定结论不服，可以在收到鉴定书之日起 15 日内向卫生行政部门提出再次鉴定的申请,或者双方当事人共同委托省、自治区、直辖市医学会组织再次鉴定。

(七) 医疗事故的行政处理与监督

医疗事故及其争议,可以由双方当事人选择协商、第三方调解、诉讼、卫生行政部门处理的途径进行处理。此处介绍医疗事故的行政处理与监督情况。

1. 受理

卫生行政部门处理医疗事故及其争议,需要由当事人提出书面申请。由当事的医疗机构所在地的县级卫生行政部门受理管辖。如果是患者死亡,或者可能为二级以上医疗事故情形的,县级卫生行政部门应当自接到申请之日起 7 日内移交上一级卫生行政部门处理。卫生行政部门自收到申请之日起 10 日内进行审查,对符合《医疗事故处理条例》规定的,予以受理;不符合规定的,不予受理并书面通知申请人且说明理由。

2. 处理

卫生行政部门受理当事人医疗事故争议处理申请,接到医疗机构关于重大医疗过失行为报告后,对于不能判断是否属于医疗事故的,在作出受理决定之日起 5 日内将有关材料交由市级医学会组织鉴定,并书面通知申请人。卫生行政部门受理的再次鉴定的申请,自收到申请之日起 7 日内交由省级医学会组织再次鉴定。

对于鉴定为医疗事故的,双方当事人可就医疗事故损害赔偿问题申请卫生行政部门进行调解,卫生行政部门可以进行调解处理。

3. 监督

卫生行政部门收到医学会出具的医疗事故技术鉴定书后,应当对参加鉴定的人员的资格、专业类别、鉴定程序进行审核,如果发现鉴定不符合《医疗事故处理条例》规定的,要求重新鉴定。

医疗机构应当将医患双方协商解决医疗事故争议的情况、经过人民法院调解或判决的医疗事故争议的情况向所在地卫生行政部门作出书面报告,并附具协议书、调解书或判决书。

县级以上卫生行政部门必须逐级将当地发生的医疗事故及对发生医疗事故的医疗机构及其医务人员作出的行政处理情况上报国务院卫生行政部门。

第二节 医疗服务合同纠纷及其处理

医疗服务合同也被叫做是医疗契约和医疗合同,是指医疗机构或者医务人员与患者之间基于相互信任而签订的以诊疗护理、患方费用支付为内容的合同,属民事法律关系中的有偿合同。医疗服务合同是一种特殊的合同,一方面是因为在我国《合同法》的典型合同中没有规定;另一方面,学界对医疗服务合同的性质有着不同的观点。本章节先介绍医疗服务合同的定义、属性,特征;然后说明医方的合同权利,患方的合同权利;最后介绍医方和患方违反医疗服务合同的法律责任。

一、医疗服务合同概述

(一)医疗服务合同定义

医疗服务合同指的是双方当事人按照一方当事人提供医疗服务,另一方当事人接受医疗服务并支付相关费用的协议。一般情况下负责提供医疗服务的是医疗机构以及医务工作者,我们可以称作是医方;接受医疗服务的一方是病患,也就是我们所说的患方。在这一概念里,医方对患者提供的医疗服务必须基于其拥有的医学理论知识和技术、经验及其他可调动的医疗资源,并依据法律、法规、规章及诊疗技术规范和操作规程,为患方解决特定的健康问题。鉴于医疗保健服务的多样性及民众健康需求的广泛性,医疗服务合同类型也表现出多样性。

(二)医疗服务合同性质

医疗合同是一种特殊性质的合同,对它的性质划分也众说纷纭。其中较为常见的说法认为医疗合同是一种委托合同或者准委托合同,或雇佣合同或者承揽合同、非典型合同,以及混合合同等。大部分学者认为是委托合同,我国台湾地区目前也在采用这种观点,认为医疗合同是劳务并且给予酬劳,医疗机构提供医学治疗作为事实行动,但行动的有偿性不作为其必要条件,以行为的不再持续作为合同的终止条件。医生是根据其医学知识、医学经验来做出诊断,并自主决定所需要采取的医疗措施,不受患者约束,因此医疗合同是委任合同的一种。

日本学界和司法实践中一般认为医疗服务合同是准委任合同。在日本民法中对委任合同与准委任合同做出了划分，委任合同仅限于它所处理的事务是法律事务，对于所处理的事务为非法律事务的，则称为准委任合同。因以治疗为目的的医疗行为绝大多数是事实行为而不属于法律行为，由此医疗服务合同被认定为准委任合同。

德国学界的观点是将医疗服务合同归类为雇佣合同。所谓雇佣合同，是雇佣者提供劳动工具等并给予劳动报酬给被雇佣者，被雇佣者为雇佣者从事某种劳动，签订的协议。在德国民法上，将委任合同限定于无偿委任。委任合同不同于医疗服务合同，委任契约都是无偿性的，而医疗服务合同却是患者向医方支付一定报酬，是有偿性的。

关于承揽合同，在我国的《合同法》中规定，承揽人完成定作人赋予的工作并提交工作成果，定作人支付相应的报酬的协议称为承揽合同。一些学者认为医疗服务合同是承揽合同，他们认为医疗契约是医疗机构提供医疗诊治行为，如配备近视眼镜、补牙、镶牙等，患者支付相应的诊疗费用为给付内容。所以医生跟患者签订的合同也属于承揽合同。

非典型合同说认为，简单地把医疗协议划分为承揽协议和其他的协议概括不了全部的医疗协议。因为医疗协议给人们的首要印象是病患在签订协议以后再由医疗机构提供相应的医疗服务，并收取一定费用，具有委任合同的一些特征。但是仔细对比委任合同的性质与特征，就可以发现医疗合同的复杂性并不能完全归类于委任合同。因此，有学者将其界定为非典型合同。

持混合合同说的学者认为，由于医疗合同中的给付内容复杂多样，所以不能简单将其界定为某一单一的合同类型。譬如，以诊断、手术等医疗行为为合同内容的，则属于委任合同；而向患者售卖药品等行为，又属于买卖合同；当患者租用医疗机构的床铺、医疗器材等，则又属于租赁合同。

目前，我国学术界与司法实务界都还未对医疗服务合同的性质形成固定的学说。我们认为，以上各种学说都有其合理的方面，但也有片面的地方。综合考虑到医疗诊治行为的复杂性、给付内容的多样性、提供医疗服务的专业性等，都不能将医疗合同归类为《合同法》中的某一种有名合同范畴。而人民法院在审理这类案件时，应做到具体问题具体分析，把判定责任承担的重点放在每个医疗合同中的具体权利义务关系上。对医疗合同性质的判定，实质上并不影响医疗服务合同的民事法律关系的效力。

(三)医疗服务合同分类

根据诊疗的目的和内容,医疗服务合同分为四类,分别是一般医疗服务合同、保健服务合同、实验性医疗合同,以及特殊医疗服务合同。

一般医疗服务合同是指患者出现健康问题,由患方委托医方诊疗护理而成立的医疗服务合同。它是以治疗疾病为目的合同,例如门诊治疗、手术治疗、住院治疗等,医患双方的权利义务也是围绕疾病的诊疗护理而设立的。它是医疗服务合同的主要类型。

保健服务合同是指以发现疾病而非诊治为目的,约定由医务人员对患者身体状况进行检查的合同。人们对健康的重视程度增加,对健康保护的需求也日益扩大,都希望更好地预防和控制疾病,力求早发现早治疗。保健服务合同包括各种健康检查合同、母婴保健合同、孕期检查合同等。

实验性医疗合同,分为以诊疗为目的的实验性质合同,或者纯实验性质的医疗服务合同,而前者与一般医疗服务合同的内容基本一致,主要区别在于实验性诊疗所采用的方法或者所带来的后果在医学上还没有一个确定性的结论,实验性诊疗可以包含于一般诊疗中。而纯试验性医疗服务合同是指人体试验合同,这种合同虽与医学进步有关,但本身与诊疗无关。

特殊医疗服务合同是指患方基于特别的生理需求,向医方提出特殊医疗要约,而医方承诺实施该医疗行为而订立的医疗服务合同。随着医学的发展,很多医疗服务合同已经不再局限于以诊疗为目的,特殊医疗合同也大量出现。这类医疗服务合同的外延日益扩大,包括整形美容、器官移植、变性手术、终止妊娠、人工授精、增高手术等。

(四)医疗服务合同特征

根据以上叙述的医疗服务合同的属性,我们能够知道医疗服务合同与《合同法》中规定的有名合同有相似之处,但因其给付内容的多样性与复杂性,医疗服务合同具有自身的特征。

首先,医疗服务合同具有强制缔约性。一般合同的签订基于自愿原则,合同双方可以选择是否签署合同。但是,医疗合同的内容比较特殊,大都关系到患者的健康权、生命权等,医疗机构具有"救死扶伤,治病救人"的社会责任和社会公益的属性。所以当患者对医疗机构要求诊治的时候,医疗机构不能无故拒绝对患者的诊治和救助。表现在法律上,医方负有"强制缔约义务",即如果病患有了要约的确定表示,医方就应该履行承诺,进行医疗救治,否则就要担负起相应的强制缔约过失责任。

其次,医疗服务合同中医方主体具有资格限制性。在医疗服务合同中医疗机构是医疗服务合同的主体,在执业资格上具有严格的限制性。《医疗机构管理条例》中明确规定,医疗机构必须要依法登记并获取医疗机构执业许可证,而在医疗机构开展诊疗护理活动的医务人员也必须是具备相应资质的专业技术人员。医疗服务合同对医方资格的限制性,有利于保障公民的生命健康权。

最后,医疗服务合同内容具有不确定性。虽然医学技术已有长足的发展,但医学未知领域还有很多。由于每个人体是复杂的生命体,具有特殊性,患者体质的不同,即使对同一疾病采取相同的诊疗手段,也会出现不同的诊疗效果。这就决定了,医疗行为不可能有一套预先设定的固定模式和方法来照搬、套用在所有患者身上。因而,医疗合同的内容具有不确定性,其行为结果事先也是无法预测的。在实施医疗诊治的过程中,医务人员需要根据患者的病情、体质、治愈疾病应采取的方式和医疗设备等情况,综合考虑后再对患者进行诊疗护理。

二、医患双方的合同权利和义务

(一)医疗服务合同主体

合同主体是合同关系的主体,又称合同当事人,是指在合同法律关系中享有权利并承担义务的人。具体来说,医疗服务合同的主体涵盖医方和患方两个方面。其中,医方主要包括各个类别的医疗机构及其医务人员,患方指的是患者本人以及患者亲属,与患者关系密切的朋友、法定代理人、监护人、工作单位等。

(二)医方权利和义务

医疗服务合同的目的就是要明确医患双方所享有的权利和所要承担的义务,双方的权利与义务也是医疗合同的内容。通常情况下,在医患关系中,由于医患双方处于信息不对称地位的情形,导致社会过多地关注并保护患方权益,而忽视医方的权利。其实,医患双方的权利是相辅相成,密不可分的。保障医方的权利有利于维护患方权益,促进医学事业发展。因此,医方权利与患方权利同样重要,我们也应当公平合理地对待医患双方权利关系。

根据《执业医师法》和《护士管理条例》等相关的法律法规，医务人员在诊疗护理过程中享有诊疗权、特殊干涉权（即在紧急情况下限制患者的权利以达到完成医疗行为的目的）、医学研究权（但应注意保护患者隐私权）、人格尊严权等。

诊疗权是执业医师最基本的权利，是执业医师借助自己掌握的专业知识和技能实施治疗病患或者帮助病患恢复健康的诊疗行为的权利。法律赋予医务人员的诊疗权包括疾病的调查权、自主诊断权、医师处方权、强制诊疗权和紧急诊疗权。一般情况下医务人员应充分尊重并保障患者的权利，某些特殊情况下为保证医疗机构能够完成对患者应尽的义务，对患者的权益负责，需要采取特殊方式限制患者的权利。在医学上，医务人员的这种行为称为特殊干涉权。医学研究权是指医务人员在临床医学实践中，对疾病的治疗与预防进行研究的权利。医务人员享有人格尊严不受侵犯的权利。维护医务人员的医学研究权有利于促进医疗事业的长足发展。医务人员与患者一样，其人格应得到保障，譬如患者不得因对医务人员不满而进行侮辱、谩骂甚至殴打等。维护医务人员的人格尊严，也是展开正常的医疗服务活动的基础，否则加害者就要承担相应的法律责任。

医方的义务有广义和狭义之分，广义的医方义务，不仅囊括了宪法原则指引下的相关法律法规规定的法定义务；还包括在宪法原则指引下，法律还没有具体明确，医患双方在医疗服务合同中的约定义务；以及医务人员职业道德规范要求的道德义务。从狭义的角度来说，医方义务，是指法律法规明确规定的法定义务。假如不履行或不正当履行，医疗机构及其医务人员就将受到法律制裁。

医方的义务主要包括五个方面，即诊疗义务、说明义务、保密义务、病历制作与保管义务，以及其他的相关义务。

诊疗义务，是指医方根据患者的要求，运用医学知识和技术，为患者进行疾病诊断治疗的义务。对患者具体采取什么样的诊疗行为，应依据患者的病情决定。诊疗义务一般不需要达成特定的结果，而只能是作为治疗疾病的手段和过程。如果医方与患方对医疗服务另有约定的，应当依据约定履行义务。但医患双方的约定不得违反法律的规定，不得违背公序良俗。

说明义务，也称告知义务，是指医疗机构及其医务人员对患者说明其症状、治疗方法、诊疗风险等情况的义务。在诊断过程、治疗过程以及康复指导过程，不同阶段中医务人员的说明义务有不同的内容。

保密义务是指医务人员维护患者隐私的义务。医务人员在对病人进行诊疗时，无论是病人告知或者是诊疗过程中获知的患者隐私信息，在未经病人允许的情况下不得向他人透露。医学生对在临床实习过程中了解到的病人的信息，也应负担保密义务。

制作、保管病历义务。病历制作主要由医务人员进行，保管病历则由医疗机构负责。《医疗机构病历管理规定》对病历的概念进行了界定，病历是医务人员在医疗活动过程中，记录诊疗活动所生成的文字符号以及影像切片等各种资料。无论是对处理医疗纠纷或者是对患者的继续就医，病例都是非常重要的资料，医务人员具有制作这种病历资料的义务。《医疗机构管理条例》规定，医疗机构的门诊病历的保存期不得少于十五年；住院病历的保存期不得少于三十年。

医疗机构及其医务人员的义务，还包括依法规定或者依照合同约定承担的义务。如不得随意解除医疗服务合同、诚信诊疗义务等。

（三）患方权利和义务

患方的合同权利主要包括知情同意权和患者隐私权。

知情同意，最基本的内涵是在告知基础上的认可赞同。患者的知情同意权，是指医师对患者进行手术等特殊医疗行为时，首先应当向患者及其亲属提出医疗处置方案，并就该医疗方案的风险和其他可选方案作出详细的告知和说明，并且在此基础上取得患者的同意。知情同意权在医疗实践中表现为签署知情同意书的形式，其正文主要写明施行的具体检查或治疗项目，并明确交代待检查或治疗可能的风险等。对于知情同意书上的专业术语与专用名词等，医务人员有义务对患者及其家属进行说明与解释；基于理解的基础上，患者及其家属在同意书上签署同意或不同意。

病患的隐私权指的是病患有权要求医方保守自己的隐私和医疗秘密。患者的隐私主要指与患者的疾病有关的个人信息，包括患者的姓名、住址、联系电话等基本信息，患者陈述的个人生活习惯，个人病史、家族病史，医务人员在诊疗护理中所掌握的患者病情信息等。为患者保密，维护患者的隐私不受侵害，是医疗机构及其医务人员必须履行的法定义务。根据《侵权责任法》第六十二条的规定，医疗机构及相关的医务人员需要保护病患的隐私。没有经过患者的允许而泄露病患隐私，公开病患资料，继而导致病患受到侵害的情形，医疗机构及相关医务人员需承担相应的侵权责任。《侵权责任法》

对此的规定既是对患者隐私权的重申,也是对患者隐私权民事救济的直接规定。除此之外,《执业医师法》《传染病防治法实施办法》《母婴保健法》《医务人员医德规范及实施办法》等对患者隐私权都有保护的明确规定。

患方的合同义务,主要包括如实陈述病情的义务、接受强制治疗的义务、支付医疗费用的义务、遵守医疗机构规章制度的义务。

1. 患者如实陈述病情的义务

这是指患者在医疗机构为其提供医疗服务或者实施医疗保健的过程中,应将与自身疾病或自身健康状况相关的信息告知医务人员,并对医务人员所提出的有关疾病治疗和保健服务的问题进行如实答复的义务。如实陈述义务与医方的诊疗权相对应,是医方诊疗权的内在要求。

2. 接受强制治疗的义务

强制治疗是对患有医疗法律规定疾病的患者,对其人身自由加以限制、进行专门性隔离治疗的一种特殊行为。特定的疾病包括一些烈性的传染疾病,例如重症急性呼吸综合征(SARS)、鼠疫、霍乱等。由于这些疾病存在严重的社会危害性,为防止危害的发生和蔓延,患者有义务接受强制治疗。患者接受强制治疗的义务,从本质上说,是个人权利让位于公共利益的体现,是保证社会安定的需要。

3. 支付医疗费用的义务

医疗服务合同是一种有偿合同。患者支付医疗费用是患者在医疗服务合同中所负担的主要给付义务。根据合同法中同时履行抗辩有关的规定,医师在没有医疗诊治以前,病患针对对方要求支付相关的诊疗报酬时,可以行使自己的同时履行抗辩权。患者在没有支付诊治报酬以前,除了有特殊约定或者另有习惯惯例的情况除外,按照劳务性契约报酬随后支付原则,医方要先行给付,医方不能因为患方还没有支付相关的救治费用就不履行诊治义务。

4. 遵守医疗机构规章制度的义务

这是保证医疗机构正常医疗秩序,提高医疗质量的有力措施。医疗机构主要是提供医疗场所及医疗诊治护理服务并通过正常的医疗管理制度来确保医疗服务活动的顺利开展。患者在诊治的过程中需要严格遵守医院的相关规章制度,如遵守门诊挂号制度、病房管理制度、药物管理制度、消毒隔离制度、陪护制度等。需要注意的是,不仅患者本人需要遵守医疗机构的各项规章制度，患者家属以及进入医疗机构场所的一切人员都有此项义务。

三、医疗服务合同纠纷的处理

最高人民法院于 2011 年 2 月 28 日修订的《民事案件案由规定》规定，医疗纠纷案件分为两类：服务合同纠纷项下的"医疗服务合同纠纷"、侵权责任纠纷项下的"医疗损害责任纠纷"。对医疗纠纷案件的处理一直以来就存在两种不同的声音，一是按照医疗服务合同纠纷案件来处理，追究违约责任；二是按照医疗损害责任纠纷案件来处理，追究侵权责任。目前医疗纠纷诉讼中，以医疗损害赔偿纠纷侵权诉讼为主，而以医疗服务合同纠纷提起违约诉讼的很少。

（一）医疗服务合同违约责任的承担

违约责任是违反合同的民事责任的简称，是指当事人一方不履行合同义务或者履行合同义务不符合合同的约定，而应当承担的采取补救措施、赔偿损失、支付违约金等民事责任。医疗服务合同违约责任，则是指医疗服务合同当事人违反合同约定义务或者履行合同义务不符合合同约定而因承担的民事责任。在医疗服务实践中，医患双方都可能存在违反医疗服务合同义务或者履行合同义务不符合合同约定的情形，双方都有承担违约责任的可能。

我国合同法在违约责任的归责原则上，采用的是严格责任原则或者无过错责任，即只要行为人有违约行为，并且没有法定或约定的抗辩事由，就应当承担违约责任。医疗服务合同违约责任主要适用无过错责任原则，即违约就应当承担违约责任。基于医疗行为的特殊性，医疗服务合同产生的是一种手段债务，不是结果债务。患者不能依据合同要求医疗机构及其医务人员履行合同必须将患者疾病治愈，而是依据医疗服务合同重点关注医疗机构及其医务人员是否履行诊疗护理义务，是否合理地进行了诊疗护理活动。

（二）医方违反医疗服务合同的情形

医方违反医疗服务合同，主要是医疗机构及其医务人员没有按照法律、法规、规章、诊疗规范及操作常规的相关要求执行医疗服务活动，在诊疗过程中没有尽到对患者的注意义务和危害结果的避免义务，给患者造成损失后果，因而应当承担违约责任。

患者住院治疗期间，医疗机构还具有保障患者人身安全、财产安全的义务。患者住院期间发生人身伤害或者财产被盗事件，如果有证据证明医疗构存在管理上的疏漏和缺陷,医疗机构应当承担违约责任。当然,对医疗机构的安全保障义务不能苛求,这种安全保障义务也是相对的。如患者作为完全民事行为能力人,因不能承受病痛折磨而跳楼自杀,或者是具有完全民事行为能力的患者私自离院外出,在外出期间发生意外事件死亡等情形,就不能认定医疗机构违约而承担违约责任。此外,需要注意的是,不能将医疗结果视为医疗服务合同的标的,因而不能将误诊、漏诊、患者疾病没有治愈甚至死亡的发生视为医疗机构的违约。强调医疗机构的医疗服务合同义务的履行,主要是强调医疗机构及其医务人员尽自己的能力提供医疗服务,尽到合理的注意义务和危害结果避免义务。这是因为,医疗行为本身具有很大的不确定性和风险性,医疗行为始终处于不断的探索之中。

(三)患方违反医疗服务合同的情形

患方违反医疗服务合同主要有三种情形。

1. 患方不遵守医嘱,拒绝配合医务人员的诊疗行为

任何合同的履行都需要合同当事人之间相互合作,相互配合。在医疗服务合同中更是如此。在诊断、治疗及康复的不同阶段,都需要医患之间有效沟通,积极协作,共同应对疾病和健康问题。患方配合医疗行为的实施,不仅是尊重医务人员的道德义务,更是在医疗服务合同中必须履行的合同义务。如果患者不配合诊疗,拒绝接受医务人员的诊疗活动,必然阻碍医疗活动的有效开展,无法实现医疗服务合同的目的。医方在充分告知并说明的情况下,可以终止医疗服务合同的履行。

2. 患方拖欠应当缴纳的医疗费用

目前存在患者拖欠医疗服务费用的现象,甚至出现恶意欠费的情形,这给医疗机构的正常经营活动带来诸多不利影响。在医疗服务合同意义上,只要医疗机构及其医务人员为患方提供了相应的医疗服务,患方就应当支付相应的医疗费用,履行合同给付义务。

3. 患方违反医疗机构相关的管理制度,影响医疗机构及其医务人员医疗活动的正常开展

因患者没有遵循医疗机构管理规定,影响到其他患者的生活与治疗,甚至影响到医疗机构医疗活动的开展,经劝阻无效的等,可以构成对医疗服务合同的违约,应当承担相应的违约责任。

第三节 医疗损害责任纠纷及其处理

《侵权责任法》为医疗纠纷的民事处理设定了医疗损害责任范畴,区别于医疗事故概念,在法律层面对医疗纠纷处理的相关概念进行了界定。这一定程度上避免了医疗纠纷民事处理上多年存在的二元格局的局限,相对统一了医疗侵权诉讼的法律适用,建立起了完善的医疗纠纷处理制度。本章主要介绍医疗损害责任的概念、分类、构成要件、归责原则以及医疗损害责任纠纷的解决办法。

一、医疗损害责任概述

(一)医疗损害责任的定义

《医疗事故处理条例》将医疗过失责任分为两种,一是医疗事故责任、二是一般医疗过失责任。其中,医疗事故责任主要由卫生行政部门主导解决,而一般医疗过失责任则可通过诉讼途径解决。《医疗事故处理条例》应用于医疗事故责任的处理过程时体现出较强的行政色彩,按照《医疗事故处理条例》规定作出的医疗事故损害赔偿,与医疗损害侵权赔偿有较大差距。《侵权责任法》颁布实施后,改变了原有关于医疗纠纷民事处理的一些规定,在医疗损害侵权纠纷领域取消医疗事故的概念,用医疗损害取而代之,将医疗事故赔偿纠纷纳入医疗损害责任纠纷,更符合医疗损害责任民事纠纷的本质和特征。

医疗损害责任,是指医疗机构及其医务人员在对患者实施医疗行为的过程中存在过错,并导致患者出现不良后果,依据法律规定所应当承担的侵权责任。我们可以发现,医疗损害责任的界定包含行为主体,即医疗机构及其医务人员;行为主体在主观上存在过错的心理状态;行为结果,即发生医疗损害的不良后果。患者受到损害,既可以表现为患者病情加重、器官功能减退或丧失,甚至死亡而导致的生命权、身体权、健康权受损,也包括诊疗过程中涉及的患者隐私权等人格权利受到损害,还可能因为过度医疗等导致的财产权受到损害;法律后果是依据法律规定承担侵权责任。

(二)医疗损害责任的分类

根据《侵权责任法》的规定,基于医疗机构及其医务人员的医疗行为,按照致害原因的不同，医疗损害责任可以分为以下三种基本类型。

1. 医疗技术损害责任

医疗技术损害责任指医疗机构及其医务人员在诊疗护理过程中，因为医疗技术上的过失行为，医疗机构所应当承担的侵权赔偿责任。导致患者损害的原因是专业技术上的瑕疵，包括在诊断过程、治疗过程、护理过程中发生的技术上的过失行为。

2. 医疗伦理损害责任

医疗伦理损害责任是指医疗机构及其医务人员在诊疗护理过程中，未对患者充分告知或说明病情，未保守与患者病情有关的秘密，或未取得患者同意而采取或停止某种医疗措施等，因违反医疗职业道德或医疗伦理规则的过失行为，医疗机构所应当承担的侵权赔偿责任。导致患者损害的原因是职业道德瑕疵，如违反告知义务、侵害患者隐私权、过度医疗等。

3. 医疗产品损害责任

医疗产品损害责任是医疗机构及其医务人员在医疗过程中，适用有缺陷的药品、消毒药剂、医疗器械、血液及血液制品等医疗产品，因此造成患者损害，医疗机构或者医疗产品生产者、销售者应当承担的损害赔偿责任。导致患者损害的原因是产品质量瑕疵，如使用劣药、不合格的医疗器械等。

除可以依据医疗损害原因不同进行医疗损害责任分类外，还可以根据医疗损害后果的不同，将医疗损害分为财产损害和非财产损害。根据医疗行为所侵害的客体的不同，医疗损害又可分为对生命权的损害、对健康权的损害和对身体权的损害及对财产权的损害。

（三）医疗损害责任的构成要件

我国学者大多主张侵权责任由四要件构成，即认为侵权责任构成须具备行为的违法性、违法行为人有主观上的过错、存在损害事实、违法行为与损害事实之间具有因果关系。依据《侵权责任法》，就医疗损害责任而言，其构成要件仍然为四个方面。即医疗机构及其医务人员在诊疗活动中的违法医疗行为、患者受到损害，医疗机构及其义务人员有过错、违法医疗行为与患者损害后果之间具有因果关系。

1. 违法医疗行为

医疗机构及其医务人员实施的医疗行为违反医疗卫生管理的法律、行政法规、部门规章和诊疗护理规范、常规。这里的违法是广义上的违法，不仅指违反现行的法律法规，还包括违反医疗行业的诊疗规范、常规。

2. 医疗损害后果

损害后果即指医疗损害事实，医疗机构及其医务人员的行为给患者造成的人身损害、财产损失。患者的人身损害包括了生命、健康、隐私等损害。患者的财产损失，包括直接损失与间接损失。财产的直接损失是指受害人现有实际财产的减少，而间接损失是指受害人可得利益的减少。

3. 医务人员主观过错

过错是反映行为人实施侵权行为时的心理状态，是侵权行为构成的主观因素。过错包含了故意和过失两种状态。故意是指行为人预见到自己的行为可能产生损害的后果，而希望或放任这种后果的发生。过失则是指行为人对其行为后果应当预见而由于疏忽大意而没有预见，或者已经预见而由于过于自信，轻信能够避免，以致损害后果发生。在医疗过失的判断上，主要以行为人是否尽到了相应的注意义务为前提，通过医务人员的违法行为加以认定。

4. 违法医疗行为与医疗损害后果之间具有因果关系

因果关系是现象之间的客观联系。医疗损害责任中的因果关系是指医疗行为与损害后果之间的引起与被引起的联系。医疗损害结果与医疗行为两者之间具有因果关系，即医疗行为是原因，医疗损害是原因导致的结果。考虑到医疗行为的复杂性与专业性，加之医学发展的局限性，医疗损害责任的因果关系比较复杂，往往存在多种因果关系并存的情况，对因果关系的判定非常困难，通常借助于专业的鉴定机构进行鉴定。

二、医疗损害责任的归责原则

（一）医疗损害责任归责原则学说

归责，指行为人因其行为和物件导致他人损害事实发生以后，应以何种根据使其承担责任，这种根据体现了法律的价值判断，即法律应以行为人的过错还是应以发生的损害结果为价值判断标准，而使行为人承担责任。归责不同于责任，归责是连接损害事实与责任的一个复杂的责任判断过程，而责任是归责的结果。

归责原则，是指在损害事实已经发生的情况下，为确定行为人对自己行为所造成的损害是否需要承担民事赔偿责任的原则。归责原则是确定民事责任归属的一般准则。

对《侵权责任法》规定的医疗损害责任的归责原则，学界观点不一。有专家学者持一元论观点，即虽然《侵权责任法》第七章专门讲述了医疗损害责任，但适用的仍然是一般的过错责任原则。也有学者对此持不同观点，认为《侵权责任法》立法中的归责原则采取的是二元说的分类方法。其中，过错责任原则是一般的、主要的归责原则，是归责的依据，是减轻或免除责任的依据，同时也是确定责任范围的依据。而无过错原则是过错责任原则的补充。不管是一元论还是二元说，都有各自不全面的地方。一元论的观点不合理，在于医疗损害包含即医疗伦理损害、医疗技术损害、医疗产品损害，而《侵权责任法》明确规定：医疗产品损害的归责适用无过错责任原则。把医疗损害责任的归责原则限于过错责任原则是欠妥的。二元说的观点，虽然得到医学界及法律专家的赞成，但是，二元说并未包括过错推定责任原则。《侵权责任法》将过错责任原则和无过错责任原则作为两个独立条文规定，也为避免在归责原则上发生争论，同时也表明过错推定责任原则也具有一个独立的归责原则地位，应当认为是一个独立的归责原则。

就医疗损害责任的归责原则，杨立新教授认为，《侵权责任法》所规定的医疗损害责任的归责原则是一个体系，这个体系囊括过错责任原则，过错推定原则以及无过错责任原则这三个归责原则。《侵权责任法》与《民法总则》规定的侵权责任归责有一个典型的不同，就是在一个具体的特殊侵权责任类型中，由只适用一个归责原则改变为根据具体情况适用不同的归责原则。本书赞同该观点，我国医疗损害责任的归责原则是一个体系，应根据不同的医疗损害责任类型来分别适用不同的归责原则。

（二）医疗技术损害责任适用过错责任原则

《侵权责任法》第五十四条规定："患者在诊疗活动中受到损害，医务人员有过错的，由所属的医疗机构承担赔偿责任。"医疗损害责任采取过错责任原则，在本条中作出了明确表达。同时，在《侵权责任法》第五十八条中又规定了三种推定过错的情形。由此表明，医疗侵权责任适用过错推定责任并不是统一地适用于所有医疗侵权纠纷，而只是在满足第五十八条规定的三种情形中的任何一种的情况下，方可适用。

过错责任原则是以过错作为价值判断标准，过错是加害人承担民事责任的基础。之所以规定由加害人承担相应的民事责任，是因为其主观上具有可以归责的事由，即故意或过失。如果加害人主观上没有过错，当然也就不承担民事责任。依据《侵权责任法》第五十四条的规定，对于医疗技术损害责任，应当适用过错责任原则确定医疗机构的侵权责任。只有医疗机构及其医务人员有过错的，医疗机构才承担赔偿责任；否则不承担。在证明责任上，实行一般举证责任规则，即"谁主张，谁举证"，考虑到患者与医疗机构之间信息不对称问题，特定条件下举证责任可发生转移。在一般情况下，应当由患者就医疗机构及其医务人员存在过错承担初步的举证责任。在实践中，该举证责任可以通过患者提交病历资料等相关证据或者通过鉴定机构出具鉴定书的方式完成。如果有医疗机构隐匿或者销毁患者病历资料等情形，则可以推定医疗机构有过错，举证责任转移至医疗机构。

（三）医疗伦理损害责任适用过错推定原则

所谓医疗伦理损害责任，是指医疗机构和医务人员在处理各种医疗行为过程中，没有向患者告知和说明患者的病情，没有对患者病情相关信息做好保密工作，没有对患者提供有价值的治疗方案，或者没有征得患者及其家属的意见就对其采取治疗措施或者终止对患者的治疗等，从而违反了医疗职业道德和职业伦理规定的过失行为，医疗机构对此承担侵权赔偿责任。

过错推定责任原则是过错责任原则的一种特殊表现形式，是指在适用过错责任的前提下，在法律有特别规定的情况下，从损害事实本身推定加害人有过错，并据此确定造成他人损害的行为人承担赔偿责任的归责原则。将过错推定责任原则作为判断医疗伦理损害是否要承担侵权损害责任的原则，主要有三个原因：第一，在医学治疗过程中，因为医疗行为的技术性和专业性，患者很容易变成被动方。医务人员在履行告知病情的义务和征求患者及家属的同意时，通常是签订患者知情同意书，所以一般情况下通过"知情同意书"可以证明医务人员履行了告知义务。第二，医疗机构及其医务人员应该履行对患者病情、隐私信息等的保密义务，医疗机构及其医务人员可以自主决定是不是要履行这个义务，必要的时候有责任提供证据予以证明。第三，如果受害人在法律诉讼中能够证明医疗机构及其医务人员没有履行告知病情，对病情保密等义务，可以根据过错推定责任原则，来判断医疗机构及其医务人员是否存在过错。将过错推定责任原则用在判断医疗伦理损害责任上，假使医疗机构及其医务人员已经履行了相应的义务，是可以提供证据予以证明的。所以，医疗伦理损害责任适用过错推定责任原则来判定也是实事求是，比较客观的，并没有给医疗机构及其医务人员增加困难和负担。但是必须要强调的是，医疗伦理损害责任也必须以过错为要件，只是过错要件的证明实行推定而转移了举证责任。

（四）医疗产品损害责任适用无过错责任原则

由于药品、消毒药剂、医疗器械和血液都属于特殊物品，具有作用的特殊性，其质量及疗效关系到患者的生命健康。《侵权责任法》第五十九条规定："因药品、消毒药剂、医疗器械的缺陷，或者输入不合格的血液造成患者损害的，患者可以向生产者或者血液提供机构请求赔偿，也可以向医疗机构请求赔偿。患者向医疗机构请求赔偿的，医疗机构赔偿后，有权向负有责任的生产者或者血液提供机构追偿。"对医疗产品侵权责任的归责原则，采取了无过错责任原则的规定。

无过错责任原则，又称严格责任原则，是指不以行为人的过错为要件，只要行为人的行为导致他人损害，除非具有法定的免责事由，行为人就应当承担侵权责任。无过错责任原则，其目的在于免除了受害人证明侵权行为人具有过错的举证责任，进而使受害人易于获得损害赔偿。在医疗产品损害责任领域采取无过错责任原则，使受害人的损害赔偿请求权更容易实现。医疗机构在医疗过程中使用了有缺陷的药品、医疗器械、消毒药剂和血液等医疗产品，进而对患者造成了损害，医疗机构是否知道这些医疗产品存在缺陷，对缺陷产品所导致的患者损害后果是否存在故意或过失，这些主观因素都不构成免责事由，医疗机构或者缺陷产品的生产者、销售者应当承担医疗产品损害赔偿责任。

四、医疗损害责任纠纷的解决办法

医疗纠纷通常指医疗机构及其医务人员与患者及其近亲属之间就医疗行为实施过程中所发生的各种争议的统称。从医患双方争议的内容上看，医疗纠纷包含了医疗服务合同纠纷，医疗损害责任纠纷等；从医疗纠纷处理的途径上看，就医疗纠纷是否通过司法程序处理，可将医疗纠纷区分为诉讼类与非诉讼类医疗纠纷。当然，医疗纠纷的诉讼类与非诉讼类处理途径是相互衔接的，相关医疗纠纷可以通过诉调对接机制实现两类处理程序上的转换。发生医疗纠纷以后，当事人除了可以向人民法院提起诉讼以外，还可以通过多种非诉讼途径寻求争议的解决。当前，非诉讼方式解决医疗纠纷的途径主要有医患双方进行协商、卫生行政部门居中行政调解、医疗纠纷人民调解委员会调解、部分医疗纠纷还可以通过消费者协会或者街道、社区的人民调解员组织调解等。随着医疗纠纷多元化解决机制的建立，医疗纠纷可以通过多种途径予以解决，有助于及时、快捷地处理纠纷，维护和谐有序的医疗服务秩序，促进医疗卫生事业健康发展。

（一）医患双方协商解决医疗损害责任纠纷

协商，是指产生纠纷的当事人本着平等自愿的原则，根据相关的合同约定和法律规定，双方通过进行谈判，继而达成一个双方能够接受的协议，由此来解决纠纷的一种方法。在没有第三方参与的情况下，医方和患方自行协调，针对医疗侵权损害责任处理进行商量、谈判并且达成共识，双方签定协议书，以此来解决双方的医疗纷争。双方自行协商达成协议解决纠纷，这种方式与其他纠纷解决方式比较，具有及时、简便的优点，也是纠纷双方民事权利自治的体现。在医患双方协商处理医疗纠纷过程中，如果一方不同意协商或者双方协商无法达成共识的情况下，当事人可以直接向人民法院提起对民事诉讼，或者向卫生行政部门申请行政调解处理，或向其他第三方调解组织申请第三方调解。医患协商并不是解决医疗纠纷的唯一途径，双方当事人可以通过多种途径和办法来解决医疗纠纷。

值得关注的是，医患双方经协商一致，就医疗纠纷的处理签署协议书时，应注意签订协议的主体要与医患双方主体相一致（医方主体为医疗机构，患方主体有患者、法定代理人或法定继承人等），协议双方主体适格，才能确保协议的有效性。否则，可能出现协议书主体不具有相应资格而导致协议无效。由于医疗损害责任纠纷属于平等民事主体之间的争议，属于私权纠纷。根据民事权利主体可以自由处分私权的原则，只要医患双方自愿就可以协商。如就医疗损害责任赔偿达成合意，双方签署的协议书符合民事法律行为的有效要件即具有法律约束力。

医患双方采取协商方式处理医疗损害责任纠纷还需要明确的是医患双方

只能就民事赔偿部分进行协商，无权就行政或刑事责任进行协商。这是因为行政或刑事责任追究属于公权力处理的范畴。

作为一种有效解决医疗损害责任纠纷的解决方式，医患双方自行协商有其独特的优势。一方面，医患双方通过协商可尽快化解医患矛盾，消除对医疗机构和社会的负面影响。只要纠纷双方当事人能够本着客观、公正、诚实信用的原则，不推卸责任，回避问题，勇于承担应有的责任，双方可以通过协商达成一个双方满意的协议，同时也能在一定程度上避免激化医患之间的矛盾。其次，与提起诉讼解决医疗损害责任纠纷相比，医患双方协商不仅节约了人力、物力和财力成本，还更快捷地解决冲突，让医患双方从争议中解脱出来。

虽然医患协商解决医疗损害责任纠纷有诸多便捷，可以通过协商解决医疗损害赔偿的民事责任问题，但是与此同时可能弱化甚至忽视因医疗侵权行为而应追究医疗机构、医务人员相关行政法律责任乃至刑事责任的问题。由于医患双方为了快捷解决医疗损害责任赔偿问题，可能出现对导致医疗损害的医疗行为性质认识不清，对医疗行为的整改和规范重视不够等现象。医患双方达成的医疗损害赔偿协议，具有合同性质，协议本身不具有强制执行力，依赖双方自觉遵守执行。在协议执行中，也容易出现患方反悔等现象。因此，医患协商途径需要更好地与其他几种解决医疗损害责任纠纷的途径互为补充，共同为构建和谐医患关系服务。

（二）行政调解解决医疗损害责任纠纷

行政途径，是指通过负责医疗卫生行政管理工作的国家行政机关或其他政府部门为患者提供救济的途径。卫生行政部门是医事行政法律关系的行政管理人，医疗机构及其医务人员是医事行政法律关系中的行政管理相对人。当医疗机构及其医务人员对患者造成医疗侵权损害的情况下，行政卫生部门有权对违法、失职但尚未构成犯罪的医疗机构或医务人员实施行政处分或行政处罚。发生医疗损害责任纠纷以后，当事人可以申请卫生行政部门进行行政调解，通过行政调解的途径处理医疗损害责任纠纷。

卫生行政部门进行行政调解解决医疗损害责任纠纷具有一定的优势。首先，作为国家的公权力机关，卫生行政部门对医疗机构及其医务人员拥有监督管理权、行政处罚权。卫生行政部门作为中立的第三方，在社会上享有较高的权威性和公信力，可以使医疗纠纷当事双方在某种程度上保持信赖，奠定达成调解协议的重要基础。其次，卫生行政部门的工作人员大多具备一定的医学专业知识、法律知识、卫生管理知识，对于医疗纠纷产生的原因和医疗侵权损害后果有一定的辨别能力，有助于查清事实，分清责任。最后，行政调解是一种非诉讼的解决途径，能够节约成本，减少人力、物力与财力的支出，尤其对家庭困难的患者及其家属，能够起到较好的调解效果。

卫生行政部门有权对医疗执业活动进行监管，有权对医疗机构及其医务人员违反相关法律法规的医疗执业活动进行行政处罚。但是，卫生行政部门作为医疗机构的上级管理机构，肩负着对所辖区域内各医疗机构行政管理与监督职责。卫生行政部门负责监督管理的医疗机构一旦出现医疗损害责任纠纷，卫生行政部门也可能承担一定的监管责任。在医疗损害责任纠纷的行政调解过程中，患者可能会怀疑卫生行政部门倾向保护医疗机构和维护医疗机构利益的情况，继而出现对卫生行政部门的行政调解处理的公正性提出质疑，这在一定程度上阻碍了行政调解处理医疗损害责任纠纷的顺利进行。另一方面，卫生行政部门的行政调解制度还需要进一步完善，在程序设置，人员组织等方面作出进一步的明确规范。对于重大、疑难、复杂的医疗损害责任争议，卫生行政部门也需要依据专业技术鉴定机构的鉴定结论才能做出更准确的评判。

（三）民事诉讼解决医疗损害责任纠纷

民事诉讼解决医疗损害责任纠纷，是指发生医疗损害责任纠纷的医患双方当事人向人民法院提起民事诉讼，通过人民法院的判决解决争议的情形。与医患双方自行协商和卫生行政部门行政调解方式解决医疗损害责任纠纷相比，提起民事诉讼是更为权威和公正的方式，同时也是现阶段医疗损害责任纠纷解决的最终方式。司法诉讼具有严格的程序性，法院判决具有强制执行力。通过民事诉讼的途径处理医疗损害责任纠纷的法律依据有:《侵权责任法》《民法总则》《最高人民法院关于民事诉讼证据的若干规定》《民事诉讼法》等。

现阶段，民事诉讼被广泛地运用到医疗损害责任纠纷的解决中。一方面是因为，民事诉讼程序规范，具有法律强制性，能最大限度地保障实体和程序上的公正。司法诉讼按照严格的法律程序进行，从原告起诉、被告答辩、到庭审质证、法庭辩论、做出判决、判决执行等，每个诉讼环节都有明确的程序规定，严格保护双方当事人诉讼的合法权利。另一方面是因为，法院判决具有权威性、终局性，可以确保医疗损害责任纠纷的最终解决。我国民事诉讼实行两审终审制，即一旦做出终审判决，就确定了判决的强制执行力。只有在符合法定条件下，当事人才可能提出申诉，启动再审程序。因此，通过诉讼解决医疗纠纷，能够对医患双方产生较强的约束力。通过医患协商与行政调解不能彻底解决医疗纠纷时，医患双方最终都会寻求司法途径解决争议。在一整套完整、公正的程序之下，通过国家公权力的介入，做出具有约束力的公正判决，并有国家强制力保证其实施。这必将能使当事人双方在平等、公开、公正的环境下彻底解决医疗损害责任纠纷。

司法诉讼解决医疗损害责任纠纷，具有其他途径所不具有的终局性和权威性，但从医疗损害责任纠纷解决实践上来看，司法诉讼途径也存在一些不足。比如，因为司法诉讼需要严格按照法定程序进行，缺乏医患自行协商解决争议的灵活性。同时，当事人付出诉讼成本较大。法院在审理医疗损害责任纠纷案件时，一般需要通过司法鉴定或医疗事故技术鉴定来确认医疗行为的专业技术性问题。诉讼活动程序复杂，需要时间长，由此也会带来时间、人力、物力等方面的支出成本。

（四）完善医疗损害责任纠纷解决机制的几点建议

每种医疗损害责任纠纷解决途径和办法都有其优势与不足。现阶段，医疗损害责任纠纷处理中，医患双方自行协商与民事诉讼适用较多，而行政调解运用较少。在分析了医患协商、行政调解和民事诉讼这三种解决途径之后，就医疗损害责任纠纷处理实践而言，需要进一步完善医疗损害责任纠纷解决机制，以利于构建良好的医疗卫生环境和秩序，维护社会的和谐稳定。

1. 完善医疗纠纷处理的法律制度

《医疗事故处理条例》和《侵权责任法》等现行的处理医疗纠纷适用的法律法规比较分散，在具体法律规定中还需要进一步衔接，增加协同性。立法机构应当进一步梳理现行法规，制定一部系统实用的医疗纠纷处理法，进一步明确医患双方的权利与义务，统一赔偿范围与标准。

2. 规范医患协商解决途径

协商解决医疗损害责任纠纷存在一定程度的随意性、主观性强；容易受到多方面原因影响，易失公平；达成的协议法律效力弱，容易反悔等。因此，需要从制度上进一步规范医患自行协商解决医疗损害责任纠纷的范围，明确协商程序，参与人员、达成协议的法律效力等。

3. 完善医疗纠纷行政调解机制

卫生行政部门在处理医疗纠纷上具有独特的优势，因为它可以对医疗机构和医务人员进行行政监督处理，对纠纷案件的调查也较为便利，是非诉讼解决机制中的一种重要的方式。但是现行《医疗事故处理条例》中行政调解仅限于医疗事故，建议扩大调解的范围。同时建议在医疗纠纷发生后，医患双方当事人中只要有一方提出行政调解申请，卫生行政部门就应受理申请并予以处理。处理医疗纠纷时均应公开人员组成、程序等信息，全程透明，强化当事人的主导性，确保行政调解的公正性。

4. 完善诉讼解决机制

医疗损害责任纠纷案件，涉及医学专业领域的系列问题，专业性、技术性强，案件审理工作对法官素质要求更高。在法官队伍建设中，吸收并培养具备医学和法学专业知识和技能的复合型司法人才十分必要。目前，发生医疗纠纷较多的医院所在的人民法院已尝试设立专业的审判合议庭，由具备相应专业知识的法官负责处理医疗纠纷案件。有法院也在尝试吸收医学方面的专业人员作为陪审员参与审理医疗纠纷案件。从目前发展情况，法院需要设立相对应的专业部门进行医疗纠纷案件审理。这在一定程度上可以减少医疗纠纷案件上诉的数量，也是在一定程度上增强法院审理医疗纠纷案件的专业性，有助于医疗纠纷事件更好的处理和解决。

第八章 现代医学与法律问题

第一节 人类辅助生殖技术与法律

一、概述

（一）人类辅助生殖技术的含义

人类辅助生殖技术（Assisted Reproductive Technology，ART）是指运用现代医学科学技术和方法对配子、合子、胚胎进行人工操作，代替人类自然生殖过程中某一环节或全部过程，以达到受孕目的的技术，也叫人工生殖技术。包括人工授精（Artificial Insemination，AI）和体外受精-胚胎移植（In Vitro Fertilization and Embryo Transfer，IVF-ET）及其衍生技术两大类。

（二）人类辅助生殖技术的分类

1. 人工授精

人工授精（Artificial Insemination）是指用人工方式将精液注入女性体内以取代性交途径使其妊娠的一种方法。人工授精的先决条件是女方的生育力完全正常，主要用来解决丈夫不育的问题。根据精液是否来源于丈夫而分为夫精人工授精（Artificial Insemination by Husband，AIH）和供精人工授精（Artificial Insemination by Donor，AID）。

从 1907 年，人类开始了人工授精的研究工作。探索初始阶段使用的精液是由丈夫提供的（AIH）。但随着实验的进行，又开始使用所谓"精液提供者"的精液（AID）。由于实验范围的扩大，从而出现了世界上第一个商业性的"精子贮存库"。之后，诺贝尔生物奖获得者罗伯特·克拉克·格雷汉姆在美国加利福尼亚州的埃斯孔迪多（Escondido）开设了一个由诺贝尔奖金获得者所供给的精子的"天才精子库"，希望用它进行积极的优生。人工授精技术真正成功地应用于临床始于 20 世纪 50 年代。1953 年美国首先应用低温储藏的精子进行人工授精成功。

我国人类辅助生殖技术应用起步较晚，但发展较快。我国湖南医学院于1983年用冷藏精液人工授精成功。1984年上海第二医学院应用精子洗涤方法人工授精成功。国内北京、青岛、广州等地也先后开始了人工授精工作。1982年湖南医科大学生殖工程研究组首次用冷冻人工精液人工授精获得成功；1984年，在上海第二医科大学实施了洗涤后精子人工授精技术，也获成功；1986年，我国第一座人类精子库建立；1988年，我国首例"试管婴儿"在北京诞生。到了1998年，我国已有500多位"试管婴儿"出生，成功率达到世界水平。2001年2用20日，由中华人民共和国前卫生部发布的《人类精子库管理办法》，自2001年8月1日起施行。它的颁布对规范人类精子库管理，保证人类辅助生殖技术安全有效应用和健康发展有着重要意义。2007年，卫生部批准设立北京大学第三医院、江苏省人民医院、华中科技大学同济医学院附属同济医院等12家医疗机构作为第一批人类辅助生殖技术和人类精子库技术培训基地，进一步规范和促进我国人类辅助生殖技术和人类精子库技术的应用和发展，增强对上述技术应用的管理与监督，提高管理和技术人员的工作水平。

2. 体外受精

体外受精（In Vitro Fertilization，IVF）包括体外受精—胚胎移植技术及其各种衍生技术，是指用人工方法从妇女卵巢中取出卵子，在器皿内培养后，加入经技术处理的精子，并使卵子和精子在试管内结合并继续培养，到形成早期胚胎时，再转移到子宫内着床，发育成胎儿直至分娩的技术。用这种技术生育的婴儿被称为"试管婴儿"。

1978年7月25日英国罗伯特·爱德华兹（Robert Edwardz）首先采用了试管婴儿技术，成功诞生了世界上第一个试管婴儿路易斯·布朗（Louise Brown）。随着医学技术的不断进步，体外受精技术已得到了广泛应用。体外受精技术主要适用于妇女因输卵管阻塞、输卵管缺陷或损坏以及男子精子数量很低等不孕症，同时对开展人类胚胎学和遗传工程学的研究具有重要意义。之后，美国、澳大利亚等国科学家又成功地使用其他妇女卵子受精发育成胚胎植入过早绝经而不能排卵的妇女子宫中妊娠，产生了供卵婴儿。1985年4月和1986年12月，我国台湾、香港地区先后诞生了两地的首例试管婴儿。1988年3月10日,内地的首例试管婴儿在北京医科大学第三医院生殖中心诞生。

3. 代理母亲

代理母亲（Surrogate Mother）出现在 20 世纪 70 年代，是指代人妊娠的妇女。方法有两种：一是将他人的受精卵植入代理母亲子宫内使该妇女妊娠，分娩后的婴儿由委托人收养，并支付一定的报酬，代理母亲仅提供代孕功能，即"出租子宫"；二是采用人工授精方法使代理母亲妊娠，待生育后交受委托的夫妇抚养。代理生育的契约最早出现于美国，在西方国家已成为一种职业即"代理母亲"。由于"代理生育"总是以金钱交易为基础，容易使出生的婴儿被视为商品，从而引发法律问题和社会伦理问题。而因观念意识原因、我国目前对此技术尚未认同。

4. 无性生殖

无性生殖（Cloning）也称克隆（Clone），是指生物体并不是通过性细胞的受精，而是从一个共同的细胞、组织或器官繁殖而得到一群遗传结构完全相同的细胞或生物，即无性繁殖。高等生物繁衍生命的自然规律本是有性繁殖，即通过精子和卵子两性细胞的结合而达成。克隆技术却改变了这种自然规律，以无性繁殖代替有性繁殖。1997 年，英国英格兰科学家和美国俄勒冈科学家先后培养出了"克隆羊"和"克隆猴"，标志着高级哺乳动物的繁殖研究取得重大进步，这为解决因当前世界各国人口问题而愈显严峻的粮食和资源的缺乏提供了崭新的途径和方法。克隆技术的成功，被人们称为"历史性的事件，科学的创举"。但因其成果应用到人类并不难，由此而引发了一场如何看待克隆技术及如何应用克隆技术的全球性争论。目前国际上普遍禁止克隆人的研究。

（三）人类辅助生殖技术的历史和现状

18 世纪末，欧洲就有部分医生探索向女性体内注射精子的方法解决男性不育问题的案例，开创了人类辅助生殖技术的先河。经过长期的经验积累，尤其是 1978 年世界上第一例体外受精婴儿诞生以来，各国的辅助生殖技术取得了突飞猛进的发展，人工授精、试管婴儿、人类异体胚胎移植等现代生殖新技术在胚胎医学方面已取得重大突破。迄今为止，全世界依靠辅助生殖技术来到人世间的婴儿数已超过 30 万。而随着世界范围内不孕不育患者数量的增长，能够提供人类辅助生殖技术的医疗机构也越来越多。调查发现，辅助生殖技术在各个国家中的应用现状有显著的差异，其中在日本、意大利以及美国的使用率最低,其次为西班牙、法国、德国及英国,中国对辅助生殖技术的使用率最高。截至 2016 年 12 月 31 日,我国经批准开展人类辅助生殖技术的医疗机构共有 451 家,经批准设置人类精子库的医疗机构共有 23 家。

我国的辅助生殖技术相关工作始于 20 世纪 80 年代初期。1986 年在卫生部科研"七五"重点攻关项目——优生-早期胚胎的保护、保存和发育及国家自然科学基金的支持下,北京大学第三医院、中南大学湘雅医学院和北京协和医院分别攻关。1986 年,程序化冷冻技术首次冻存人类成熟卵母细胞获得成功;2003 年 4 月,广东省成立了人类精子库,并于同年 7 月率先开展自存精子服务;2004 年,在北京大学第一医院诞生了我国最早的 2 例程序化冷冻卵母细胞试管婴儿。玻璃化冷冻技术也应用于人类卵母细胞的冷存,2005 年 12 月在山东大学附属山东省立医院诞生了我国首例玻璃化冷冻卵母细胞试管婴儿。2014 举行了"首届中美辅助生殖医学高峰论坛暨 2014 中美辅助生殖医学学术交流会",论坛涉及"胚胎实验室技术安全质量控制""多囊卵巢综合征患者受精""辅助生殖中技术的中医疗法""低温生物学与卵子冷冻"等多项课题,有近二十位中美两国专家进行主题授课并组织研讨。

现代生殖技术的应用,其直接效应是给不育夫妇和患有遗传性疾病或有遗传性家族史的夫妇带来福音,为人类生殖过程、遗传病机制、干细胞定向分化等课题的深入研究积累经验,创造发展条件,推动医学及生命科学的不断发展进步。但与此同时,也给人类带来了许多社会伦理和法律问题。

二、人类辅助生殖技术引发的法律问题

生殖技术的应用改变了人类自然的生殖过程,这样对人类社会原来的秩序、法律和伦理都产生了巨大的冲击,由此产生了一系列的法律问题。

(一)如何确定利用生殖技术出生婴儿的法律地位

1. 夫精人工授精

AIH 所生子女与生母之夫存在着自然血亲关系,故一般没有过多的法律异议问题。但在法律宣布丈夫已经死亡之后,利用亡夫生前存于"精子库"的冷冻精液怀孕的新生子女是否具有同等的继承权利?现行的继承法中有两项原则:第一,继承人与被继承人存在配偶、子女、父母关系的,享有同等的继承权;第二,继承的时间从被继承人死亡时开始,如果遗产分割时被继

承人的遗腹子尚未出生的,当保留胎儿的继承份额。按照继承法的第一项原则,用亡夫精子怀孕分娩的子女应具有同样的继承权,而按照第二项原则,他们在其父死亡时根本不存在,不可能有继承权。传统的继承法已经无法判定。

2. 供精人工授精

20 世纪 50 年代,当供精人工授精技术首次应用时,美国法院曾裁定妇女犯有通奸罪(即使经过丈夫同意),该婴儿是非法的。随着 AID 的广泛使用,法律也发生了相应的变化。1967 年,美国克拉马州首次就 AID 出生婴儿的法律地位作了以下法律规定:凡由指定的开业医生进行的 AID,并附有夫妻双方同意书的,因 AID 出生的婴儿,对其生母的丈夫,具有婚生子女身份。此后,美国陆续有 25 个州制定了这样的专门法律。在丹麦,根据人工授精有关的法案,在丈夫同意下出生的 AID 子女,具有婚生子女的身份。在法国,根据《亲子关系修正案》的规定,也视经丈夫同意的 AID 子女为合法子女。英国、瑞典、澳大利亚、以色列也都有类似的规定。从多数国家的发展趋势看,都主张经过夫妻同意后出生的人工授精子女应推定为婚生子女,采用 AID 方法出生的婴儿可以说存在两个父亲,一个是生物学(遗传学)父亲,即供精者,一个是社会学(养育者)父亲,即生母之夫。从许多国家的有关立法来看,大都认定后者为合法的父亲,承担相应的权利和义务。有的法律还规定同意进行人工授精的夫妇离婚后,养育父亲不能拒绝对 AID 出生子女提供经济上的支持,也不能拒绝其会见子女和受赡养的权利。

3. 体外受精

如果说 AID 提出了谁是父亲的问题,IVF 则扩大为"谁是父母"?有关谁是 IVF 婴儿父亲的问题,与在 AID 中的情况一样,而将同样的原则应用到卵子提供者身上,则应认定生下婴儿的妇女为合法母亲。英国 1920 年的《人工授精和胚胎学》法案中规定:"一个由植入体内的胚胎或精子和卵子而孕育孩子的妇女应被视为该名孩子的母亲,而非其他妇女。"所以,即便采用 IVF 技术出生的孩子与准备充当孩子养育父母的夫妇双方毫无遗传和血缘关系,仍应确定这对夫妇为孩子的合法父母。通过 IVF 所生子女是他们的婚生子女,享有婚生子女的一切权利。因为孩子的遗传学父母仅仅是分别提供了精子和卵子而已。

另外,如果多名妇女采用同一供精者的精液标本,可能生育多个后代,加大了长大后血亲婚配的风险。

4. 代理母亲

在解决卵子提供者与 IVF 婴儿同法律关系的问题上，法律确定了"孕育母亲在母权确定中比遗传母亲处于优势"的原则，同时推定该妇女的丈夫为该孩子的父亲，从而解决了谁是 IVF 婴儿父亲的问题。但随着代理母亲的出现和职业化，这一原则又行不通了。关于"谁是代理母亲所生婴儿的父母"的确定，世界各国法律规定不尽相同，主要有三种情况：第一个原则：以遗传学为根据确定亲子关系。这是人类在漫长的历史中一直适用的最基本原则。随着 AID 和 IVF 技术的应用，遗传母亲与孕育母亲不为同一人时，则遵循第二个原则：生者为母。第三个原则：按契约约定确定亲子关系。如美国新泽西、密执安等州法律规定，请人代生婴儿的夫妇根据与代理母亲签订的契约，与收养的孩子是养父母养子女关系。

代理母亲的出现存在以下法律问题：

（1）代理母亲代生婴儿的归属问题。代孕母亲在漫长的怀孕期间可能会对腹中胎儿产生感情，孩子出生后，拒绝放弃抚养权，可能会引发社会纠纷。根据"婴儿科顿事件"拍摄的美国电影《谁是母亲》引发更多的人来思考这一问题。

（2）存在出租子宫收取酬金的现象。代理母亲将自己的子宫变成制造婴儿换取金钱的机器，侵犯妇女的尊严。同时，婴儿被当作商品，自由买卖，也是不合法的。

（3）代孕母亲是否会导致人伦关系的混乱。代孕母亲的选择，虽然具有较大的范围，但如果选择的对象是有直系血亲关系，违反了婚姻登记中对近亲婚配的限制。

（4）有的母亲替女儿代孕，祖母替孙女代孕，导致婴儿在家庭中地位的微妙，亲属关系的"超时空"，破坏了现行亲属关系制度，造成混乱。

（5）有时由于所生婴儿存在某种缺陷，双方都不愿承担该孩子的抚养责任。

由于这些问题的存在，许多国家如法国、英国、瑞典等都明文禁止代孕行为，代生协议被视为无效。

（二）受精卵和胚胎处置的问题

胚胎冷藏技术的发展为体外受精的临床应用奠定了基础，但也引发出如何确定胚胎和受精卵的法律地位及一系列相关的法律问题。

1. 如何确定受精卵和胚胎的归属与权利？

目前存在两种截然不同的意见：一种意见认为受精卵和胚胎应归属为人，应该得到尊重，未经本人同意也不能随意处置。另一种意见则认为不能归属为人，不具有与人相同的法律地位，因为世界各国的民法一般都规定自然人的权利能力始于出生，终于死亡。如果仅认定其只是具有财产的价值，那么应归谁所有？是否能被后代继承？尽管英国、美国和欧洲一些国家的生育技术法律改革委员会取得了某些一致意见，认为存在于人体之外的胚胎不具有法律上人的地位，但也未明确出生前是否具有法律上人的地位。

2. 胚胎的研究是否符合人道主义，将多余的胚胎销毁或丢弃是否构成杀人？

据 1984 年报道，美国有 22 个州的法律禁止胚胎研究。美国、英国、澳大利亚等国家专门组织班子或委托专家委员会对胚胎冷藏的法律问题提出咨询。德国 1990 年颁布《胚胎保护法》，禁止人胚胎研究，不允许用已死亡的人的精子或卵子进行体外受精，而且决不允许提前鉴定胎儿性别（有严重性连锁遗传性疾病危险的例外）。英国《人工授精和胚胎学》法案、法国《生命科学与人权》法律草案还规定胚胎的冷藏保管期为 5 年，保管期满后可任之死去。

3. 是否允许商业性获取人类胚胎？

IVF 容易导致一胎多生，同时，试管婴儿的孕育者出于优生的考虑，希望后代具有优异的智力和体魄，这就可能使那些拥有优质人类胚胎的人或机构将其出售而获取利益。有的商人甚至筹建"婴儿工厂"和"诺贝尔奖金获得者精子库"，从事婴儿的批量生产和买卖。许多国家都担心通过商业性获取胚胎会导致人口买卖和人口贩子粗制滥造婴儿，影响人口素质。因此，世界各国均禁止商业性获取人类胚胎。

三、我国人类辅助生殖技术应用的法律制度

人工生殖技术在我国的应用与普及，为不孕不育患者解决生育问题作出了积极的贡献，但也引发了许多相关的伦理和法律问题。为保证我国人类辅助生殖技术安全、有序和健康发展，规范人类辅助生殖技术和人类精子库的管理，避免实施人类辅助生殖技术给家庭、社会、伦理、道德和法律带来的负面影响和危害，整顿较为混乱的辅助生殖技术服务市场，卫生部于 2001 年

颁布了《人类辅助生殖技术管理办法》和《人类精子库管理办法》；于2003年颁布了《人类辅助生殖技术与人类精子库技术规范、基本标准和伦理原则》和《人类辅助生殖技术与人类精子库评审、审核和审批管理程序》；于2007年又下发了《关于加强人类辅助生殖技术和人类精子库设置规划和监督管理的通知》；于2015年制定了《人类辅助生殖技术配置规划指导原则(2015版)》，进一步规范了人类辅助生殖技术行为，加强了人类辅助生殖技术和人类精子库的监督和管理。

卫生部于2003年修订的《人类辅助生殖技术规范》中规定了10大禁止，这10条明令禁止中引人注目的两条是，禁止给不符合国家人口和计划生育法规和条例规定的夫妇和单身妇女实施人类辅助生殖技术，禁止克隆人。其他的禁令分别为：禁止无医学指征的性别选择；禁止实施代孕技术；禁止实施胚胎赠送；禁止实施以治疗不育为目的的人卵胞浆移植及核移植技术；禁止人类与异种配子的杂交，禁止人类体内移植异种配子、合子和胚胎，禁止异种体内移植人类配子、合子和胚胎；禁止以生殖为目的对人类配子、合子和胚胎进行基因操作；禁止实施近亲间的精子和卵子结合；禁止在患者不知情和不自愿的情况下，将配子、合子和胚胎转送他人或进行科学研究；禁止开展人类嵌合体胚胎试验研究。

同时提出：供精赠卵及采取人类辅助生殖技术强调知情同意、知情选择这一自愿原则；实施人类辅助生殖技术的技术人员必须尊重患者的隐私权；供精赠卵不得商业化，同一供者的精子卵子最多受孕5人；明令禁止买卖精子和以盈利为目的的供精行为，精子库的精子不得作为商品进行商业交易。

人类辅助生殖技术必须严格遵守7大伦理原则：有利于患者、知情同意、保护后代、社会公益、保密、严防商业化、伦理监督。监督其实施的生殖医学伦理委员会应由医学伦理学、心理学、社会学、法学、生殖医学等专家和群众代表组成。

（一）我国人类辅助生殖技术的相关规定

1. 人类辅助生殖技术的应用原则

（1）人类辅助生殖技术以医疗为目的，并符合国家计划生育政策、伦理原则和有关法律规定。

（2）禁止以任何形式买卖配子、合子、胚胎。

（3）医疗机构和医务人员不得实施任何形式的代孕技术。

（4）人类辅助生殖技术必须在经过批准并进行登记的医疗机构中实施，未经卫生行政部门批准，任何单位和个人不得实施人类辅助生殖技术。

2. 开展人类辅助生殖技术的审批

（1）开展人类辅助生殖技术医疗机构的条件。

申请开展人类辅助生殖技术的医疗机构应当符合下列条件：① 具有与开展技术相适应的卫生专业技术人员和其他专业技术人员；② 具有与开展技术相适应的技术和设备；③ 设有医学伦理委员会；④ 符合卫生部制定的《人类辅助生殖技术规范》的要求。

开展体外受精-胚胎移植技术及其衍生技术机构的设置条件：根据《人类辅助生殖技术规范》，开展体外受精-胚胎移植技术及其衍生技术的医疗机构，① 必须是持有《医疗机构执业许可证》的综合性医院、专科医院或持有《计划生育技术服务机构执业许可证》的省级以上（含省级）的计划生育技术服务机构；② 中国人民解放军医疗机构开展体外受精-胚胎移植及其衍生技术，根据规定，由所在的省、自治区、直辖市卫生行政部门或总后卫生部科技部门组织专家论证、审核并报国家卫生部审批；③ 中外合资、合作医疗机构必须同时持有卫生部批准证书和原外经贸部（现商务部）颁发的《外商投资企业批准证书》；④ 机构必须设有妇产科和男科临床并具有妇产科住院开腹手术的技术和条件；⑤ 生殖医学机构由生殖医学临床（以下称临床）和体外受精实验室（以下称实验室）两部分组成；⑥ 机构必须具备选择性减胎技术；⑦ 机构必须具备胚胎冷冻、保存、复苏的技术和条件；⑧ 机构如同时设置人类精子库，不能设在同一科室，必须与生殖医学机构分开管理；⑨ 凡计划拟开展人类辅助生殖技术的机构必须由所在省、区、市卫生行政部门根据区域规划、医疗需求予以初审，并上报卫生部批准筹建。筹建完成后由卫生部组织专家进行预准入评审，试运行1年后再行正式准入评审；⑩ 实施体外受精—胚胎移植及其衍生技术必须获得卫生部的批准证书。

开展人工授精技术机构的设置条件：根据《人类辅助生殖技术规范》，开展人工授精技术的医疗机构，① 必须是持有《医疗机构执业许可证》的综合性医院、专科医院或持有《计划生育技术服务执业许可证》的计划生育技术服务机构；② 实施供精人工授精技术必须获得卫生部的批准证书，实施夫精人工授精技术必须获得省、自治区、直辖市卫生行政部门的批准证书并报卫生部备案；③ 中国人民解放军医疗机构开展人工授精技术的，根据规定，对申请开展夫精人工授精技术的机构，由所在省、自治区、直辖市卫生厅局或总后卫生部科技部门组织专家论证、评审、审核、审批，并报国家卫生部备案；对申请开展供精人工授精的医疗机构，由所在省、自治区、直辖市卫生厅局或总后卫生部科技部门组织专家论证、审核，报国家卫生部审批；④ 中外合资、合作医疗机构，必须同时持有卫生部批准证书和原外经贸部（现商务部）颁发的《外商投资企业批准证书》；⑤ 实施供精人工授精的机构，必须从持有《人类精子库批准证书》的人类精子库获得精源并签署供精协议，并有义务向供精单位及时提供供精人工授精情况及准确地反馈信息，协议应明确双方的职责；⑥ 具备法律、法规或主管机关要求的其他条件。

（2）开展人类辅助生殖技术的申请。

申请开展人类辅助生殖技术的医疗机构应当向所在地省、自治区、直辖市人民政府卫生行政部门提交下列文件：① 可行性报告；② 医疗机构基本情况（包括床位数、科室设置情况、人员情况、设备和技术条件情况等）；③ 拟开展的人类辅助生殖技术的业务项目和技术条件、设备条件、技术人员配备情况；④ 开展人类辅助生殖技术的规章制度；⑤ 省级以上卫生行政部门规定提交的其他材料。

（3）申请人类辅助生殖技术医疗机构的审批。

① 申请开展丈夫精液人工授精技术医疗机构的审批：由省、自治区、直辖市人民政府卫生行政部门审查批准。省、自治区、直辖市人民政府卫生行政部门收到规定的材料后，可以组织有关专家进行论证，并在收到专家论证报告后 30 个工作日内进行审核，审核同意的，发给批准证书；审核不同意的，书面通知申请单位；② 申请开展供精人工授精技术医疗机构的审批：对申请开展供精人工授精和体外受精-胚胎移植技术及其衍生技术的医疗机构，由省、自治区、直辖市人民政府卫生行政部门提出初审意见，卫生部审批。卫生部收到省、自治区、直辖市人民政府卫生行政部门的初审意见和材料后，聘请有关专家进行论证，并在收到专家论证报告后 45 个工作日内进行审核，审核同意的，发给批准证书；审核不同意的，书面通知申请单位。

（4）医疗机构执业变更登记。

批准开展人类辅助生殖技术的医疗机构应当按照《医疗机构管理条例》的有关规定，持省、自治区、直辖市人民政府卫生行政部门或者卫生部的批准证书到核发其医疗机构执业许可证的卫生行政部门办理变更登记手续。人类辅助生殖技术批准证书每 2 年校验一次，校验由原审批机关办理。校验合格的，可以继续开展人类辅助生殖技术；校验不合格的，收回其批准证书。

3. 对实施人类辅助生殖技术的医疗机构的行为准则

（1）应当符合卫生部制定的《人类辅助生殖技术规范》的规定。

（2）应当遵循知情同意原则，并签署知情同意书。涉及伦理问题的，应当提交医学伦理委员会讨论。

（3）实施供精和体外受精-胚胎移植技术及其各种衍生技术的医疗机构应当与卫生部批准的人类精子库签订供精协议，严禁私自采精。医疗机构在实施人类辅助生殖技术时应当索取精子检验合格证明。

（4）应当为当事人保密，不得泄露有关信息。

（5）不得进行性别选择，法律法规另有规定的除外。

（6）建立、健全技术档案管理制度，供精人工授精医疗行为方面的医疗技术档案和法律文书应当永久保存。

（7）对实施人类辅助生殖技术的人员应当进行医学业务和伦理学知识的培训。

4. 对实施人类辅助生殖技术人员的行为准则

（1）必须严格遵守国家人口和计划生育法律法规。

（2）必须严格遵守知情同意、知情选择的自愿原则。

（3）必须尊重患者隐私权。

（4）禁止无医学指征的性别选择。

（5）禁止实施代孕技术。

（6）禁止实施胚胎赠送。

（7）禁止实施以治疗不育为目的的人卵胞浆移植及核移植技术。

（8）禁止人类与异种配子的杂交；禁止人类体内移植异种配子、合子和胚胎；禁止异种体内移植人类配子、合子和胚胎。

（9）禁止以生殖为目的对人类配子、合子和胚胎进行基因操作。

（10）禁止实施近亲间的精子和卵子结合。

（11）在同一治疗周期中，配子和合子必须来自同一男性和同一女性。

（12）禁止在患者不知情和不自愿的情况下，将配子、合子和胚胎转送他人或进行科学研究。

（13）禁止给不符合国家人口和计划生育法规和条例规定的夫妇和单身妇女实施人类辅助生殖技术。

（14）禁止开展人类嵌合体胚胎试验研究。

（15）禁止克隆人。

（二）人类精子库的管理

人类精子库是以治疗不育症及预防遗传病和提供生殖保险等为目的，利用超低温冷冻技术，采集、检测、保存和提供精子的机构。《人类精子库管理办法》规定，精子的采集和提供应当遵守当事人自愿和符合社会伦理原则。任何单位和个人不得以营利为目的进行精子的采集与提供活动。

1. 人类精子库的设置

人类精子库必须设置在医疗机构内，设置人类精子库应当经卫生部批准。

（1）设置人类精子库的条件。

申请设置人类精子库的医疗机构应当符合下列条件：①具有医疗机构执业许可证；②设有医学伦理委员会；③具有与采集、检测、保存和提供精子相适应的卫生专业技术人员；④具有与采集、检测、保存和提供精子相适应的技术和仪器设备；⑤具有对供精者进行筛查的技术能力；⑥应当符合卫生部制定的《人类精子库基本标准》。

（2）设置人类精子库的申请。

申请设置人类精子库的医疗机构应当向所在地省、自治区、直辖市人民政府卫生行政部门提交下列资料：①设置人类精子库可行性报告；②医疗机构基本情况；③拟设置人类精子库的建筑设计平面图；④拟设置人类精子库将开展的技术业务范围、技术设备条件、技术人员配备情况和组织结构；⑤人类精子库的规章制度、技术操作手册等；⑥省级以上卫生行政部门规定的其他材料。

（3）设置人类精子库的审批。

省、自治区、直辖市人民政府卫生行政部门收到规定的申请材料后，提出初步意见，报卫生部审批。卫生部收到省、自治区、直辖市人民政府卫生行政部门的初步意见和材料后，聘请有关专家进行论证，并在收到专家论证报告后45个工作日内进行审核，审核同意的，发给人类精子库批准证书；审核不同意的，书面通知申请单位。

批准设置人类精子库的医疗机构应当按照《医疗机构管理条例》的有关规定，持卫生部的批准证书到核发其医疗机构执业许可证的卫生行政部门办理变更登记手续。人类精子库批准证书每 2 年校验 1 次。校验合格的，可以继续开展人类精子库工作；校验不合格的，收回人类精子库批准证书。

2. 精子采集与提供

根据《人类精子库管理办法》，精子的采集与提供应当在经过批准的人类精子库中进行。未经批准，任何单位和个人不得从事精子的采集与提供活动。精子的采集与提供应当严格遵守卫生部制定的《人类精子库技术规范》和各项技术操作规程。人类精子库应当和供精者签署知情同意书。

（1）精子的采集。

供精者必须原籍为中国公民，应当是年龄在 22～45 周岁之间的健康男性。人类精子库应当对供精者进行健康检查和严格筛选，供精者必须达到供精者健康检查标准，不得采集有下列情况之一的人员的精液：① 有遗传病家族史或者患遗传性疾病；② 精神病患者；③ 传染病患者或者病源携带者；④ 长期接触放射线和有害物质者；⑤ 精液检查不合格者；⑥ 其他严重器质性疾病患者。人类精子库工作人员应当向供精者说明精子的用途、保存方式以及可能带来的社会伦理等问题。供精者只能在一个人类精子库中供精。

（2）精子的提供。

精子库采集精子后，应当进行检验和筛查。① 不得向未取得卫生部人类辅助生殖技术批准证书的机构提供精液；② 不得提供未经检验或检验不合格的精液；③ 不得提供新鲜精液进行供精人工授精，精液冷冻保存需经 6 个月检疫期并经复检合格后，才能提供 I 临床使用，并向医疗机构提交检验结果；④ 不得实施非医学指征的，以性别选择生育为目的的精子分离技术；⑤ 不得提供 2 人或 2 人以上的混合精液；⑥ 一个供精者的精子最多只能提供给 5 名妇女受孕。

（3）建立供精者档案和保密。

人类精子库应当建立供精者档案，对供精者的详细资料和精子使用情况进行计算机管理并永久保存。人类精子库应当为供精者和受精者保密，未经供精者和受精者同意不得泄漏有关信息。

（三）人类辅助生殖技术和人类精子库的监督管理

（1）卫生部主管全国人类辅助生殖技术应用和全国人类精子库的监督管理工作。县级以上地方人民政府卫生行政部门负责本行政区域内人类辅助生殖技术和人类精子库的日常监督管理。

（2）各省级卫生行政部门应依据辖区卫生发展规划、人群结构、育龄人口数量、不育症患者发病率和经济发展水平、城市布局及交通环境以及医疗机构的等级、性质、人员、技术、场地、设备、相关科室设置等条件，制定设置规划，严格控制新开展上述技术的机构数量，并采取切实措施，严禁此项技术的商业化和产业化。

（3）省级卫生行政部门应将人类辅助生殖技术和人类精子库的日常监督管理纳入卫生监督执法的内容，认真受理投诉举报，定期开展监督检查工作。

（四）法律责任

1. 未经批准擅自开展人类辅助生殖技术和设置人类精子库的法律责任

对未经批准擅自开展人类辅助生殖技术和设置人类精子库，采集、提供精子的非医疗机构，按照《医疗机构管理条例》第四十四条的规定处罚。对未经批准擅自开展人类辅助生殖技术和设置人类精子库，采集、提供精子的医疗机构按照《医疗机构管理条例》第四十七条和《医疗机构管理条例实施细则》第八十条的规定处罚。

2. 开展人类辅助生殖技术医疗机构的法律责任

开展人类辅助生殖技术的医疗机构有下列行为之一的，由省、自治区、直辖市人民政府卫生行政部门给予警告、3万元以下罚款，并给予有关责任人行政处分；构成犯罪的，依法追究刑事责任：① 买卖配子、合子、胚胎的；② 实施代孕技术的；③ 使用不具有人类精子库批准证书机构提供的精子的；④ 擅自进行性别选择的；⑤ 实施人类辅助生殖技术档案不健全的；⑥ 经指定技术评估机构检查技术质量不合格的；⑦ 其他违反《人类辅助生殖技术管理办法》规定的行为。

3. 设置人类精子库医疗机构的法律责任

设置人类精子库的医疗机构有下列行为之一的，由省、自治区、直辖市人民政府卫生行政部门给予警告、1万元以下罚款，并给予有关责任人员行政处分；构成犯罪的，依法追究刑事责任：① 采集精液前，未按规定对供精者进行健康检查的；② 向医疗机构提供未经检验的精子的；③ 向不具有人类辅助生殖技术批准证书的机构提供精子的；④ 供精者档案不健全的；⑤ 经评估机构检查质量不合格的；⑥ 其他违反《人类精子库管理办法》规定的行为。

第二节　人类基因工程与法律

一、概述

（一）基因工程的含义

基因（Gene）是脱氧核糖核酸（DNA）上有遗传意义的片段，基因包含一定数量的碱基。基因是基础的遗传单位，它决定着生物的性状、生长与发育。更重要的是，基因与许多疾病有关。

基因工程（Genetic Engineering），又称基因拼接技术或 DNA 重组技术，是指采取类似工程设计的方法，按照人们的需要，通过一定的程序将具有遗传信息的基因，在离体条件下进行剪接、组合、拼接，再把经过人工重组的基因转入宿主细胞大量复制，并使遗传信息在新的宿主细胞或个体中高速表达，产生出人类需要的基因产物，或者改造、创造新的生物类型。

（二）人类基因工程的应用

人类大多数疾病都与基因密切相关，主要因内源基因的变异和外源基因的入侵使得基因的结构变异和表达异常所致，基因诊断和治疗疾病是现代医学发展的趋势。基因医学工程技术主要包括基因诊断和基因治疗。

1. 基因诊断（Gene Diagnosis）

基因诊断又称 DNA 诊断或分子诊断（Molecular Diagnosis），是应用分子生物学方法检测患者体内遗传物质的结构或表达水平的变化而做出的或辅助临床诊断的技术。其具有五方面特点：一是针对直接病因诊断；二是特异性强，灵敏度高；三是适应性强，诊断范围广；四是目的基因是否处于活化状态均可，无组织和发育特异性；五是在感染性疾病的基因诊断中，可检测正在生长的病原体或潜伏病原体。

2. 基因治疗（Gene Therapy）

它指将外源正常基因导入靶细胞，以纠正或补偿因基因缺陷和异常引起的疾病，以达到治疗目的。它也包括转基因等方面的技术应用，它也就是将外源基因通过基因转移技术插入病人的适当的受体细胞中，使外源基因制造的产物能治疗某种疾病。

3. 人类基因组计划（Human Genome Project，HGP）

它是一项规模宏大，跨国跨学科的科学探索工程。其宗旨在于测定组成人类染色体（指单倍体）中所包含的 30 亿个碱基对组成的核苷酸序列，从而绘制人类基因组图谱，并且辨识其载有的基因及其序列，达到破译人类遗传信息的最终目的。

这是由美国科学家于 1985 年率先提出，于 1990 年正式启动的。美国、英国、法国、德国、日本和我国科学家共同参与了这一预算达 30 亿美元的人类基因组计划。基因组计划是人类为了探索自身的奥秘所迈出的重要一步，是继曼哈顿计划和阿波罗登月计划之后，人类科学史上的又一个伟大工程。

4. 克隆（Clone）

"克隆"一词是英语 Clone 或 Cloning 的音译。我国以前也曾将其译为"无性生殖"或"无性繁殖"，是指生物体并不是通过性细胞的受精，而是从一个共同的细胞、组织或器官繁殖得到一群遗传结构完全相同的细胞或生物。由于上一代和下一代的遗传信息是一致的，所以可以简单地说，克隆是生命的全息复制。克隆技术在现代生物学中也被称为"生物放大技术"。

（三）人类基因工程的历史和现状

基因工程是在分子生物学和分子遗传学综合发展基础上于 20 世纪 70 年代诞生的一门崭新的生物技术科学。当时，由于对 DNA 重组技术的前途难以预测，过高地估计了它的风险以至于达到了恐怖的程度，担心终有一天人类会因为此项技术而毁灭人类自己。此后人们逐渐认识到基因工程技术的危险在最初被过分夸大了，已制定的准则显得过于严厉，不利于技术发展。英国早在 20 世纪 80 年代中期就有了第一家生物科技企业，是欧洲国家中发展最早的。如今英国已拥有 560 家生物技术公司，欧洲 70 家上市的生物技术公司中，英国占了一半。德国于 1993 年通过立法，成立了 3 个生物技术研究中心，其在 1999 年研究人员申请的生物技术专利已经占到了欧洲的 14%。法国于 1998 年成立号称"基因谷"的科技园区，另外 20 个法国城市也准备仿照"基因谷"建立自己的生物科技园区。日本成立的"龙基因中心"目前是亚洲最大的基因组研究机构。中国于 1999 年 9 月获准加入人类基因组计划，负责测定人类基因组全部序列的 1%。中国是继美、英、日、德、法之后第 6 个国际人类基因组计划参与国，也是参与这一计划的唯一发展中国家。

人类基因组大约有 5 万至 10 万个基因。人类基因组计划（HGP）是美国科学家于 1985 年率先提出，并于 1990 年 10 月正式启动的。它旨在通过国际合作，阐明人类基因组 30 亿个碱基对的序列，发现所有人类基因并搞清其在染色体上的位置，破译人类全部遗传信息，使人类第一次在分子水平上全面地认识自我。这是有史以来最伟大的一项生命科学工程，其规模和重要性堪与研制原子弹的"曼哈顿计划"和"阿波罗登月计划"比肩。美国、英国、德国、日本、法国和中国等 6 个国家科学家的经过共同努力，于 1999 年 11 月 23 日完成了 10 亿个碱基对的测定工作；2000 年 4 月底，中国科学家按照国际人类基因组计划的部署，完成了 1%人类基因组的工作框架图；2000 年 5 月 8 日，德、日等国科学家宣布，已基本完成了人体第 21 对染色体的测序工作；2000 年 6 月 26 日，科学家公布人类基因组工作草图，标志着人类在解读自身"生命之书"的路上迈出了重要一步；2000 年 12 月 14 日美英等国科学家宣布绘出拟南芥基因组的完整图谱，这是人类首次全部破译出一种植物的基因序列；2001 年 2 月 12 日中、美、日、德、法、英 6 国科学家和美国塞莱拉公司联合公布人类基因组图谱及初步分析结果。科学家首次公布人类基因组草图"基因信息"。

二、人类基因工程引发的法律问题

（一）基因诊断引发的法律问题

基因诊断的医学意义是巨大的。但它的应用也产生了许多法律问题。例如：通过产前基因诊断，发现胎儿有遗传病或有将来可能发病的基因，那么是应该继续保留还是舍弃？医生是否有为诊断出遗传病的病人保密的义务？如果医生泄密，影响了病人的婚姻、工作、保险，医生是否应负责任？对某些患有遗传缺陷疾病但却未影响其健康的人，是否应该普遍进行遗传基因的诊断？

（二）基因治疗引发的法律问题

基因治疗涉及改变人类的遗传物质，有可能产生不可预知的严重后果。一般认为，体细胞基因治疗只涉及患者个体，而生殖细胞基因治疗则对人类未来存在深远影响，特别会在伦理、法律方面引发许多问题。例如：人能否改变人？人的尊严何在？以什么标准来改变人？基因治疗是一项费用昂贵的医疗技术，哪些人有权享有这种技术？此外还涉及人体基因是否允许买卖等。所以目前许多国家对基因治疗采取非常审慎的态度，同时也考虑从法律角度对此作出调整、规范和控制。

（三）人类基因组计划引发的法律问题

人类基因组的研究及成果的应用在增进人类健康方面具有广阔的前景，但人类基因组研究中提出的伦理法律问题，也使全世界开始意识到，在科学技术领域里有必要提出道德和人权保障的问题。人们普遍认识到，人类遗传差异不应引起社会或政治特征的相关性联系。人类社会中的所有成员都具有固有的尊严和不可剥夺的基本权利。人类基因组是构成人类家庭所有成员的基本单位，它们之间存在固有的差异，无论人们的遗传特征如何，每个个体的独特性和差异都应当受到尊重。在基因研究中，要坚决防止具有遗传学特征的各种形式的歧视。影响个人基因组的研究、治疗或诊断，必须在对其危险性和利益作充分评估之后才能进行，并应以不违法国家法律为原则。人类任何一种科学技术革命从未像基因技术那样对法律产生如此巨大的影响，可以说整个传统领域，包括人权法、知识产权法、婚姻家庭法等都将面临基因技术的挑战。因此，早在20世纪80年代，德国就制定了世界第一部有关基因安全方面的法律，其他各国也有相应立法。

（四）"克隆人"引发的法律问题

1997年2月24日克隆羊"多利"的降世，标志着20世纪又出现一项重大科技成果，震撼了世界。但这同时也引起了人们的忧虑：将来有人利用克隆技术复制人类自身，有可能给人类社会带来毁灭性的灾难。目前，世界各国，尤其是生物技术发达的国家，大都对此采取明令禁止或者严加限制的态度。1998年1月，法国、丹麦、芬兰等19个欧洲国家在巴黎签署了人类第一份禁止克隆人的国际法律文件《人权与生物医学公约》，禁止用任何技术创造与任何生者或死者基因相似的人。2000年8月，英国政府宣布支持科学家进行克隆人类早期胚胎的"治疗性克隆"研究，以培育用于治疗疾病的人体细胞和组织，并决定交付议会投票决定。美国政府也于2000年8月23日宣布，同意利用联邦资金进行克隆人类胚胎研究。

从理论上讲，克隆了绵羊、猴子，克隆人也是可能的。那么人类是否应该通过法律禁止克隆人的出现？对此产生了两种观点：

1. 禁止论

这一观点认为，生殖崇拜是人类的一个古老情结，有性繁殖是高等生物繁衍生命的自然规律，但是克隆人却以无性繁殖代替有性繁殖，这一程式化的制造生命方式是现行生殖观念所不能接受的，所以应该禁止。

2. 控制论

这一观点认为，发现和发明是科学发展的动力，有性繁殖与无性繁殖所创造出来的都是人的生命，同样是神圣的；克隆技术对人类的危害可以通过法律来控制。如果人体克隆获得成功，法律应当解决的主要问题是：人体克隆技术的法律定位；人体克隆行为的法律控制；克隆人的法律身份。

三、我国人类基因工程的立法

我国是生物技术发展较快的国家之一，但我国的生物技术立法工作却很滞后，仅在专利法、环境保护法等法律中涉及一些生物技术的法律问题。我国现行立法中涉及基因及基因工程的主要有：《基因工程安全管理办法》（1993年）、《农业生物基因工程安全管理实施办法》（1996年）、《人类遗传资源管理暂行办法》（1998年）。国家科委于1993年12月发布的《基因工程安全管理办法》就基因技术的适用范围、安全性评价、申报和审批及安全控制措施等方面问题做了规定。在基因治疗方面，1993年卫生部制定了《人的体细胞治疗和基因治疗临床研究质控要点》，强调对基因治疗的临床试验要在运作之前进行安全性论证、有效性评价和免疫学考虑，同时注意社会伦理影响。

为了防止人类基因组计划引发的伦理、法律和社会等方面的问题，国家人类基因组南方、北方两个中心成立了伦理、法律、社会问题工作组，对有关问题进行研究，提出相应伦理和法律对策，其目的是在认识人类与其他生物基因的基础上，重新认识社会成员之间、家庭之间、个人、家庭与社会之间的关系，认识人类与生命世界及整个自然的关系，保证人类基因组计划沿着健康轨道进行，重建人类社会、人类与自然界更为和谐的新文明。

为了有效保护和合理利用我国的人类遗传资源，加强人类基因的研究与开发，促进平等互利的国际合作和交流，1998年6月国务院办公厅转发的科技部、卫生部联合制定的《人类遗传资源管理暂行办法》（以下简称《办法》），是我国第一部全面规范人类遗传资源管理的规范性文件，对我国人类遗传资源的管理体制、利用我国人类遗传资源开展国际科技合作以及我国人类遗传资源出境的审批程序等作出了规定，成为我国人类遗传资源管理的重要依据。

《办法》实施十余年来，我国人类遗传资源流失现象得到了有效遏制，在资源开发利用和国际合作方面取得了积极进展。实践证明，《办法》确立的基本原则和有关制度对有效保护和合理利用我国人类遗传资源、加强我国人类基因研究、促进平等互利的国际科技合作和交流发挥了积极作用。

但是，《办法》仍存在许多不完善之处，主要表现在：① 缺少关于人类遗传资源的收集、保藏、研究利用等活动的管理措施。《办法》虽然规定对"涉及我国人类遗传资源的采集、收集、研究、开发、买卖、出口、出境等活动"进行管理，但在具体措施中，仅仅规定了对人类遗传资源国际合作和出境的审批制度，对于人类遗传资源的收集、保藏、研究利用等活动没有规定具体的管理措施；② 法律责任不明确，处罚较轻。《办法》设定了 20 多条义务性规定，但只有 3 条对应的法律责任，致使众多的义务性规定没有违法后果，在一定程度上影响了《办法》的实施效果。同时，规定的处罚措施较轻，起不到应有的惩戒作用；③ 涉及人类遗传资源的国际合作项目审批是国务院公布保留的行政许可项目，需要根据《行政许可法》的要求，对行政许可的审批条件、程序、期限等进一步规范；④ 缺乏与相关法律的衔接与协调。医疗机构的临床诊疗、公安机关的犯罪侦查、体育机构的兴奋剂检测等活动中都涉及人类遗传资源的收集、保藏、研究利用和进出境等活动。对于上述活动，目前已有法律法规予以规范，对于上述活动应如何适用，《办法》未作衔接性规定。

为了弥补上述问题，国务院法制办公室于 2012 年 10 月 30 日发布了《关于〈人类遗传资源管理条例（送审稿）〉公开征求意见的通知》（下文称《〈条例（送审稿）〉》）。《条例（送审稿）》保留了《办法》规定的基本原则和关于人类遗传资源国际合作与进出境管理的主要规定，规定任何组织和个人不得从事可能产生歧视后果的人类遗传资源研究开发活动，所称人类遗传资源是指含有人体基因组、基因及其产物的器官、组织、细胞、核酸、核酸制品等资源材料及其产生的信息资料，规定不得买卖或者变相买卖人类遗传资源材料，并补充了以下内容：① 实行收集保藏单位的资质审批制度；② 加强对收集、保藏和研究利用行为的规范；③ 加强对收集、保藏和研究利用行为的监督；④ 进一步明确国际合作中的国家利益；⑤ 关于管理体制。

此外，针对临床常规诊疗、采供血（浆）服务、侦查犯罪、兴奋剂检测等活动中的人类遗传资源收集、保藏、研究开发和出入境行为及相关部门的管理职责，《条例（送审稿）》作了衔接规定。同时，《条例（送审稿）》对违反条例规定的法律责任给予了细化和完善。

第三节 人体器官移植与法律

一、概述

（一）人体器官移植的含义

器官移植（Organ Transplantation）是指通过手术等方法摘取捐献人具有特定功能的器官（也包括某些组织）的全部或者部分，将其植入接受人身体内以代替病损器官（或组织）的过程。

（二）人体器官移植的分类

广义的器官移植分为三大类：自体移植、同种移植和异种移植。从临床上分，可分为脏器移植、组织移植和细胞移植三种类型。一般所指的是狭义的器官移植，即同种异体器官移植。

（三）人体器官移植的历史和现状

器官移植的设想早在古希腊时代已产生，但直到20世纪才成为现实。器官移植是第二次世界大战之后影响广泛的医学事件之一，无数患者因器官移植的实施而重获新生。法国科学家卡雷尔（A. Carrel）和古斯里（C. Guthrie）发明了血管缝合技术，同时由于低温生物学的发展，奠定了器官移植临床技术的基础。1936年，苏联科学家沃罗诺伊（Voronoy）为一位尿毒症患者进行了最早的同种肾移植，但由于对免疫排斥机制一无所知而未采取任何免疫抑制措施，使得病人在术后仅存活了48小时即死去。之后，先后又有多位科学家进行了包括肾移植、皮肤移植等在内的多起器官移植，但均因在今天看起来十分清楚的免疫排斥问题而未能获得成功。1954年，美国科学家莫里（Murray）在一对双胞胎之间成功地实施了人类历史上第一例有长期存活功能的肾移植手术，因此获得了诺贝尔医学奖。1955年，修穆（Hume）在肾移植手术中使用了类固醇激素，使同种肾移植获得了新的进展。此后几十年间，由于新的免疫抑制药物的研制和应用、组织配型能力的提高以及外科手术的改进，器官移植取得很大成就。1963年，美国进行了世界首例肝移植和肺移植。1967年，南非完成了世界上第一例心脏移植。1968年，世界首例心肺联合移植在美国获得了成功。器官移植已成为治疗某些晚期脏器坏死、衰竭等不可替代的手段。目前对人体内除了神经系统以外的所有器官和组织都可以移植，但肾脏移植的应用最为广泛，人数已逾10万，存活率也最高。据统计，肾移植5年以上存活率已接近90%，许多病人已存活20年。

伴随着器官移植的大量开展，世界上许多发达国家和地区已经制定了有关人体器官移植与器官捐献的法律。如美国的《统一尸体提供法》《统一组织捐献法》和《全国器官移植法案》；日本的《角膜移植法》《角膜、肾脏移植法》以及《器官移植法》；丹麦的《人体组织摘取法》；法国的《器官摘取法》；挪威的《器官移植法》；等等。

我国器官移植起步于20世纪60年代。1960年，吴阶平教授实施了我国首例尸体肾移植；1972年，梅桦教授实施了首例活体肾移植；1977年，林言教授进行了首例原位肝移植；1978年，张世择教授实施了首例原位心脏移植；1979年，辛育龄教授开展了首例肺移植；2001年，国内进行了第一个劈裂式肝移植；2004年国内第一次开展了小肠和肝脏的联合移植，同年国内还开展了7个心脏的联合移植；2005年国内第一次运用肝移植救治了一名妊娠合并急性脂肪肝的患者。我国的器官移植虽然起步晚，但发展非常迅速，已成为继美国后的第二器官移植大国，临床能实施各类移植，包括单个器官移植、器官联合移植、角膜和骨髓等组织或细胞移植等，患者术后的生存率和移植物存活率明显提高。但是，我们也应该看到，器官移植在给患者带来康复、造福人类的同时，不可避免地也给法律、社会伦理、社会道德带来了很大的冲击。器官移植技术不同于其他临床医学技术的特殊性决定了它在应用过程中会涉及很多方面的问题。器官供体来源的匮乏、具体运作的无序、技术的不规范，尤其是相关法律体系的缺位，成为制约我国器官移植事业进一步发展的瓶颈。为规范人体器官移植，保证医疗质量，保障人体健康，维护公民的合法权益，国务院于2007年3月21日第171次常务会议通过《人体器官移植条例》，并自2007年5月1日起施行。截至2014年12月2号，全国累计实现公民逝世后捐献2948例，累计捐献器官7822个，仅2014年11个月的捐献量就超过了2010到2013年四年的捐献数量。2015年1月1日，中国人体器官捐献与移植委员会主任委员、中国医院协会人体器官获取组织联盟主席黄洁夫宣布：从2015年1月1号起，全面停止使用死囚器官作为移植供体来源，公民逝世后自愿器官捐献将成为器官移植使用的唯一渠道。目前，《人体器官移植条例》的修订工作正在进行，我国即将建立器官移植应对系统，包括受者管理系统、等待器官列表管理系统、捐献者管理系统和器官分配/匹配系统，将进一步增加器官移植的分配公信力和执法力度。另外，为心跳死亡设了三个标准，将建立健全由红十字会主导的全国范围内的器官捐献和分配。

二、器官移植技术产生的法律问题

器官移植在各国都引发了相关的问题，不同的民族文化、宗教信仰、社会伦理、人权理念、卫生服务、法律制度等，所引发的问题有所差异，但主要问题都是与器官移植相关的伦理学争论、利益争夺以及由此而引发的法律问题。同样，在我国，器官移植所引发的问题也基本是这些方面的。

（一）活体器官移植对供体存在损伤

虽然活体器官移植有着显而易见的好处，但是很多人认为活体器官移植的伤害对于供者来说是百分之百，目前也有肝移植供者术后出现自身肝功不足的报道，并且还有统计显示失败的肝切除术占活体肝移植总病例数的1%~5%，这就相当于牺牲一个人的高质量正常生活，换取两个人的低质量生活。国外也已经报道至少14例活体肝移植供者死亡。移植手术不成功，受者和供者所面临的风险和伤害将加倍。

（二）胎儿供体面临着选择权的问题

由于胎儿没有自己的选择权，出于一些盈利的目的，个别医生可能会滥用裁决权，而导致大量的诱导性流产；并且，以盈利为目的，母亲及其亲属也有可能滥用选择权。这样由于利润的驱使，可能会引发器官买卖的违法行为。

（三）死囚犯知情权的落实存在质疑

对于利用死囚器官来解决供体器官的不足的问题，虽然在《关于利用死刑犯罪尸体或尸体器官的暂行规定》中对利用死囚器官做了相关知情同意、家属同意等规定，但是仍有许多人介于死刑犯处于弱势地位的考虑，认为死刑犯被剥夺了自由和权利，真正的意愿难以表述，死后愿意捐献器官并非完全出于自愿和知情。

（四）器官移植引发的犯罪问题

患者尤其是脏器衰竭的病人，渴望得到移植而重生，由于供体的严重不足，人体器官成为一种具有高利润的物品，经济实力强的患者会不惜一切代价获得器官，这就导致了某些不法分子出卖、贩卖、偷取、骗取或强制采摘他人的器官，甚至发生为了获取器官而伤害他人生命的行为。这些不法分子通过拐卖、诱骗、麻醉等犯罪手段偷偷摘取或强制摘取他人的身体器官加以贩卖，未成年人由于不具有完全的行为能力和防护能力，经常会成为这些不法分子猎取的目标。

（五）器官捐献商业化问题

由于移植用器官严重供不应求，出现器官捐赠者变相收费和医生收取介绍器官捐献者费用的事件。1983年美国一名医生曾建议成立"国际肾脏交易所"购买穷人的肾脏。这些买卖或变相买卖人体器官的做法受到公众舆论的普遍谴责。因为器官市场必然会出现有钱人买器官，移植受益；穷人迫于贫困出卖器官，甚至损害生命。

三、我国器官移植相关的法律规定

2006年卫生部制定颁布了《人体器官移植技术临床应用管理暂行规定》，2007年国务院又颁布了《人体器官移植条例》，两法规尽管只是针对人体器官并且只适用于心脏、肺脏、肝脏、肾脏或者胰腺等器官的移植，不适用人体细胞和角膜、骨髓等人体组织移植，但是两法规的出台实施，结束了器官移植领域的法律空白，国家从根本上开始了对器官移植领域法律关系的正式调整。

（一）我国器官移植技术的定义和应用原则

（1）本法律制度所称人体器官移植，是指摘取人体器官捐献人具有特定功能的心脏、肺脏、肝脏、肾脏或者胰腺等器官的全部或者部分，将其植入接受人身体以代替其病损器官的过程。

（2）任何组织或者个人不得以任何形式买卖人体器官，不得从事与买卖人体器官有关的活动。

（3）医疗机构开展人体器官移植应当恪守救死扶伤、治病救人的医德规范。医疗机构及其任何工作人员不得利用人体器官或者人体器官移植，牟取不正当利益。

（4）医疗机构开展试验性人体器官移植应当履行告知义务，征得患者本人和其家属书面同意，不得向患者收取任何费用。

（二）人体器官的捐献规则

（1）人体器官捐献应当遵循自愿、无偿的原则。公民享有捐献或者不捐献其人体器官的权利；任何组织或者个人不得强迫、欺骗或者利诱他人捐献人体器官。

（2）捐献人体器官的公民应当具有完全民事行为能力。任何组织或者个人不得摘取未满18周岁公民的活体器官用于移植。

（3）公民生前表示不同意捐献其人体器官的，任何组织或者个人不得捐献、摘取该公民的人体器官；公民生前未表示不同意捐献其人体器官的，该公民死亡后，其配偶、成年子女、父母可以以书面形式共同表示同意捐献该公民人体器官的意愿。

（4）活体器官的接受人限于活体器官捐献人的配偶、直系血亲或者三代以内旁系血亲，或者有证据证明与活体器官捐献人存在因帮扶等形成亲情关系的人员。

（5）医疗机构进行活体器官摘取前，应当确认符合法律、法规和医学伦理学原则，确认是活体器官捐赠者本人真实意愿后，方可进行活体器官移植。

（6）医疗机构在摘取活体器官捐赠者所同意捐赠的器官前，应当充分告知捐赠者及其家属摘取器官手术风险、术后注意事项、可能发生的并发症及预防措施等，并签署知情同意书。

（7）活体器官移植不应当因捐献活体器官而损害捐赠者相应的正常生理功能。

（三）人体器官的移植规则

（1）医疗机构从事人体器官移植，应当依照《医疗机构管理条例》的规定，向所在地省、自治区、直辖市人民政府卫生主管部门申请办理人体器官移植诊疗科目登记。

（2）医疗机构及其医务人员从事人体器官移植，应当遵守伦理原则和人体器官移植技术管理规范。

（3）申请人体器官移植手术患者的排序，应当符合医疗需要，遵循公平、公正和公开的原则。具体办法由国务院卫生主管部门制订。

（4）从事人体器官移植的医务人员应当对人体器官捐献人、接受人和申请人体器官移植手术的患者的个人资料保密。

（四）人体器官的移植的监督管理

（1）国务院卫生主管部门负责全国人体器官移植的监督管理工作。县级以上地方人民政府卫生主管部门负责本行政区域人体器官移植的监督管理工作。

（2）任何组织或者个人对违反本条例规定的行为，有权向卫生主管部门和其他有关部门举报；对卫生主管部门和其他有关部门未依法履行监督管理职责的行为，有权向本级人民政府、上级人民政府有关部门举报。

（3）县级以上地方卫生行政部门应当加强对开展人体器官移植医疗机构的监督管理，现场监督检查每年不少于一次，并详细记录监督检查结果。

（五）法律责任

（1）违反条例规定，有下列情形之一，构成犯罪的，依法追究刑事责任：① 未经公民本人同意摘取其活体器官的；② 公民生前表示不同意捐献其人体器官而摘取其尸体器官的；③ 摘取未满18周岁公民的活体器官的。

（2）买卖人体器官或者从事与买卖人体器官有关活动的，没收违法所得，并处交易额8倍以上10倍以下的罚款；医疗机构参与上述活动的，对负有责任的主管人员和其他直接责任人员依法给予处分，撤销该医疗机构人体器官移植诊疗科目登记，该医疗机构3年内不得再申请人体器官移植诊疗科目登记；医务人员参与上述活动的，吊销其执业证书。

（3）国家工作人员参与买卖人体器官或者从事与买卖人体器官有关活动的，由有关国家机关依据职权依法给予撤职、开除的处分。

（4）医疗机构未办理人体器官移植诊疗科目登记，擅自从事人体器官移植的，依照《医疗机构管理条例》的规定予以处罚。

（5）从事人体器官移植的医务人员泄露人体器官捐献人、接受人或者申请人体器官移植手术患者个人资料的，依照《执业医师法》或者国家有关护士管理的规定予以处罚。给他人造成损害的，应当依法承担民事责任。

（6）国家机关工作人员在人体器官移植监督管理工作中滥用职权、玩忽职守、徇私舞弊，构成犯罪的，依法追究刑事责任；尚不构成犯罪的，依法给予处分。

第四节　脑死亡与法律

一、概述

（一）脑死亡的含义

脑死亡（Brain Death）指当心脏还继续跳动，大脑功能丧失，发生不可逆的改变，最终导致人体死亡。自古以来，人们对死亡的认识都保持着这样一个概念：一个人只要心脏停止跳动，自主呼吸消灭，就是死亡。把心脏视为维持生命的中心，这一概念一直指导着传统医学与法律。然而，随着当代医学科学的发展，大量心脏移植手术的成功和人工心肺机的广泛应用，现代医学认为，心跳和呼吸停止并不表明人的必然死亡，有些患者可通过人工起搏器和人工呼吸维持血液循环和大脑供应，甚至移植心脏。由此人们逐渐改变了死亡的定义，改变了判定死亡的标准。

（二）确定脑死亡的意义

脑死亡标准不仅会引起某些法律问题，也关系到医生在抢救治疗过程中的医疗行为，关系到器官移植的发展，同时还会对社会伦理道德观念产生重大影响。因此，确定脑死亡标准具有重大的现实意义。

1. 有利于科学地确定死亡，维护生命尊严

随着医学科学的发展和社会的进步，传统的心跳、呼吸停止已不再是判断死亡的绝对标准。现代人工低温医学实验表明，在体温降到-5~5 ℃，心跳呼吸完全停止若干小时后经过复温，生命活动可以恢复。而脑死亡则是不可逆的。因此，确定科学的死亡标准可以倡导人类追求高质量、有价值的生命，推动医学伦理观念的更新，可以更好地维护人的生命尊严，更好地尊重人的生命价值。

2. 有利于器官移植的开展

确定脑死亡标准的意义之一在于可以为器官移植的顺利开展提供方便，在目前的死亡标准下往往使得器官移植工作得不到更广泛地开展。随着器官移植技术的日益完善和改进，等待器官移植的病人越来越多，可提供供体的数量远不能满足受体增长的需要，脑死亡病人体内有保持良好血液灌注的器官可供移植使用，而停止循环的病人死前多有持续低血压，体内脏器多有损害。在美国，大约有24%的需要器官移植的病人在等待供体的过程中死亡。而脏器移植中供体的严重短缺，更是直接限制了我国器官移植事业的发展。据资料显示，我国器官移植的活体器官严重缺乏。就肾脏移植而言，每年约有15万名尿毒症患者需要移植，而有幸能接受手术的患者仅占总数的2%。脑死亡概念的法律确认将为同种异体器官移植所需的大量器官来源提供十分有利的条件。

3. 有利于减少卫生资源的浪费

在医疗机构中有许多只能靠人工机械维持生命的脑死亡患者，花费大量的医疗资源进行安慰性的治疗，造成经济、人力和精神上的巨大浪费，给有限的卫生资源造成极大压力。因此，适时地终止对脑死亡者的医疗措施可以使卫生资源利用更为合理，减少社会和家庭的沉重负担。

4. 有利于减少和处理医疗纠纷

由于我国尚未确立脑死亡的法律概念和标准，曾发生过因医生撤除脑死亡病人延长生命的设备或者将脑死亡病人的器官摘除进行移植，而导致病人家属关于医生见死不救、故意杀人的医疗纠纷和法律诉讼。如果脑死亡的概念和标准被法律所承认，并对脑死亡人的器官摘除作为移植供体的条件、程序作出具体而详细的法律规定，则可以消除患者不应有的误会，减少医疗纠纷的发生，有利于正确处理医患纠纷。

5. 有利于法律关系的稳定与法律的实施

死亡在诸多法律领域都有着重要的应用。死亡决定着杀人罪的成立、刑事责任的免除、民事权利的终止、继承的开始、婚姻关系的消灭以及诸如合伙、代理等关系的变更等。因此正确界定死亡在司法实践中有着重要的意义。

（三）脑死亡的历史和现状

脑死亡概念的提出已经有四十余年的历史了，它是医学科学深入发展所认识并揭示的科学现象，并非专家或是某个别人一时的想法，它的提出还是符合一般的科学概念的认识规律的，是经得起历史检验的。"脑死亡"概念首先产生于法国。1959年，法国学者P. Mollaret和M. Goulon在第23届国际神经学会上首次提出"昏迷过度"（Le Coma Dépassé）的概念，同时报道了存在这种病理状态的23个病例，并开始使用"脑死亡"一词。他们的报告提示：凡是被诊断为"昏迷过度"的病人，苏醒可能性几乎为零。医学界接受并认可了该提法。此后，关于这种"昏迷过度"的研究重点是如何确定脑死亡的诊断标准和排除"脑死亡样状态"，同时提出在确诊脑死亡之前，必须排除深低温和药物过量的影响。1968年第22届世界医学大会上，美国哈佛医学院脑死亡定义审查特别委员会提出了"脑功能不可逆性丧失"作为新的死亡标准，并制定了世界上第一个脑死亡诊断标准：① 不可逆的深度昏迷；② 无自主呼吸；③ 脑干反射消失；④ 脑电波消失（平坦）。凡符合以上标准，并在24小时或 72 小时内反复测试，多次检查，结果无变化，即可宣告死亡。但需排除体温过低（<32.2 ℃）或刚服用过巴比妥类及其他中枢神经系统抑制剂两种情况。同年，由世界卫生组织建立的国际医学科学组织委员会规定死亡标准为：① 对环境失去一切反应；② 完全没有反射和肌张力；③ 停止自主呼吸；④ 动脉压陡降；⑤ 脑电图平直。1971 年，美国提出脑干死亡就是脑死亡的概念。英国皇家医学会于 1976 年制定了英国脑死亡标准，提出脑干死亡为脑死亡，比不可逆昏迷前进了一步。1979 年明确提出病人一旦发生了脑死亡便可宣告其已死亡。1995 年英国皇家医学会提出脑干死亡标准。1980 年中国学者李德祥提出脑死亡应是全脑死亡，从而克服了大脑死（不可逆昏迷）、脑干死等脑的部分死亡等同于脑死亡的缺陷，这一观点已获中国学者共识。

据不完全统计，全世界开展心脏移植的已超过一万例。1982 年，美国犹他大学医疗中心为 61 岁的克拉克首次安装人工心脏成功，存活 112 天，轰动世界。1967 年，南非医生首次施行心脏移植手术成功，从而打破了心脏功能丧失可导致整个机体死亡的常规。由于心肺功能的可替代性，使其失去作为死亡标准的权威性器官的地位。相反，在脑死亡的情况下，心肺功能得到维持并不等于存活，只不过是延续生物死亡而已。目前，有许多的患者依靠现代科技手段如人工心肺系统、静脉营养等医疗措施维持着心跳呼吸，既占据昂贵的医疗设备，消耗宝贵的医药资源，又使其亲属承受着经济上和精神上的负担。这给医学和伦理学带来了棘手的难题，同时也带来一些更为棘手的法律问题：如何确定人的死亡及其时间？医生何时能停止对病人的抢救与治疗？何时能摘取供体器官？上述这些行为能否构成"犯罪"？传统的死亡标准已无法解决这些难题，从而引发了关于建立新的死亡标准的思考。

二、脑死亡引起的法律问题

由于各国现行法律的死亡规定均建立在传统死亡标准的基础之上，医学死亡标准的变化必然会引起有关法律的矛盾与冲突。

（一）犯罪人的杀人行为与被害人死亡之间是否存在因果关系的问题

1976 年 11 月 29 日，美国纽约一个名叫凯里的罪犯在抢劫一位名叫彭罗的女学生时，因彭罗呼叫，遂起杀人之念，用铁棒猛击彭罗头部，将其打昏在地，然后逃走。彭罗被人发现时已昏迷不醒，部分头盖骨被打碎。在被送入医院抢救的第二天，即已进入不可逆的昏迷状态，完全没有反射，检验结果也表明血液已不能流入她的脑部。12月1日，主治大夫布朗博士给彭罗挂上了人工呼吸器，此时脑电图显示她的脑活动已不存在。12月2日，医院在征得其父母同意后，她的角膜和两个肾脏被摘除下来用于移植，然后呼吸器才从她的身上被摘了下来。同年12月1日，罪犯凯里被抓获，司法当局指控他犯有二级谋杀罪和一级抢劫罪，但凯里的律师则为其作无罪辩护，其理由是彭罗死亡的真正原因是摘除了器官用于移植和随后摘下人工呼吸器，因为当时她还有生命特征表现的呼吸和心跳。但法院采用了脑死亡的标准，认定彭罗已于12月1日清晨死去，因刑事法律规定，对人死后的尸体处置，不构成杀人罪，故布朗摘下人工呼吸器并不影响加害行为与被害人死亡之间的因果关系。彭罗的死亡，是罪犯凯里的棒击所致。

（二）某些医疗行为是否会被认定有罪

如医生适用脑死亡标准，关掉人工抢救装置，或者把脑已死亡的人的器官用于移植，然后再关掉人工抢救装置的行为是否有可能被认定为杀人行为。显然，在那些仍使用传统死亡标准的国家和对脑死亡持否定态度的人士，认为医生的行为已构成杀人罪，应予以刑罚制裁。如1974年美国加利福尼亚州就曾对某医生从两名确诊为脑死亡的犯人身上取出心脏做移植的行为以杀人罪判处刑罚。而已将脑死亡通过法律确立的国家或对脑死亡持肯定态度的人士，则会认为医生的行为不构成杀人罪。1998年10月15日，北京大学某医院医生高某为了救治绝境中的急症，在备用角膜失效的情况下，未经亲属同意擅自从医院太平间摘取了死者的眼角膜，使两个患者复明。后来死者家属发现，要求追究医生的刑事责任，并索赔精神损失费50万元。司法机关随即将高某取保候审。事件被披露后，引发社会对医疗、法律、伦理道德等广泛讨论。

（三）影响民事法律中的继承开始时间

依据传统的法律规定，继承开始于被继承人的死亡时间，那么死亡以何种标准为准，将会影响继承开始的时间确定，使不同身份的继承人权益有很大不同。美国阿肯色州曾发生过一起这样的案例。史密斯夫妇二人膝下无子，双方立下遗嘱，死后财产由对方继承。一日夫妇二人一起共同乘车外出时出了车祸，史密斯先生当即身亡，史密斯太太失去了知觉，被送往医院后一直没有苏醒过来，在昏迷状态中活了17天后死去。按照传统的死亡标准，史密斯太太有权继承她丈夫的财产。在她死后遗产将由她的法定继承人继承。但是，史密斯先生的法定继承人却不这样认为，他在给法院的申诉书中写道："根据现代医学知识，本请求人将向法院提供可靠的证据，证明史密斯夫妇在同一瞬间均失去了继承遗产的能力，在该汽车事故中，他们作为尘世之人同时死亡，他们都没有再恢复知觉。"也就是说，该继承人采用了脑死亡的标准，认为史密斯先生的遗产应由他来继承。因为根据继承法律的规定，相互有继承关系的几个人在同一事件中同时死亡时，如果辈分相同，彼此不发生继承，由他的各自的法定继承人分别继承。然而阿肯色州当时没有接受脑死亡的标准，因此驳回了这位申诉者的请求。

三、国内外关于脑死亡的法律规定

（一）国外关于脑死亡的法律规定

许多国家采用全脑死亡的概念，欧洲部分国家采用脑干死亡的概念。

目前认为：脑死亡即包括脑干在内全脑机能完全、不可逆转地停止，而不管脊髓和心脏机能是否存在。或者定义为：脑死亡是脑细胞广泛、永久地丧失了全部功能，范围涉及大脑、小脑、桥脑和延髓。即发生全脑死亡后，虽心跳尚存，但脑复苏已不可能，个体死亡已经发生且不可避免。

但不同国家和学者对脑死亡的定义不同看法：英国有学者认为生命决定于呼吸、循环中枢，所以脑干机能的不可逆转停止才是脑死亡；北欧各国认为是脑循环的不可逆转停止引起脑死亡，故称脑死亡为全脑梗塞。现在，已有越来越多的国家和地区接受脑死亡的概念，开展脑死亡标准的立法。1978年，美国的《统一脑死亡法》（Uniform Brain Death Act，UBDA）将脑死亡定义为：全脑功能包括脑干功能的不可逆终止。1979年，西班牙国会通过的移植法将脑死亡定义为"完全和不可逆的脑功能丧失"。1997年，德国的器官移植法规定：脑干死亡就是人的死亡。1997年，日本《器官移植法》将脑死亡定义为：全脑包括脑干功能的不可逆停止，但与"植物状态"不同，后者脑干的全部或部分仍有功能。1997年，格鲁吉亚《卫生保健法》将脑死亡定义为：脊髓基本节段和脑功能的不可逆终止，包括使用特殊措施维持呼吸和血循环的情况。

关于脑死亡定义争议很多。有学者认为"应该将脑死亡的定义扩展至包括永久性的无意识状态"；中国有学者认为"意识、思维能力的丧失，就标志着人的死亡"，即植物人属于脑死亡，美国也有人持相同观点，并认为当今的概念"形而上学"。但是，多数学者还是认为二者是有区别的，不可以把脑死亡与持续性植物状态（或称"大脑皮质死亡""植物人"）相混淆。将后者随意当作是脑死亡而放弃抢救或治疗是不合法的,可能引起民事或刑事的指控。

(二)我国脑死亡的立法思考

1. 脑死亡立法的讨论

脑死亡立法不仅受到物质条件的制约,还受到一国的文化传统和民族习惯的影响。中国的器官移植技术在世界上处于领先水平,可我们的脑死亡立法却落后于世界。大多数中国人至今都不愿意接受这样的事实。目前我国对脑死亡的定义与标准,尚无明确的法律规定。在我国,由于传统的文化观念影响及医疗和社会发展状况的极不平衡,脑死亡概念在医学界、法学界、社会学等学术界一直存在着不同看法。一些专家和学者提出,在我国确认脑死亡的实际意义是客观存在的,我国应制定法律接受脑死亡概念。在目前我国医疗卫生资源还非常匮乏的情况下,维持脑死亡发生后心肺循环将耗费大量的医疗费用。另一方面,我国还有众多的尿毒症患者、角膜性盲人和角膜性视力残疾者都在等待着肾移植和角膜移植手术。尽管有法律和伦理的限制,但脑死亡标准在我国已不止一次地被应用。第二军医大学附属长征医院开展了一例特殊的肾移植手术,将一名脑死亡者的肾脏移植到两位尿毒症患者体内,这是我国首例由脑死亡者捐献器官的移植手术。长征医院在国内第一个大胆地向法律和传统的死亡标准发起挑战,由神经内科和脑外科的专家组成了小组,对捐献者进行会诊,最后确定他已经"脑死亡",具备了脑电图呈平直线,脑干反射(瞳孔对光的反射、角膜反射、垂直眼球运动)全部消失等"脑死亡"特征。医生果断地决定手术,将死者的两个肾脏分别移植到上海和江苏的两名尿毒症患者体内,术后这两位患者状况良好。

但是,脑死亡立法不能简单从事。脑死亡的立法会涉及许多的医学伦理问题。一些专家提出中国的立法道路可以借鉴外国的经验,先由医学机构研究并提出脑死亡的标准,在人民群众中开展广泛的宣传教育,然后在法律上加以认可。法是人民意志的体现,人民有权决定自己的生与死,这个愿望应从保护公民宪法权利的角度给予尊重。没有广大人民群众的理解和支持,脑死亡立法也就失去了存在的意义。

2. 脑死亡立法建议

(1)法律允许两种死亡标准并存。根据我国国情,确立脑死亡标准和传统死亡标准同时并存的制度。传统死亡标准虽有缺陷,但其观念已根深蒂固,而现代医学又没有完全否定其科学性。特别在我国广大农村和边远贫困地区医疗条件比较落后的情况下，传统死亡标准仍是判断死亡的有效标准。另外脑死亡标准本身也并不排斥传统死亡标准。这样就可以因人因地而异，当医疗条件和设备达到一定程度时，就可以采用脑死亡的标准。

（2）制定严格的脑死亡诊断标准。借鉴美国哈佛标准，结合我国医疗实践的具体情况，制定严格的、具体的脑死亡标准。

（3）建立科学完整的脑死亡管理制度。脑死亡立法应规定哪些医生有权作出脑死亡诊断，应按什么程序进行，使用哪些检测手段等，以防止医生的草率诊断或者虚假诊断。

（4）法律应当对于植物人和脑死亡者加以严格区分。植物人是指病人的脑干功能健全，可以自行呼吸，心脏也可以自行跳动，若无其他意外，或罹患其他疾病，其生命仍可维持多年。可见植物人不等于脑死亡，长期昏迷不醒、没有意识的病人与脑死亡病人是两种不同的病例。因此脑死亡立法应明确规定，对植物状态患者中那些脑功能已不可逆恢复的人可以宣布死亡，但绝不能将所有植物人宣布为脑死者而不予以治疗抢救或者摘除其器官用于移植。

（5）法律责任。脑死亡立法应当明确规定违反脑死亡法律法规的法律责任：① 对于违反执业资格和相关法律规范的行为，如果行为人主观上是故意，客观上造成了严重后果，应承担相应的刑事责任；② 对于在确定死亡的程序中，由于操作疏忽，而作出错误判断的非恶意的医疗过错行为，应以《医疗事故处理条例》行政法规中有关医疗事故处理条款处理。对于利用死亡确定程序，故意宣布非死亡病人为死亡具备刑法上故意杀人罪的犯罪构成的行为，应以故意杀人罪论处。

（6）在医院建立伦理委员会。为了保证死亡立法的顺利实施，应在医院建立伦理委员会。每一个医院应设立医院伦理委员会或就伦理问题提供建议和进行教育的其他机制。医院伦理委员会应对医务人员提出的确定死亡的决定，以及撤除或拒绝撤除治疗设施的决定进行审查。

第五节　安乐死与法律

一、概述

人的生命具有崇高的价值，非法剥夺或者任意漠视他人生命是违反法律和人类道义的野蛮行径,应当受到法律的制裁和道德的谴责。然而,当一个人身患绝症,处在欲生不能、欲死不得的困境时,是让病人在神志清醒时安然离去,还是任凭其遭受疾病的折磨,在极度痛苦中艰难地告别人生?这是安乐死争论的焦点,也是长期悬而未决的复杂问题。

安乐死是现代医学发展所面临的一个无法避免的问题,而且涉及社会学、伦理学、心理学、法学等方面的问题。随着人类理性觉悟程度的提高,人们越来越正视人固有一死的客观事实。但是由于人们的人生观念、价值取向、宗教信仰、职业等方面的不同,以及感情与理智、个体与社会、历史传统与时代精神、理论研究与临床实践、道德与法律的种种矛盾和冲突,对安乐死立法有各种各样的理解和态度。

(一)安乐死的定义

安乐死(Euthanasia)一词源出希腊文,是由"美好"和"死亡"两个字所组成。其原意是指舒适或无痛苦地死亡、安然去世。现在主要指为解除病人无法忍受的肉体痛苦而采取的一种结束生命的行为。

安乐死是一种特殊的死亡形式,现代意义上的安乐死至今尚无一个统一完整的定义。《牛津法律大辞典》的定义是:"在不可救药的或病危患者自己的要求下,所采取的引起或加速其死亡的措施。"《中国大百科全书·法学》对安乐死的解释是:"对于现代医学无法挽救的逼近死亡的病人,医生在患者本人真诚委托的前提下,为减少病人难以忍受的剧烈痛苦,可以采取措施提前结束病人的生命。"根据上述定义,安乐死并不是生与死的选择,而是每个人必须面临的安乐死亡还是痛苦死亡方式的选择。安乐死不只是人为地导致死亡,而且指死亡过程中的一种良好状态,以及达到这种良好状态的方法。其目的是通过人工调节和控制,使死亡呈现出一种良好的状态,以避免精神和肉体的痛苦折磨,达到舒适或愉快,即改善死者濒临死亡时的自我感觉状态,维护死亡时的尊严。

(二)安乐死的分类

现行对安乐死最常见的分类是根据安乐死实施中的"作为"和"不作为",将其分为主动安乐死和被动安乐死。

(1)主动安乐死(Positive Euthanasia)也称积极安乐死,是指医务人员或其他人在无法挽救病人生命的情况下采取措施主动结束病人的生命或加速病人死亡的过程。结合病人的意愿和执行者的不同,主动安乐死又可分为:

自愿—自己执行的主动安乐死、自愿—他人执行的主动安乐死、非自愿—他人执行的主动安乐死三类。

（2）被动安乐死（Negative Euthanasia）也称消极安乐死，是指终止维持病人生命的一切治疗措施，任其自然死亡。被动安乐死在国内外不少医院实际上已不鲜见。实施被动安乐死主要基于：任何医疗措施对很多疾病的晚期都有无能为力的时候，应该让这些病人在自然、舒适、尊严中离开人世。依据病人是否有安乐死的意愿，被动安乐死又可分为：自愿被动安乐死和非自愿被动安乐死两种。

（三）安乐死的历史与现状

安乐死的历史源远流长。早在史前时代，游牧部落转换营地时，就常常将年老体弱和伤残病人留在原来的区域或水草丰足的地方，使其自生自灭，免受部落迁移的种种艰难困苦。古代希腊和罗马，人们对安乐死有宽容、赞美和反对的不同，国家则允许病人结束自己的生命。资产阶级革命时期，许多知名的西方思想家倡导安乐死亡。弗兰西斯·培根认为，延长生命是医学的崇高目的，安乐死也是医学技术的必要领域。《乌托邦》的作者莫尔则提出"有组织的安乐死"和"节约安乐死"的概念。现代意义上的安乐死，一般认为是从19世纪开始的，当时已将安乐死看作一种减轻患者不幸的特殊医护措施。

20世纪20年代开始，安乐死在欧美各国日渐流行。1936年英国首先成立了"自愿安乐死协会"，1938年美国成立了"无痛苦致死学会"，1944澳大利亚和南非也成立了类似的组织。第二次世界大战时期，由于德国纳粹借用所谓"安乐死计划（Euthanasia Program）"杀害了数百万无辜的人，致使安乐死一词招人反感，英美等地的相关活动稍以平息。1976年后，丹麦、挪威、瑞典、比利时、日本，甚至在天主教信徒很多的意大利、法国和西班牙也都出现了自愿实行安乐死协会。1987年荷兰通过一些有严格限制的法律条文允许医生为患有绝症的病人实行安乐死。随着医学科学和生物医学工程技术的进步和发展，传统的生命价值观念受到很大冲击，安乐死又重新成为人们的热议话题。各国就安乐死问题进行的民意测验结果表明，对安乐死持赞同态度的百分比不断呈上升趋势。如美国20世纪60~70年代民意测验的结果是：① 医生61%~97%支持消极安乐死，10%~18%主张积极安乐死。但其中较多数的妇产科医生、外科医生和儿科医生强烈反对安乐死；② 社会人士53%的人赞成积极安乐死，36%的人表示反对。1998年纽约一医药研究所主持的一项有关安乐死的调查结果则表明，在美国总体上来说，有6.4%的医生承认他们曾经答应过至少1名病人的要求，让他自杀或替他注射致命药剂。调查结果还暗示，如果安乐死合法化，将有更多的医生乐意协助绝症病人速死。

20世纪80年代以来，世界各国的医学界、法学界和伦理学界重新对安乐死问题予以高度的关注，主要原因是随着科学技术的飞跃发展，人类的平均寿命逐年延长。CT扫描机、磁共振、先进的高效复活技术、器官移植技术和各种抗菌药物的研发，使大多数危重病人得以延长生命。严重畸形、无法矫正的新生儿和颈项以下完全瘫痪的残疾人，均可倚仗医疗器械和药物维持生命能力。然而，避免死亡并非总是压倒一切的目标，越来越多的人已经承认，用高超的医疗技术人为延长病人死亡的剧烈痛苦是极其不幸的，也不符合人类尊严。

从历史的趋势来看，1983年世界医学会的威尼斯宣言提出了消极安乐死的正式意见，同年美国医学会的伦理与法学委员会对于撤除生命支持措施的意见都已为安乐死实施创造了条件。尽管安乐死至今还没有在多数国家合法化，但人们对给予病情危重而又无法治愈的病人以死的权力和自由以摆脱残酷的病痛折磨的做法，愈来愈多地采取同情的态度，认为这是符合人道主义精神的。虽然西方许多国家都把安乐死看成犯罪行为，但支持实行安乐死的人数在不断增加。

二、实施安乐死存在的法律问题

由于安乐死的问题比较复杂，涉及道德、伦理、法律、医学等诸多方面，中国尚未为之立法。在我国，在法律未允许实行积极安乐死的情况下，实行积极安乐死的行为，仍然构成故意杀人罪：既不能认为这种行为不符合故意杀人罪的犯罪构成，也不宜以《刑法》第十三条的但书为根据宣告无罪。对实施积极的安乐死的行为，应以故意杀人罪论处。安乐死有以下三种情况：① 没有缩短患者生命的安乐死（本来的安乐死、真正的安乐死），这种行为不成立犯罪。② 具有缩短生命危险的安乐死（间接安乐死）。这种行为虽然具有缩短患者生命的危险，但事实上没有缩短患者生命，也不成立故意杀人罪。③ 作为缩短患者生命手段的安乐死（积极的安乐死），即为了免除患者的痛苦，而提前结束其生命的方法。现今，世界上只有个别国家对积极的安乐死实行了非犯罪化。我国对于安乐死持反对态度。

实施安乐死的行为,目前尚未被我国《刑法》规定为合法行为。实施安乐死的行为对象是濒临死亡的病人,虽然患者濒临死亡,但仍然是受到法律保护的,这样的病人仍然是法律意义上的"人",他们的生命仍然要受到法律的保护。所以,依据行为和对象判断模式来分析,实施安乐死的行为是非法剥夺他人生命的行为。在安乐死故意的判断上,行为人为他人实施安乐死,行为人明知自己的行为必然会发生他人死亡的结果,并且希望发生这样的结果,行为人在主观上属于直接故意,即行为人具有故意杀人的直接故意。另外,依据我国目前的法律规定,从社会公序良俗、行为的社会效果出发,即使是濒临死亡的人也没有处分自己生命的权限。所以,行为人为他人实施安乐死的行为不属于"被害人承诺的行为",行为人仍然要承担故意杀人罪的刑事责任。

三、国内外有关安乐死的法律规定

(一)国外安乐死的法律规定

在世界范围内安乐死立法进展缓慢,为了保证患者安乐死权利的正当行使,避免医学领域、社会上利用安乐死发生新型的犯罪,特别是限制医务人员安乐死权利的滥用,世界各国均对安乐死合法化问题持审慎的态度,安乐死立法步履艰难。在有相关安乐死立法的国家,大多是对被动安乐死的认可,而对于主动安乐死,多数国家在法律上是反对和禁止的。

从20世纪30年代,西方国家就有人要求在法律上允许安乐死。荷兰是实施安乐死最为普遍的国家,也是世界上就安乐死问题制定法律的第一个国家。1968年安乐死成为荷兰社会开始关注的问题。1988年荷兰皇家药物管理局在一份报告中阐述了关于安乐死的标准。荷兰议会在1993年2月9日以91票对45票通过了一项世界上受约束最少的安乐死法律,允许医生应病人的明确要求而帮助其进行安乐死,或者将身患绝症的病人安乐死。这是世界上第一个实行的安乐死法律。这项从1994年1月1日起生效的新法律,使得荷兰成为全世界范围内对安乐死政策限制最少的国家。1999年,荷兰政府正式向议会提交了承认安乐死合法的法案,2000年11月28日,荷兰国会议员以绝对多数票通过了安乐死法案,即《根据请求终止生命和帮助自杀(审查程序)法》的最后一次的辩论和投票。这标志着荷兰成为世界上第一个安乐死合法化的国家。

继荷兰之后，比利时议会众议院于2002年5月通过一项法案，允许医生在特殊情况下对病人实行安乐死，从而成为世界上第二个使安乐死合法化的国家。比利时该法规明确提出：实施安乐死的前提是病人的病情已经无法挽回，他们遭受着"持续的和难以忍受的生理和心理痛苦"；实施安乐死的要求必须是由"成年和意识正常"的病人在没有外界压力的情况下经过深思熟虑后自己提出来的。法案同时规定，病人有权选择使用止痛药进行治疗，以免贫困或无依无靠的病人因为无力负担治疗费用而寻死。2014年2月13日，比利时众议院通过一项法案——"让重症患儿享有安乐死权利"，把安乐死的范围扩大到绝症晚期儿童。它成为继荷兰之后，全球第二个在严格条件下许可孩童安乐死的国家。

1995年5月25日，澳大利亚北部地方议会在经过连续15个小时的辩论后，终于以15∶10票通过了一项安乐死法律——《晚期病人权利法》，并于1996年7月1日开始生效，这是人类第一部允许安乐死的法律。但就在安乐死法律即将生效的前夕，联邦总理霍华德再次明确表示，他个人对这项立法持强烈的保留态度。由于反对派的势力十分强大，1996年12月联邦众议院以压倒多数通过终止这部安乐死的法案，1997年3月，澳大利亚联邦参议院正式否决了北方地区的安乐死法案。

在安乐死立法运动中，美国是一个积极的国家，但各州对安乐死的立法不尽相同。1976年，美国加利福尼亚州颁布了《自然死亡法》，这是美国第一个不成文的被动安乐死法。1977年以来美国有38个州通过了《死亡权力法案》，要求医生尊重病人安乐死的愿望。1999年10月27日，美国众议院通过法例子，授权药物管制的执法人员严厉打击有目的地使用联邦政府管制的麻醉药以帮助病人死亡的医生。2006年1月17日，美国联邦政府最高法院支持俄勒冈州1994年通过的准许医生协助自杀的州法。

2015年2月6日，加拿大最高法院的大法官们一致裁定，现行的禁止安乐死法案侵犯人权，那些患有不治绝症且神志清醒的成年人有权接受"医生协助自杀"。不过，允许安乐死合法化的新法案不会立即施行，加拿大最高法院给予联邦议会一年的时间制定相关新规。

瑞士禁止积极、直接的安乐岁，不过，瑞士是世界上唯一一个不仅允许本国人，也为外国人实施辅助自杀的国家。瑞士苏黎世市政府2001年1月1日起允许为养老院中选择安乐死方式自行结束生命的老人提供协助，所涉及的只是苏黎世的 23 家养老院。2008 年 12 月 18 日，卢森堡大公国议会通过了允许安乐死的法律，并于次年 3 月 17 日生效。卢森堡法律规定，按照要求执行安乐死和辅助自杀的医生不会面对刑事制裁或民事诉讼。

英国曾于 1961 年颁布《自杀法案》，规定帮助和建议别人自杀的人可被判处最高 14 年徒刑。现在安乐死在英国还是不合法的，但要求安乐死合法化的呼声越来越高。1976 年以后，丹麦、瑞典、挪威、比利时、意大利、日本、法国都相继成立安乐死协会。1976 年，日本东京召开的第一次安乐死国际讨论会。1980 年，国际死亡权力联合会成立，要求安乐死合法化。

（二）我国安乐死立法思考

在我国，1986 年陕西汉中的首个安乐死案例引发了对安乐死立法问题的关注。1988 年 7 月 5 日，中华医学会、中国自然辩证法研究会、中国社会科学院哲学研究所、中国法学会、上海医科大学以及其他有关单位，联合发起召开了"安乐死"学术讨论会。与会的各界代表一致认为，尽管中国在实际工作中，安乐死，特别是消极的安乐死几乎经常可以遇到（积极的安乐死，在中国已经公布至少 7 个案例，实际上大大超过此数），通常并不引起法律纠纷，但是考虑到中国的具体情况，还不存在为安乐死立法的条件。讨论中出现的分歧意见与国外大体相同。1994 年 10 月在上海召开了第二次全国安乐死学术讨论会，就安乐死的医学、社会、伦理、法律等问题进行了广泛的讨论。

自 1994 年始，全国人代会提案组每年都会收到一份要求为安乐死立法的提案。在 1997 年首次全国性的"安乐死"学术讨论会上，多数代表拥护安乐死，个别代表认为就此立法迫在眉睫。看来安乐死立法已不能回避了。但法律实现的是大多数人的意志，安乐死是否符合大多数人的意志，眼下尚无科学性的调查结果。而且法律付诸实践，就有极大的强迫性，一旦安乐死立法，它就像横在病人面前的一把双面刃，用得好，就可以真正解除病人的痛苦；用得不好，就可能成为剥夺病人选择生命权利的借口，被不法不义之徒滥用。

关于安乐死立法，一种观点认为：选择安乐死是患绝症病人的一种权利，让安乐死合法化是人类理智、科学地对待死亡的一种表现，也是社会文明的一大进步。制定安乐死法规，既可解除不治病人的痛苦，又可减少卫生资源的浪费，还可以使医务人员早日摆脱困境，对推进社会文明进程具有重要的意义。但根据国情，可以分层次过渡，先搞出区域性条例，然后逐步推广。另一种观点认为：安乐死立法为时尚早，在法制尚不健全的情况下，安乐死即使有法也可能被滥用。1986年发生在陕西汉中的我国首例安乐死案件，曾历经6年艰难诉讼。医生蒲连升应患者儿女的要求，为患者实施了安乐死，后被检察院以涉嫌"故意杀人罪"批准逮捕。案件审理了6年后，蒲终获无罪释放。但这并不意味着安乐死的合法性，安乐死仍是违法的，只不过由于蒲连升给患者开具的冬眠灵不是患者致死的主要原因，危害不大，才不构成犯罪。1986年中国社会科学院在武汉、北京等地进行的安乐死民意调查结果表明，赞成安乐死或采取安乐死术的人占调查总人数的62%。上海黄浦区部分街道对60岁以上老人进行调查，赞成安乐死的占89.4%，有94.5%的人希望立法。1994年10月陈蕃等人发出《关于建立"自愿安乐死协会"倡议书》，并拟就了《中国自愿安乐死协会章程（草案）》，受到社会的关注。2006年全国政协十届四次会议中，全国政协委员代表在大会发言中表示，有关部门曾对北京、上海、河北、广东等地进行调查，民间测评赞成安乐死的比率很高，上海对200名老人问卷中，赞成安乐死占73%，北京有85%以上的人认为安乐死是符合人道主义的，80%的人认为目前国内可以实施安乐死。

安乐死问题也引起了国家立法机关的重视。在全国人民代表大会上，人大代表曾多次提交安乐死的立法议案。1989年初全国人大常委会办公厅在向第七届全国人大常委会第6次会议提交的代表建议办理情况报告中提到建议制定"安乐死法"的问题；1994年全国两会期间，广东32名人大代表联名提出"要求结合中国国情尽快制定'安乐死'立法"议案；1995年八届人大三次会议上，有170位人大代表递交了4份有关安乐死立法的议案；1996年，上海市人大代表再次提出相关议案，呼吁国家在上海首先进行安乐死立法尝试；2003年3月9日，全国人大代表向大会提交了在北京率先试行"安乐死"并建立相关法规的建议。

从发展趋势上看，随着我国老年人数的迅速增加，特别是高龄老年人的增长，以及医学技术的进步，实施安乐死引发的案件还可能再次出现，无疑也还会有安乐死是否合情、合理的争论，关于死亡权利和安乐死的社会、伦理和法律问题的讨论也将会在中国持续相当长的时间。

参考文献

[1] 翁开源，蔡维生. 卫生法学[M]. 2版. 北京：科学技术出版社，2017.

[2] 黎东升. 卫生法学[M]. 北京：人民卫生出版社，2013.

[3] 古津贤，强美英. 医事法学[M]. 北京：北京大学出版社，2011.

[4] 樊立华. 卫生法学概论[M]. 北京：人民卫生出版社，2000.

[5] 蒲川，王安富. 医事法学[M]. 重庆：西南师范大学出版社，2008.

[6] 赵同刚. 卫生法[M]. 北京：人民卫生出版社，2014.

[7] 龚波. 器官短缺：法理学的视角[M]. 北京：中央编译出版社，2014.

[8] 刘鑫. 医事法学[M]. 北京：中国人民大学出版社，2015.

[9] 中华人民共和国国务院新闻办公室. 中国的中医药[M]. 北京：人民出版社，2016.

[12] 姜柏生，田侃. 医事法学[M]. 南京：东南大学出版社，2003.

[13] 黄丁全. 医事法[M]. 北京：中国政法大学出版社，2003.

[14] 李大平. 医事法学[M]. 广州：华南理工大学出版社，2007.

[15] 王岳. 医事法（修订）[M]. 北京：对外经贸大学出版社，2013.

[16] 姜柏生，刘涛. 医事法学[M]. 南京：东南大学出版社，2014.

[17] 朱景文. 法理学[M]. 北京：中国人民大学出版社，2008.

[18] 桑滨生. 关于我国的中医药政策[J]. 中医药管理杂志，2006，14（6）：1-3.

[19] 仲霞，王现. 完善中医药法律体系的对策探讨[J]. 中医药管理杂志，2011，19（2）：109-111.

[20] 关健，盖小荣，郑宇同. ADR解决中国医患纠纷的可行性分析：医患双方的调查[J]. 医学与哲学（人文社会医学版），2008.

[21] 杨立新.《侵权责任法》规定的医疗损害责任归责原则[J]. 河北法学，2012，30：12.

[22] 常纪文. 医疗损害纠纷处理的若干法律问题[J]. 中国政法大学学报，2010.

[23] 郑春雨，杨文宇，李蕾．医疗机构如何通过和解处理医疗纠纷[J]．解放军医院管理杂志，2005，12（4）：362-363．

[24] 张麟，张怡．中医医疗纠纷的特点及原因分析[J]．中医药临床杂志，2013，25．

[25] 邱聪智．医疗过失与侵权行为[M]//郑玉波．民法债编论文选辑．台湾：五南图书出版公司，1984．

[26] 史瑷．论患者隐私权[J]．市场周刊·理论研究，2007（1）．

[27] 袁端端．争议中药"验证豁免权"经典名方不用临床试验[N]．南方周末，2016-09-08．

[28] 法律出版社法规中心．医疗事故处理条例配套规定[M]．北京：法律出版社，2009．